LIXILさまへ

30年間、ずっと。私たちが、あくなきチャレンジを
つづけられているのは、一貫して応援をつづけてくれる
心強いオフィシャルトップパートナーがいるから。
夢と感動を分かちあうために、
2024シーズンも、いっしょに、かけぬけていきましょう。

K A S H I M A

ともに挑みつづけて、30年。

タイトル奪還のため
すべての力をかける。

「Football Dream-かける-」
このスローガンのもと、
タイトル奪還にかける決意と覚悟を胸に
一丸となって目標達成のために戦う。
アグレッシブかつ組織的なフットボールで
選手がピッチをかけ回り、
目の前の一つひとつの勝負、
一戦一戦の試合に
すべての力をかける。
ファン・サポーター、パートナー、地域、
すべてのステークホルダーと
力をかけ合わせ、
アントラーズファミリーとともに
戦うスタジアムで、タイトルをつかみ取る。

Football
Dream
か　け　る

CONTENTS

KASHIMA ANTLERS YEAR BOOK 2024

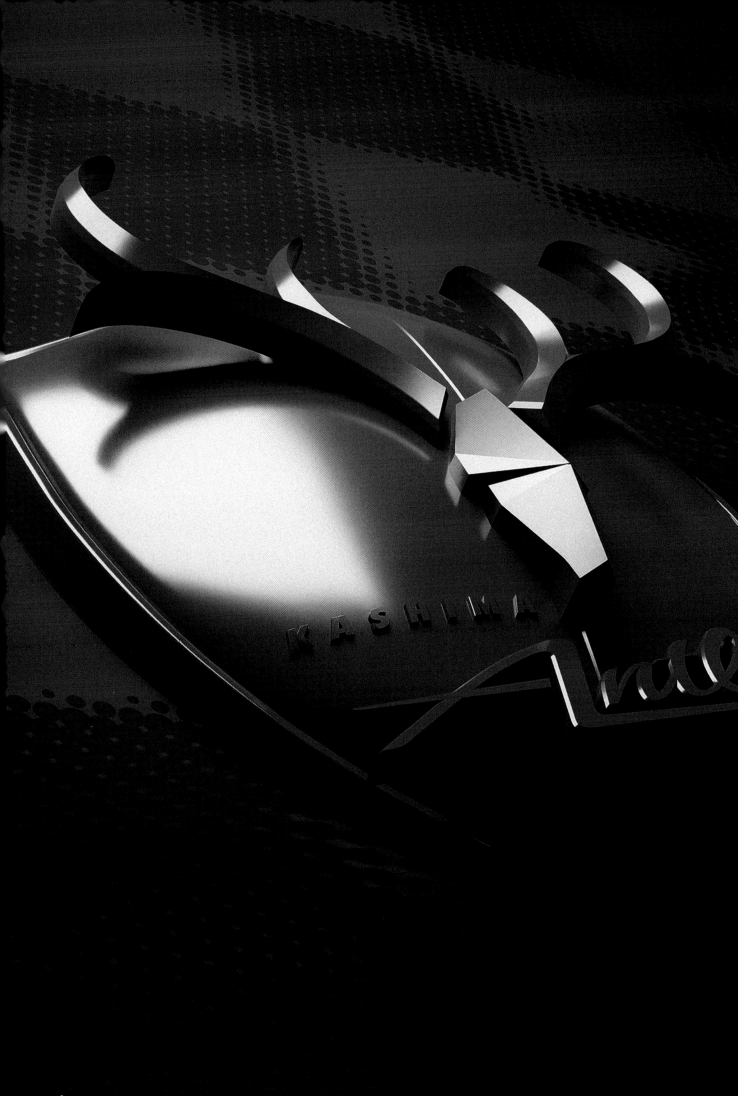

一つ
ひとつの
勝負に
すべてを
かける。

リーグ開幕戦、首位決戦、
タイトルがかかった大一番。
世間の注目が集まるとき、
決まって同じ言葉を聞く。
「目の前の試合に勝つだけ」
そんなそっけない一言も、
アントラーズの歴史を見れば
重みが増す。
この言葉を自然と口にする
選手が多いときほど、
決まってタイトルを手にしてきた。
2024年、「Football Dream」という
恒久的なスローガンを礎に、
「かける」という
シーズンスローガンを掲げた。
どんなときも、
目の前の1試合にすべてをかける。
その積み重ねの先に
栄冠が待っていることを、
クラブの歴史が教えてくれる。
「献身・誠実・尊重」
ジーコスピリットを胸に、
すべての力をかけていく。
すべてのアントラーズファミリーの
力をかけ合わせ、一丸となって臨む、
2024シーズンが始まる。

"アントラーズファミリーの力をかけ合わせる"

─ タイトル奪還にかける決意と覚悟を胸に ─

ごあいさつ

株式会社鹿島アントラーズFC
代表取締役社長

小泉 文明
Fumiaki Koizumi

アントラーズは「Football Dream─かける─」というクラブスローガンを掲げて、新たなシーズンに臨みます。アグレッシブかつ組織的なフットボールで選手がピッチをかけ回り、目の前の一つひとつの勝負、そして一戦一戦に勝ちにすべての力をかけていく。タイトル奪還にかける決意と覚悟を胸に、すべてのアントラーズファミリーの力をかけ合わせ、一丸となって戦っていければと思っています。

フットボール面では、2024シーズンよりランコ・ポポヴィッチ監督が指揮を執ります。攻撃的なフットボールスタイルが特徴で、Jリーグでも豊富な指導経験を持つ監督です。ジーコスピリットとして表現される「献身・誠実・尊重」を改めて胸に刻み、継承すべき伝統を守りつつも、昨シーズンの課題となった攻撃面をアップデートすることで、試合に勝ち切るチーム作りを目指していきます。

また、ファン・サポーターの方々や、地域の方々とともに新たなビジネスに挑戦しながら成長していきたいと考えています。昨シーズンに実施したクラウドファンディングプロジェクト「アントラーズの未来をみんなで2023」の支援を活用し、クラブハウスのカフェテリアを改修します。新たなカフェテリアでは、選手への栄養価の高い食事環境改善と練習後すぐに食べられる食事環境改善を実現します。同時に見学者向けカフェスペースも設ける予定です（24年7月末完成予定）。オフィシャルショップもリニューアルオープンしたので、ぜひ練習見学とともにリニューアルしたクラブハウスを体感いただければと思っています。

また、「Kashima Antlers Academy Field」活用を含めた中長期における強化により、アカデミーで着実な成果が表れてきました。昨シーズンは鹿島ジュニアユースが高円宮杯全日本U-15選手権大会で21大会ぶり優勝。ユースは2019シーズン以来となる高円宮杯U-18プレミアリーグ復帰を果たすなど、目に見える結果を残しています。クラブOBの本山雅志がアカデミースカウトに加わり、レジェンドである柳沢敦ユース監督、小笠原満男テクニカルアドバイザーらとともに、引き続きトップチームで活躍する選手の育成に注力していきます。

今シーズンの目玉企画として、全国の小学生以下のお子様を対象に、カシマスタジアムで開催されるすべてのホームゲームを無料で観戦できることになりました。Jリーグクラブでは初の試みで、ファミリー層のスタジアム来場のきっかけを作るとともに、子ども向けエンタメ施策の充実に取り組むことで、未来のファン作りにつなげていきたいと考えています。

シーズン初めには、さまざまなマッチデーイベントを発表しました。ファン・サポーターの皆様が試合を楽しむだけでなく、一日を通して楽しんでいただけるようなアクティビティーをはじめとしたコンテンツを計画していきます。

今年も6月1日には国立競技場で横浜FMとの試合を用意しています。オリジナル10同士の歴史ある一戦は、多くのアントラーズファンに見ていただきたいと思っていますし、アントラーズの未来を表現できるものにしていきたいと思います。

昨年のホームゲームでの観客動員数は、ついにコロナ禍前の水準にまで戻ってきました。かつての声援と声量が響き渡るスタジアムの熱量は、改めてファン・サポーターの皆様によって成り立っていることを感じました。アントラーズの皆様はもちろん、パートナー、ビジネスクラブ、そしてホームタウン、フレンドリータウン、すべてのステークホルダーと力をかけ合わせ、引き続き地域創生を目的に地域貢献をともに進めていければと考えています。アントラーズの歩みは、地域の歩みだともいえます。地域の課題解決に率先して取り組んでいくとともに、アントラーズがタイトルを獲得することで、すべてのアントラーズファミリーが思い切り喜び合えることを目指して。クラブ一丸となって取り組んでまいります。

強固な守備をベースにしつつ 迫力ある攻撃を構築できる指揮官

アントラーズは昨季も無冠に終わり、7年連続で国内タイトルを逃した。2024シーズンに向けて、吉岡宗重フットボールディレクター（FD）は、改善すべきポイントを明確にした。

「2022シーズンの42失点から昨季は34失点と、守備が改善された一方で、攻撃はリーグ5位の43得点。優勝したチームとは17得点の差がありました。それらの数字が示すように、強固な守備をベースにしながら、攻撃のアップデートは確実に必要だと考えました」

クラブとして目指すフットボールには、不変の哲学がある。

「アントラーズはタイトルを目指すチームであるという大前提は変わりません。その目標を達成するために、昨季整理できた『強固な守備』を継続しつつ、『迫力ある攻撃』を構築できる監督に、オファーをしました」

白羽の矢を立てたのが、ランコ ポポヴィッチ監督だった。

「個人的には大分時代に仕事をしていたため、彼が目指すフットボールや指導内容だけでなく、パーソナリティーについても理解していました。加えて、チームに対する課題感や改善点、その解決方法がクラブと合致していました」

両者が解決方法として挙げたのが、プレーする「判断の速さ」と、判断する際の「材料の提示」だった。これらに加えてポポヴィッチ監督は、さらにエッセンスとして「前」を強調した。

「監督は、クラブが求める迫力ある攻撃を体現するために、ボールを奪ったあとは、必ず『前』を意識させたいと語ってくれました。実際にキャンプでも、ゴールへの迫力を出すために、プレーのファーストチョイスが常に『前』であることを徹底してくれていました。また監督は、意図のないバックパスや逃げの選択肢となるパスをすることなく、常にゴールに向かっていくプレーを求めてくれていました。他には、これもクラブとして課題だと考えていた3人目の動きや連動した攻撃も構築しようと試みてくれていました。成熟度はシーズンを通して高めていくところですが、戦術の理解が進み、みんなが迷いなくオートマティックに動けるようになってくると、流動的かつ攻撃的なフットボールができるチームになると思っています」

チャヴリッチは得点源だけでなく 攻撃に厚みをもたらす存在

今季を戦う新戦力としては、FWアレクサンダル チャヴリッチ、MFギリェルメ パレジ、GK梶川裕嗣、DF濃野公人、期限付き移籍から復帰したGK山田大樹の5人が加わった。11人を獲得した昨季と比べると少しさみしい印象も受けるが、吉岡FDは次のように語る。

2024 ANTLERS VISION

新たな"攻撃"構築への道筋とは。

アグレッシブかつ組織的なフットボールで、一つひとつの勝利を目指してすべての力をかけていく。掲げる目標は「タイトル奪還」と変わらない。チーム編成の統括責任者である吉岡宗重フットボールダイレクターに今季の展望を聞いた。

フットボールダイレクター

吉岡宗重

Muneshige Yoshioka

「昨季試合に出場していた主軸がほぼ残留してくれたため、強化したいポイントを補強した形になりました。あとは昨季途中に加入した柴崎岳選手が、昨季はケガもありフル稼働できなかったことを考えると、キャプテンに就任して気持ちを新たに迎える今季は、チームにとって大きな戦力アップとして期待できます」

メディカルチェックで問題が確認され、契約に至らなかったDFヨシプ チャルシッチの件はチームにとって痛手だが、吉岡FDは「間違いなく、今後の補強ポイントとして考えていきます」と、シーズンを通してCBの補強を行っていく方針を明かした。

一方、迫力ある攻撃を体現すべく期待されるのは、チャヴリッチの存在だろう。

「昨季は個に頼る攻撃が多かったため、鈴木優磨選手に並ぶストライカーは必要だと考えていました。チャヴリッチ選手は186センチの長身ながらスピードも、アジリティーも備え、得点感覚にも優れています。彼が前線に加わることで、今まで鈴木選手に集中していた攻撃に厚みが出てくることを期待しています」

唯一のブラジル人となるパレジについては「アグレッシブなプレースタイルのMF」、大卒新人の濃野は「攻撃に特長のあるSB」、梶川は「足もとの技術もしっかりしているGK」と、それぞれの魅力を説明した。

ポポヴィッチ新監督のもと、総勢29人で挑む新シーズンの目標は一つ。タイトルの奪還にほかならない。

「アントラーズの目的は、あくまで試合に勝つことです。迫力あるゴールや組織的な攻撃に満足せず、目の前の一戦一戦の勝利を目指して戦っていきます。その積み重ねが、必ず最後にタイトルを手繰り寄せると考えています」

一つひとつの勝利の先にある、栄冠を見据えて。すべての試合に全力をかけることをテーマとした、2024シーズンが始まる。

2024シーズン移籍選手一覧

IN

FW	アレクサンダル チャヴリッチ ［←SKスロヴァン ブラチスラヴァ（スロバキア）／期限付き移籍］
MF	ギリェルメ パレジ ［←CAタジェレス（アルゼンチン）／期限付き移籍］
DF	濃野公人［←関西学院大／新加入］
GK	山田大樹 ［←岡山／育成型期限付き移籍から復帰］

OUT

FW	エレケ［契約満了］
MF	ディエゴ ピトゥカ ［→サントスFC（ブラジル）／完全移籍］
MF	アルトゥール カイキ［契約満了］
MF	荒木遼太郎［→FC東京／期限付き移籍］
MF	中村亮太朗［→清水／期限付き移籍］
MF	小川優介［→FC琉球／完全移籍］
DF	昌子源［→町田／完全移籍］
DF	キム ミンテ［→湘南／完全移籍］
DF	広瀬陸斗［→神戸／完全移籍］
GK	沖悠哉［→清水／完全移籍］
GK	クォン スンテ［現役引退］

ANTLERS PLAYERS PROFILE 20 24

①生年月日
②身長、体重
③血液型
④前登録チーム

⑤出身地
⑥利き足
⑦クラブ所属年
⑧Jリーグ通算出場試合数

⑨2023年Jリーグ出場試合数
⑩Jリーグ初出場
⑪Jリーグ初得点

---

1 GK 早川 友基 Tomoki Hayakawa

①1999年3月3日 ②187cm、81kg ③AB型 ④横浜F・マリノスプライマリー→横浜F・マリノスジュニアユース→桐蔭学園高（神奈川）→明治大 ⑤神奈川県 ⑥右 ⑦4年（2021年〜） ⑧39 ⑨34 ⑩2022年9月16日（J1第30節・鳥栖vs鹿島／駅スタ）

---

2 DF 安西 幸輝 Koki Anzai

①1995年5月31日 ②172cm、64kg ③A型 ④戸塚FCジュニア（埼玉）→東京ヴェルディジュニア→東京ヴェルディジュニアユース→東京ヴェルディユース→東京ヴェルディ→鹿島アントラーズ→ポルティモネンセSC（ポルトガル） ⑤兵庫県 ⑥右 ⑦6年（2018年〜2019年、2021年〜） ⑧123（J1）、150（J2） ⑨31 ⑩2014年3月2日（J2第1節・東京Vvs松本／味スタ） ⑪2014年5月6日（J2第12節・讃岐vs東京V／丸亀）

---

5 DF 関川 郁万 Ikuma Sekigawa

①2000年9月13日 ②182cm、72kg ③A型 ④FC多摩（東京）→流通経済大付属柏高（千葉） ⑤東京都 ⑥右 ⑦6年（2019年〜） ⑧90 ⑨30 ⑩2020年2月23日（J1第1節・広島vs鹿島／Eスタ）⑪2021年4月3日（J1第7節・浦和vs鹿島／埼玉）

---

7 FW アレクサンダル チャヴリッチ Aleksandar Cavric

①1994年5月18日 ②186cm、82kg ④FK バナト・ズレニャニン（セルビア）→OFKベオグラード（セルビア）→ KRC ヘンク（ベルギー）→ オーフスGF（デンマーク）→SKスロヴァン・ブラチスラヴァ（スロバキア） ⑤セルビア／クロアチア ⑥右 ⑦新加入

---

8 MF 土居 聖真 Shoma Doi

①1992年5月21日 ②172cm、63kg ③B型 ④OSAフォルトナ山形FC（山形）→鹿島アントラーズジュニアユース→鹿島アントラーズユース ⑤山形県 ⑥右 ⑦14年（2011年〜） ⑧321 ⑨24 ⑩2011年11月26日（J1第33節・鹿島vs清水／カシマ） ⑪2013年9月21日（J1第26節・磐田vs鹿島／ヤマハ）

---

10 MF 柴崎 岳 Gaku Shibasaki

①1992年5月28日 ②175cm、64kg ③B型 ④野辺地SSS（青森）→青森山田中（青森）→青森山田高（青森）→鹿島アントラーズ→CDテネリフェ（スペイン）→ヘタフェCF（スペイン）→デポルティーボ・ラ・コルーニャ（スペイン）→CDレガネス（スペイン） ⑤青森県 ⑥右 ⑦8年（2011年〜2016年、2023年〜） ⑧175 ⑨3 ⑩2011年4月29日（J1第8節・福岡vs鹿島／レベスタ）⑪2012年10月6日（J1第28節・鹿島vsFC東京／カシマ）

---

13 FW 知念 慶 Kei Chinen

①1995年3月17日 ②177cm、73kg ③O型 ④北丘FC（沖縄）→南風原中（沖縄）→知念高（沖縄）→愛知学院大→川崎フロンターレ→大分トリニータ→川崎フロンターレ ⑤沖縄県 ⑥右 ⑦2年（2023年〜） ⑧151 ⑨21 ⑩2017年4月1日（J1第5節・仙台vs川崎F／ユアスタ）⑪2017年10月29日（J1第31節・柏vs川崎F／柏）

---

14 MF 樋口 雄太 Yuta Higuchi

①1996年10月30日 ②168cm、66kg ③A型 ④サガン鳥栖U-12→サガン鳥栖U-15→サガン鳥栖U-18→鹿屋体育大→サガン鳥栖 ⑤佐賀県 ⑥右 ⑦3年（2022年〜） ⑧131 ⑨33 ⑩2019年3月2日（J1第2節・神戸vs鳥栖／ノエスタ）⑪2020年12月16日（J1第33節・C大阪vs鳥栖／ヤンマー）

---

15 MF 藤井 智也 Tomoya Fujii

①1998年12月4日 ②173cm、68kg ③B型 ④若鮎長良FC（岐阜）→長良高（岐阜）→立命館大（2020年JFA・Jリーグ特別指定選手）→サンフレッチェ広島 ⑤岐阜県 ⑥右 ⑦2年（2023年〜） ⑧93 ⑨22 ⑩2020年7月4日（J1第2節・神戸vs広島／ノエスタ） ⑪2021年12月4日（J1第38節・徳島vs広島／鳴門大塚）

---

16 DF 須貝 英大 Hidehiro Sugai

①1998年10月27日 ②172cm、67kg ③O型 ④フォルトゥナSCジュニア（山梨）→フォルトゥナSCジュニアユース（山梨）→浜松開誠館高（静岡）→明治大（2020年JFA・Jリーグ特別指定選手）→ヴァンフォーレ甲府 ⑤山梨県 ⑥右 ⑦2年（2023年〜） ⑧8（J1）、87（J2） ⑨1（J1）、26（J2） ⑩2020年9月26日（J2第22節・新潟vs甲府／デンカS）⑪2021年10月17日（J2第34節・金沢vs甲府／石川西部）

---

25 MF 佐野 海舟 Kaishu Sano

①2000年12月30日 ②176cm、67kg ③AB型 ④FCヴィパルテU-12（岡山）→FCヴィパルテU-15（岡山）→米子北高（鳥取）→FC町田ゼルビア ⑤岡山県 ⑥右 ⑦2年（2023年〜） ⑧27 ⑨27 ⑩2019年5月5日（J2第12節・町田vs水戸／町田）⑪2020年9月6日（J2第17節・町田vs琉球／Gスタ）

---

26 MF 須藤 直輝 Naoki Sutoh

①2002年10月1日 ②169cm、63kg ③A型 ④セレプロFC（埼玉）→大宮アルディージャジュニアユース→昌平高（埼玉）→鹿島アントラーズ→ツエーゲン金沢 ⑤埼玉県 ⑥左 ⑦3年（2021年、2023年〜） ⑧0（J1）、15（J2） ⑩2022年5月4日（J2第14節・新潟vs金沢／デンカS）

---

27 MF 松村 優太 Yuta Matsumura

①2001年4月13日 ②173cm、63kg ③④大阪東淀川FC（大阪）→静岡学園高（静岡） ⑤大阪府 ⑥右 ⑦5年（2020年〜） ⑧67 ⑨20 ⑩2020年8月16日（J1第10節・鹿島vs神戸／カシマ）⑪2021年5月9日（J1第13節・鹿島vsFC東京／カシマ）

---

28 DF 溝口 修平 Shuhei Mizoguchi

①2004年2月13日 ②174cm、66kg ③O型 ④鹿島アントラーズノルテジュニアユース→鹿島アントラーズユース ⑤茨城県 ⑥左 ⑦3年（2022年〜） ⑧5 ⑨5 ⑩2023年4月15日（J1第8節・鹿島vs神戸／カシマ）

29
GK
梶川 裕嗣
Yuji Kajikawa

❶1991年7月26日 ❷185cm、78kg ❸B型 ❹駒場SC（愛知）→名古屋グランパスU12→名古屋グランパスU15→東海学園高（愛知）→東海学園大→湘南ベルマーレ→徳島ヴォルティス→横浜F・マリノス→ジュビロ磐田 ❺愛知県 ❻右 ❼新加入 ❽22（J1）、103（J2）❾13（J2）❿2016年10月29日（J1 2ndステージ第16節・湘南vs甲府／BMWス）

30
MF
名古 新太郎
Shintaro Nago

❶1996年4月17日 ❷168cm、64kg ❸O型 ❹大阪東淀川FC（大阪）→静岡学園高（静岡）→順天堂大（2018年JFA・Jリーグ特別指定選手）→鹿島アントラーズ→湘南ベルマーレ ❺大阪府 ❻右 ❼5年（2019年～2020年、2022年～）❽62 ❾14 ❿2018年8月11日（J1第21節・名古vs鹿島／豊田ス）⓫2021年3月13日（J1第4節・湘南vs仙台／レモンS）

31
GK
山田 大樹
Taiki Yamada

❶2002年1月8日 ❷190cm、82kg ❸A型 ❹鹿島アントラーズジュニア→鹿島アントラーズユース→鹿島アントラーズ→ファジアーノ岡山 ❺千葉県 ❻左 ❼4年（2020年～2022年、2024年～）❽2（J1）、7（J2）❾7（J2）❿2020年8月16日（J1第10節・鹿島vs神戸／カシマ）

32
DF
濃野 公人
Kimito Nono

❶2002年3月26日 ❷179cm、67kg ❸O型 ❹大阪DREAM（大阪）→VALENTIA FC（佐賀）→サガン鳥栖U-15→大津高（熊本）→関西学院大 ❺福岡県 ❻右 ❼新加入

33
MF
仲間 隼斗
Hayato Nakama

❶1992年5月16日 ❷170cm、64kg ❸B型 ❹吾妻ジュニア（群馬）→柏レイソルU-15→柏レイソルU-18→ロアッソ熊本→カマタマーレ讃岐→ファジアーノ岡山→柏レイソル ❺群馬県 ❻右 ❼3年（2022年～）❽99（J1）、295（J2）❾27 ❿2011年3月6日（J2第1節・熊本vs東京V／熊本）⓫2011年4月23日（J2第8節・熊本vs岐阜／熊本）

34
MF
舩橋 佑
Yu Funabashi

❶2002年7月12日 ❷175cm、67kg ❸B型 ❹鹿島アントラーズつくばジュニア→鹿島アントラーズつくばジュニアユース→鹿島アントラーズユース ❺茨城県 ❻右 ❼4年（2021年～）❽23 ❾8 ❿2021年4月3日（J1第7節・浦和vs鹿島／埼玉）

36
FW
師岡 柊生
Shu Morooka

❶2000年12月9日 ❷174cm、69kg ❸A型 ❹大和田サッカークラブ（東京）→FC多摩ジュニアユース（東京）→日本航空高（山梨）→東京国際大 ❺東京都 ❻右 ❼2年（2023年～）❽44 ❾4 ❿2023年4月9日（J1 第7節・柏vs鹿島／三協F柏）

37
FW
垣田 裕暉
Yuki Kakita

❶1997年7月14日 ❷187cm、78kg ❸A型 ❹鹿島アントラーズジュニアユース→鹿島アントラーズユース→鹿島アントラーズ→ツェーゲン金沢→徳島ヴォルティス→サガン鳥栖 ❺群馬県 ❻右 ❼3年（2016年、2023年～）❽96（J1）、147（J2）❾29 ❿2016年7月13日（J1 2ndステージ第3節・鹿島vs名古屋／カシマ）⓫2017年8月11日（J2第27節・山形vs金沢／NDスタ）

38
GK
パク
ウィジョン
Park Eui Jeong

❶2004年5月22日 ❷192cm、86kg ❸B型 ❹素沙坪小（韓国）→梧城中（韓国）→漢陽工業高（韓国）❺大韓民国 ❻左 ❼2年（2023年～）

39
DF
津久井 佳祐
Keisuke Tsukui

❶2004年5月21日 ❷180cm、70kg ❸A型 ❹FC宮代東（埼玉）→FC LAVIDA（埼玉）→昌平高（埼玉）❺埼玉県 ❻右 ❼2年（2023年～）

40
FW
鈴木 優磨
Yuma Suzuki

❶1996年4月26日 ❷182cm、75kg ❸B型 ❹鹿島アントラーズジュニア→鹿島アントラーズジュニアユース→鹿島アントラーズユース→鹿島アントラーズ→シント＝トロイデンVV（ベルギー）❺千葉県 ❻右 ❼8年（2015年～2019年、2022年～）❽161 ❾33 ❿2015年9月12日（J1 2ndステージ第10節・鹿島vsG大阪／カシマ）⓫2015年9月12日（J1 2ndステージ第10節・鹿島vsG大阪／カシマ）

41
FW
徳田 誉
Homare Tokuda

❶2007年2月18日 ❷186cm、83kg ❸A型 ❹鹿島アントラーズつくばジュニアユース→鹿島アントラーズユース ❺千葉県 ❻右 ❼2025シーズン加入（2024シーズンは2種登録）

42
DF
松本 遥翔
Haruto Matsumoto

❶2006年9月29日 ❷176cm、73kg ❸A型 ❹JFAアカデミー福島U-15WEST（静岡）→鹿島アントラーズユース ❺埼玉県 ❻右 ❼2025シーズン加入（2024シーズンは2種登録）

55
DF
植田 直通
Naomichi Ueda

❶1994年10月24日 ❷186cm、79kg ❸A型 ❹緑川小（熊本）→住吉中（熊本）→大津高（熊本）→鹿島アントラーズ→セルクル・ブルージュKSV（ベルギー）→ニーム・オリンピック（フランス）❺熊本県 ❻右 ❼8年（2013年～2018年、2023年～）❽130 ❾34 ❿2014年3月1日（J1第1節・甲府vs鹿島／国立）⓫2015年4月16日（J1 1stステージ第6節・柏vs鹿島／柏）

77
MF
ギリェルメ
パレジ
Guilherme Parede

❶1995年9月19日 ❷178cm、75kg ❹コリチーバFC（ブラジル）→J.マルセーリ（ブラジル）→イピランガFC（ブラジル）→コリチーバFC（ブラジル）→SCインテルナシオナル（ブラジル）→コリチーバFC（ブラジル）→CAタジェレス（アルゼンチン）→CRヴァスコ・ダ・ガマ（ブラジル）→CAタジェレス（アルゼンチン）→ECジュベントゥージ（ブラジル）→ヴィラ・ノヴァFC（ブラジル）❺ブラジル ❻右 ❼新加入

監督
ランコ
ポポヴィッチ
Ranko Popovic

❶1967年6月26日

ANTLERS CALENDAR

2 0 2 4

FEBRUARY ⟹ DECEMBER

2024 明治安田J1リーグ / 2024 J.LEAGUE YBC Levain CUP / 天皇杯

日程・キックオフ時刻は変更となる場合があります。
詳細はオフィシャルサイトをご覧ください。

（1月の誕生日）8日★山田大樹

4 [APRIL]

MON	TUE	WED	THU	FRI	SAT	SUN
1	2	3 VS 明治安田J1 第6節 福岡 19:00/ベススタ	4	5	6	7 VS 明治安田J1 第7節 FC東京 17:00/国立
8	9	10	11	12	13 VS 明治安田J1 第8節 15:00/カシマ ★松村優太	14
15	16	17 VS YBCルヴァンカップ 1stラウンド2回戦 八戸or金沢 時間・会場未定 ★名古新太郎	18	19	20 VS 明治安田J1 第9節 鳥栖 14:00/駅スタ	21
22	23	24	25	26 ★鈴木優磨 FREAKS	27	28 VS 明治安田J1 第10節 G大阪 15:00/パナスタ
29	30					

2 [FEBRUARY]

MON	TUE	WED	THU	FRI	SAT	SUN
			1 FREAKS	2	3	4
5	6	7	8	9	10 VS いばらきサッカー フェスティバル 水戸 14:03/カシマ	11
12	13 ★溝口修平	14	15	16	17	18 ★徳田誉
19	20	21	22	23 VS 明治安田J1 第1節 名古屋 18.00/豊田ス	24	25
26 FREAKS	27	28	29			

5 [MAY]

MON	TUE	WED	THU	FRI	SAT	SUN
		1	2	3 VS 明治安田J1 第11節 湘南 15:00/カシマ	4	5
6 VS 明治安田J1 第12節 柏 16:00/三協F柏	7	8	9	10	11	12 VS 明治安田J1 第13節 東京V 13:05/カシマ
13	14	15 VS 明治安田J1 第14節 広島 19:00/Eピース	16 ★仲間隼斗	17	18 ★アレクサンダル・ チャヴリッチ	19 VS 明治安田J1 第15節 神戸 15:00/カシマ
20	21 ★土居聖真	22 YBCルヴァンカップ 1stラウンド3回戦 ★パク ウィジョン	23	24	25 VS 明治安田J1 第16節 札幌 14:00/札幌ド	26 FREAKS
27	28 ★柴崎岳	29	30	31 ★安西幸輝		

3 [MARCH]

MON	TUE	WED	THU	FRI	SAT	SUN
				1	2 VS 明治安田J1 第2節 C大阪 15:00/カシマ	3 ★ジーコCA ★早川友基
4	5	6	7	8	9 VS 明治安田J1 第3節 町田 14:00/Gスタ	10
11	12	13	14	15	16	17 VS 明治安田J1 第4節 川崎F 15:00/カシマ ★知念慶
18	19	20	21	22	23	24
25	26 ★濃野公人 FREAKS	27	28	29	30 VS 明治安田J1 第5節 磐田 15:00/カシマ	31

6 [JUNE]

MON	TUE	WED	THU	FRI	SAT	SUN
					1 VS 明治安田J1 第17節 横浜FM 15:00/国立	2 国立 開催
3	4	5 YBCルヴァンカップ プレーオフラウンド 第1戦	6	7	8	9 YBCルヴァンカップ プレーオフラウンド 第2戦
10	11	12 天皇杯 2回戦	13	14	15 VS 明治安田J1 第18節 新潟 18:00/カシマ	16
17	18	19	20	21	22 VS 明治安田J1 第19節 浦和 19:00/埼玉	23
24	25	26 VS 明治安田J1第20節 G大阪 19:00/カシマ ★ランコ ポポヴィッチ監督 FREAKS	27	28	29	30 VS 明治安田J1 第21節 神戸 19:00/ノエスタ

■：アントラーズホームゲーム　FREAKS：『アントラーズフリークス』発行日（毎月26日）　★：BIRTHDAY

7 [JULY]

MON	TUE	WED	THU	FRI	SAT	SUN
1	2	3	4	5	6 VS 明治安田J1 第22節 札幌 18:00/カシマ	7
8	9	10 天皇杯 3回戦	11	12 ★舩橋佑	13	14 VS 明治安田J1 第23節 横浜FM 19:30/日産S ★垣田裕暉
15	16	17	18	19	20 VS 明治安田J1 第24節 FC東京 18:00/カシマ	21
22	23	24	25	26 ★梶川裕嗣 FREAKS	27	28
29	30	31				

8 [AUGUST]

MON	TUE	WED	THU	FRI	SAT	SUN
			1	2	3	4
5	6	7 VS 明治安田J1 第25節 鳥栖 19:00/カシマ	8	9	10	11 VS 明治安田J1 第26節 磐田 19:00/エコパ
12	13	14	15	16	17 VS 明治安田J1 第27節 浦和 18:00/カシマ	18
19	20	21 天皇杯 ラウンド16	22	23	24	25 VS 明治安田J1 第28節 東京V 18:00/味スタ
26 FREAKS	27	28	29	30	31 VS 明治安田J1 第29節 京都 19:00/サンガS	

9 [SEPTEMBER]

MON	TUE	WED	THU	FRI	SAT	SUN
						1
2	3	4 YBC ルヴァンカップ プライムラウンド 準々決勝第1戦	5	6	7	8 YBC ルヴァンカップ プライムラウンド 準々決勝第2戦
9	10	11	12	13 ★関川郁万	14 VS 明治安田J1第30節 広島 未定/カシマ いずれか1日開催	15
16	17	18 天皇杯 準々決勝	19 ★ギリェルメ パレジ	20	21 VS 明治安田J1第31節 柏 未定/カシマ いずれか1日開催	22
23	24	25	26 FREAKS	27	28 VS 明治安田J1第32節 湘南 未定/レモンS いずれか1日開催 ★松本遥翔	29
30						

10 [OCTOBER]

MON	TUE	WED	THU	FRI	SAT	SUN
	1 ★須藤直輝	2	3	4	5 VS 明治安田J1第33節 新潟 未定/デンカS いずれか1日開催	6
7	8	9 YBC ルヴァンカップ プライムラウンド 準決勝第1戦	10	11	12	13 YBC ルヴァンカップ プライムラウンド 準決勝第2戦
14	15	16	17	18	19 VS 明治安田J1第34節 福岡 未定/カシマ いずれか1日開催	20
21	22	23	24 ★植田直通	25	26 FREAKS	27 ★須貝英大
28	29	30 ★樋口雄太	31			

11 [NOVEMBER]

MON	TUE	WED	THU	FRI	SAT	SUN
				1	2	3 VS 明治安田J1 第35節 川崎F 未定/U等々力 ※
4	5	6	7	8	9 VS 明治安田J1 第36節 名古屋 未定/カシマ	10
11	12	13	14	15	16	17
18	19	20	21	22	23	24
25	26 FREAKS	27	28	29	30 VS 明治安田J1 第37節 C大阪 未定/ヨドコウ	

12 [DECEMBER]

MON	TUE	WED	THU	FRI	SAT	SUN
						1
2	3	4 ★藤井智也	5	6	7	8 VS 明治安田J1 第38節 町田 未定/カシマ
9	10 ★師岡柊生	11	12	13	14	15
16	17	18	19	20	21	22
23	24	25	26 FREAKS	27	28	29
30	31 ★佐野海舟					

※YBCルヴァンカッププライムステージ決勝、天皇杯準決勝・決勝の日時は未定。

※明治安田J1第35節川崎F戦はAFCチャンピオンズリーグエリート2024/25ならびにAFCチャンピオンズリーグ2 2024/25の日程次第で11/1（金）に開催される可能性があります。

ランコ
ポポヴィッチ

HEAD COACH
RANKO
POPOVIC

本来いるべき場所へ
返り咲かせる決意。

今季から監督を務めるランコ ポポヴィッチが描く、
チームコンセプト、そしてタイトル奪還に必要なものとは。

あの大声援を背負って戦えると思うと
頼もしさとともに、
胸が熱くなり心が震えた

　アントラーズから監督就任のオファーをもらったときは、率直に複雑な心境を抱きました。それはなぜか。日本での監督経験があり、アントラーズの歴史や伝統も知る私にとって、責任の重さを感じたからです。アントラーズは日本で最多の優勝回数を誇るクラブでありながら、ここ7年は国内タイトルを逃している現状があります。そのため、より強くタイトルを欲するファン・サポーターの期待に、私自身が応えられるのかどうかと、自問自答しました。そのとき脳裏に思い浮かんだのは、過去に敵将としてカシマスタジアムを訪れ、ピッチ脇から聞いた「オー、カシマ♪　オー、カシマ♪」というチャントでした。あの大声援を背負いながら戦えると思うと、頼もしさを感じると同時に胸が熱くなり、心が震えました。それが自分にとって、新たな挑戦をしようという決意と決断になりました。

　また、吉岡宗重フットボールダイレクターの言葉も、私の心を突き動かしました。昨季までのアントラーズが抱えていた課題や問題を解決する方向性が一致しただけでなく、「クラブが一丸となり、クラブ全体で戦っていきたい」という姿勢に感銘を受けました。日本だけでなく、スペインやセルビアなどで監督経験のある私ですが、チームだけでなく、クラブにかかわるすべての人が、必ず頂点に立つ、いるべき場所に返り咲くという決意を胸に秘めながら日々を過ごさなければ、何かを成し遂げることはできないと実感していたからです。選手、コーチングスタッフだけでなく、クラブで働くすべての人、そしてファン・サポーターが、アントラーズが掲げるフィロソフィーの一つでもある「ファミリー」のような関係性を築くことが、壮大なミッションを成功させるためには欠かせない要素になります。

より攻撃的に、
より積極的に、より組織的に、
そして、より魅力的な
フットボールを目指す

　私自身がJリーグのクラブでの監督経験があるため、クラブが私に求めているフットボールについては、想像できる人も多いのではないでしょうか。何より、私自身も攻撃的なフットボールの構築を求められていると理解しています。より攻撃的に、より積極的に、より組織的に、そして、より魅力的なフットボールを目指していきます。

　選手全員がボールにかかわっていく。その全員のかかわりが、迫力のあるフットボールを生み出します。もし1本のパスで得点を狙えるのであれば、最短かつ最速でゴールを目指す。ただし、誤解してほしくないのは、カウンターを主体にしていくという意味ではありません。相手DFの背後を狙えない状況や前線にくさびのパスを通せないときには、相手を揺さぶり、相手のほころびを見つけていく。選手たちには、その使い分けや判断を求めていきます。

　守備においても同様です。受け身にならず、アグレッシブな守備を行っていく。相手を自陣から遠ざけることにより、我々が失点する確率や可能性は減らせます。また、ボールを奪われた位置から、素早く、積極的にボールを奪い返しにいくことで、高い位置で再び攻撃に転じることもできます。キャンプをはじめ、日々のトレーニングではその徹底を行っていきたいと考えています。

　ただし、フットボールはそれほど単純明快なものではありません。出発地から歩いて5分の目的地は、天気がいい日には時間どおりに到着することでしょう。しかし、天候が悪かったり、信号で立ち止まったりすれば、遅れることもあるでしょう。はたまた、障害物が立ちはだかれば、別のルートを探さなければならない。フットボールとは、そうした状況が毎回、起こり得るスポーツです。米プロバスケットボールNBAで2年連続のシーズンMVPに輝いたニコラ・ヨキッチというセルビア人選手がいます。同胞として、その活躍を誇りに思っています。しかし、彼はNBAのなかで特に足が速いわけでも、特にフィジカルが強いんなわけでもありません。そんな彼が優れているのは予測と判断です。常に予測し、最善の判断を実行しているため、MVPに選ばれるだけのプレーを見せているのです。アントラーズの選手たちにも、ピッチで起きている変化や相手を見ながら、最善の判断をしていく力を強く求めていきたいと考えています。

　最後に、ファン・サポーターには、チームを信じて、一緒に戦ってほしいと思っています。我々をしっかりと包み込み、そして後押ししてもらいたい。私が求めるチームの一体感とは、ファン・サポーターの力があってこそ。長いシーズンや1試合においても苦しい時期や時間は必ずあります。そのときに、皆さんの声援を聞いてパワーをもらい、選手たちが息を吹き返し、勝利を手繰り寄せる。皆さんには、そんな存在となり、そんなスタジアムの雰囲気を作ってもらえたらと思っています。

　2024シーズン、アントラーズが目指すのは一つ。タイトル──それ以外にありません。

ANTLERS STAFF 2024

コーチ
ミラン ミリッチ

　来日前から、アントラーズがここ数年でタイトルを獲れていないことはわかっていました。かつて〝常勝軍団〟といわれたときのような強いアントラーズの姿を取り戻すことが、私が日本に来た最大の目的です。ポポヴィッチ監督の右腕としてしっかりサポートし、監督の目指すフットボールをチームに浸透させられるよう積極的に取り組んでいきます。

　我々が求めているフットボールスタイルを実現できれば、勝利を積み重ね、必ずタイトルを奪還できると信じています。ファン・サポーターの皆さんには、選手たちが見せるフットボールに興奮し、そして喜びを分かち合うシーズンになることを約束しますので、ぜひスタジアムに試合を見に来てほしいです。

コーチ
中後 雅喜

　16年ぶりに帰ってきました。僕はこのチームで優勝を経験しているし、アントラーズの選手としてのベースを伝えていくことが役割だと思っています。当時とメンバーも変わりましたが、アントラーズの伝統を継承している、チームの軸となる選手はしっかりと存在します。ポポヴィッチ監督の意図をくみ取り、選手が同じベクトルで日々を過ごせるように、僕の経験を伝えていきます。

　これまでは育成年代を指導してきましたが、トップになると選手としてのベースは当然できあがっています。それぞれの選手が持つ能力を発揮させて、タイトルを獲得することが目標です。僕自身もこのチームで仕事するプレッシャーを楽しみながら、チャレンジしていきます。

コーチ
鈴木 隆二

　アントラーズのコーチに就任し、今季で3シーズン目を迎えました。このクラブでは何を求められ、何を使命としているのか。コーチングスタッフの一員として、それについては十分に理解しています。

　ポポヴィッチ監督は攻守において主導権を握るスタイルを目指しており、そのなかで連動した攻撃を構築することが私の役目です。また監督とはスペイン語でコミュニケーションを取れるため、選手たちとの橋渡し役としても貢献したいと考えています。

　チームは生き物なので役割は変化していくと思いますが、クラブのフィロソフィーである「勝利のために」ということを常に意識し、チーム一丸となってタイトル獲得に向けて全力を尽くします。

フィジカル
アドバイザー
咲花 正弥

テクニカル
スタッフ
有江 卓

ストレングス
コーチ
大友 仁

フィジオ
セラピスト
中川 慶彦

フィジオ
セラピスト
稲葉 篤

アスレティック
トレーナー
橋本 敏広

アスレティック
トレーナー
中田 健一

アスレティック
トレーナー
大橋 司

GKコーチ
佐藤 洋平

　今シーズンこそはタイトルを獲るために、GKを含めたチームとして最少失点を目指します。GKが相手の決定的なシュートを止められるか、止められないか。その一つひとつの結果が、タイトルを獲れるか、獲れないかにもかかわってきます。このクラブハウスのグラウンドでやったことしか試合で出せないと思うので、日々のトレーニングがとても大事です。GK全員でタイトル獲得を目指しながら、成長していきたいと考えています。

　私は選手のときから、常にファン・サポーターの前でトレーニングや試合ができることを幸せに感じています。日々の叱咤激励が我々のエネルギーになりますので、皆さんの期待に応えられるように今シーズンも取り組んでいきたいと思います。

GKアシスタントコーチ
クォン スンテ

　指導者としての第一歩を、"第二の故郷"であるアントラーズで踏み出せることを幸せに思っています。アントラーズに加入した当初は、自分が指導者になることを想像していませんでした。ところがチームでベテランとして振る舞ううちに、若い選手に教えることもいいなという感情が湧いてきました。そしてGKコーチとしての勉強を始めるならば、佐藤洋平さんを最初の師匠にしたいと思ったんです。この6年間、洋平さんからたくさんのことを学びましたから。

　指導者として歩み始めたばかりなので、まだ理想像はありません。ただ、私が現役時代に大切にしていたのは「基本」です。学ぶ姿勢を忘れず、基本に忠実である。そんな指導者になりたいと思っています。

フィジカルコーチ
伊藤 亮輔

　トップチームのフィジカルコーチとして2年目のシーズンに臨みます。昨シーズンもタイトルを獲れず、私自身も悔しい思いを味わったので、今シーズンこそはタイトルを獲りたい思いが当然のごとく強いです。

　そのために、シーズンの大事な時期に選手が離脱しないようにケガを予防させること、ポポヴィッチ監督の目指すフットボールを選手が発揮するためのフィジカルコンディションを上げていくこと。特にこの2点が私に求められることだと考えています。

　アントラーズに求められるのは、すべての試合で勝利をつかみ、そして一つでも多くのタイトルを勝ち取ることです。自分自身も情熱を燃やしながら仕事に向き合い、タイトル獲得のために全力を尽くします。

クラブアドバイザー
ジーコ

フットボールグループ

フットボールダイレクター
吉岡 宗重

フットボールアドバイザー
鈴木 満

［プロチーム］

マネージャー
中田 浩二

運営管理担当
河崎 淳一

運営管理・契約担当
瀬尾 新治
橋本 直樹
柴 光宏

チーフスカウト
椎本 邦一

スカウト
牛島 真諭
山本 脩斗

チームドクター
山藤 崇
関 純
石井 朝夫
松永 怜
城之内 宏至
長嶺 寿秋
木村 大

管理栄養士
石橋 彩

メンタルトレーナー
清水 利生

通訳
塚田 貴志

通訳
笠井 健太

通訳
関 健太朗

通訳
川窪 匡哉

通訳
キム ヨンハ

主務
高田 優二

副務
大川 慶

副務
沖地 真平

2024 NIKE NEW UNIFORM

クラブの歴代ユニフォームと象徴的なカラーを基調とし、
ナイキ独自のデジタルという新しいフィルターを通して現代風（モダン）にアレンジした
グローバルクリエーティブデザインを採用した。

1ST

2ND

UNIFORM PARTNER

LIXIL
（胸）

イエローハット
（背中）

mercari
（鎖骨）

理想科学工業
（背中裾）

日本製鉄
（左袖）

カネカ
（パンツ表）

高砂熱学
（パンツ裏）

　10年前の2014年に採用されたチェック柄ユニフォームからインスピレーションを得て、そこにデジタルのフィルターをかけクローズアップしたチェック柄を大胆に表現。グラフィックの細かさを際立たせるために、小さいドットを使用。さらに、規則的な正方形のチェック柄ではなく、あえてゆがみを加えることで動きのある独特なチェック柄を生み出した。
　レトロなチェック柄をナイキ独自のデジタルというフィルターを通して、現代風（モダン）にアレンジした斬新なデザインを採用。従来のディープレッドの生地に、深いトーンのレッドを重ね、ツートーンでデジタルチェックを演出している。シャツの襟と袖のリブにダークネイビーを用いることで、ゆがみのあるデジタルチェックがより引き締まった印象を与える。
　ショーツとソックスにダークネイビーを用いることで、さらに力強さとメリハリの効いたカラーコンビネーションになっている。ショーツには直線的ではなく、湾曲で動きを感じるラインを使用。そのアクセントカラーにディープレッドを用いることで、シャツとの連動性が生まれ、ユニフォーム全体でクラブのアイデンティティーを表現している。今回用いるシャツからソックスまでのカラーコンビネーションを初めて採用したのも、ちょうど10年前の2014年となる。

　20年前の2004年に着用された2ndユニフォームからインスピレーションを得て、ラグランスリーブのグローバルクリエーティブデザインを採用。ダークネイビーをラグランスリーブのパーツに用いることで力強さを表し、クラブカラーであるディープレッドを首回りと袖のリブに使用。
　シンプルなソリッドの仕様に、クラブの象徴的なカラーを用いてカラーブロックを表現することで、レトロな印象を与えつつも現代風（モダン）にアレンジされたクリーンなユニフォームに仕上がっている。
　ショーツには、1stユニフォームと同様に直線的ではなく、湾曲で動きを感じるラインを使用。そのアクセントカラーにディープレッドを用いることで、シャツとの連動性が生まれ、ユニフォーム全体でクラブのアイデンティティーを表現している。
　ナイキは、2024年シーズンも継続的に、よりよい世界を作るための行動を起こすというナイキの決意を明確に示し、二酸化炭素と廃棄物排出ゼロを目指すナイキの包括的な取り組み「MOVE TO ZERO」に基づき、地球環境に配慮し、次世代やスポーツの未来を守っていくために100%リサイクルポリエステルをユニフォームに活用する。

世界は鉄でできている。

NIPPON STEEL
日本製鉄

スペシャルサイト

10
GAKU SHIBASAKI
柴崎 岳

言葉では表現できない、"熱狂"を見せるために。

キャプテン、選手会長、そして背番号10の3役を担う。
「僕なりの覚悟の示し方」と、
アントラーズのために並々ならぬ思いを持って今シーズンに挑む。
柴崎岳が思う、チームの先頭に立つ覚悟とは。

mercari

——キャプテン、選手会長、背番号10と3役を担うシーズンが始まりました。

キャプテンの仕事は、ピッチ内外でいろいろな形があって。それを見つけながら、チームのために役立つことかどうかを考えながらやっている最中という感じですね。

——これまでキャプテンを支える側でしたが、いざ担うとなると、どんなキャプテン像を浮かべていますか？

チームも違えば、国も違えば、やることは全然違うので、一つはキャプテンはこういうものだと決めないことが大切かなと。臨機応変さ、柔軟性みたいなところも必要だし、他のチームや違う環境で必要なことが、必ずしもこのチームに必要とは限らない。本質はこのチームを見て、そしてここにいるから感じることに対して、自分が今まで経験したことや引き出しのなかから、何か役に立てるものを選んで過ごしていく。その意味では、やっぱりまだまだ成長しなきゃいけない、成長したいと思うし、日々感じて学んでいくことは、少なからずチームのために生かせることも出てくると思うので。まだまだ試行錯誤しながらですが、こうだからこう、っていう正解を持たず、いろいろな状況を過ごしている感じです。

——今シーズンから新しい監督、選手も加わりました。

まだ、シーズンも始まったばっかりです。監督とか選手と話すなかでよくあるのが、コミュニケーションの部分で、第三者から聞いて間違った認識をされるとか、当人同士はそんなこと思っていないけど、間に人が入ったり周りを経由することで、歪曲した意見が間違って伝わってしまうことも少なくありません。例えば監督と選手では、言葉が違うので、こういうニュアンスで言っているのに、違ったニュアンスでとらえられたり。僕は幸運にも監督とスペイン語である程度のコミュニケーションが取れるから、直接話していくなかで、監督の表情や声のトーンなどで、言っていること、こう思っているんだというのを直接感じることができる。そこは僕にとっても助かる。監督と選手の間では、監督が感じて言っていることや思っていることがうまく伝わらず、選手が変な勘違いでモチベーションを下げたり、チームがうまくいかない方に向かわないために、伝えることも必要かなと感じています。他にも、フロントと選手の関係では、チームイベントで選手に負担がないように、スケジュールを入れ込んでもらう必要がある。あくまでも、選手が試合に集中するために、その邪魔にならないような形で、ピッチ外の仕事や取材などを入れ込まないといけません。そういうのも要望しなきゃいけない。その意味では、選手の要望を聞いてすり合わせてお互いの着地点をいいところでまとめる作業も必要になる。ピッチ内では、選手の経験も

それぞれ違うし、それぞれ伝わる言葉みたいなものを持っています。副キャプテンには優磨（鈴木選手）とナオ（植田選手）がいて、2人ともいろんなことを経験してキャラクターも立っているし、2人に何か伝えてもらうことで、みんなが感じられる場面が出てくると思うから。そこは1人でどうこうしていこうという感覚はまったくありません。周りにいる頼れる選手たちが、適材適所で支え合いながらやっていけたらなと思っています。

——うまくチームが回ることを目指して、それぞれが柔軟にやっていこうというところでしょうか。

まあ今言ったことは、あくまで言葉で説明できる部分で、言葉では伝わらない部分もありますからね。チームとして爆発的なものを生み出していくときには、言語化できないところの力も必要になると感じているので。そこは頭でっかちにならず、うまくまとめようとはしていません。自然に生み出されるエネルギーみたいなものは確実にあると思うので。言葉のなかで生み出されるエネルギーはそれまでのものと思っています。やっぱり一人ひとりが、日常とか、試合のなかで出すプレーもそうだし、伝わるものの一つひとつがまとまったときに、サポーターも含めてそういう雰囲気ができあがるものですからね。そこをこうしたい、ああしたいと言っても、多分できあがるものではないかなという感じですね。

選手によって状況は違う
若手とのコミュニケーション

——ランコ ポポヴィッチ新監督を迎えて、今のチームへの手応えをどう見ていますか？

監督の意図がわかりやすいので、"どうしたらいいんだろう"という状況があまりないように思います。攻撃陣もそうですが、まあまだ始まったばかりだから、まだまだ足りない部分はあるけれど、プレーとか練習の躍動感の意味でいうと、多くの選手に迷いがない。そのなかで、求められていることが不得意な選手もいるから、そこで迷いを感じている選手はいますが、みんな頭では理解できている。新監督になって示されている、「こういうことをしよう」という一つの基準がありますね。

——迷いを感じるチームメートへの声がけもされていて、すごく励みになっている選手もいると聞きました。

シーズンを戦っていれば、いろいろな時期があって、そのチームの時期と選手個々の時期というのは必ずしも一致しません。試合に出ている選手もいれば、出ていない選手もいる。さらに試合のメンバーにすら入れない選手も出てくるわけで。そこはもちろん、それぞれ思うことが違うし、そっとしておいてほしい選手もいれば、助けてほしくて何かしら言ってほしい選手もいるだろうし、言葉を多く言ってほしい選手もいれば、一言でわかる選手もいる。その辺はやっぱり人を見て話さないといけないなと思います。でも共通しているのは、どこかしらで必ずチャンスは来るし、チャンスが来たときにどれだけいいパフォーマンスを出せるかということ。それで言うと、練習のなかで自分の100％の準備をしている選手じゃないと、そのチャンスすら来ないわけです。

——プロとしての準備は大切ですね。

そういう最低限というか、当たり前のように練習のなかから、"成長したい欲"だったり、"もっと試合に出たいという意欲"だったり、モチベーションを見せることで巡ってくるチャンスをつかむかどうか。それで自分がメンバー入りしたり、スタメンに入っていく状況

が、シーズンのなかでグルグル回っていく。それは普通にあり得ることで、それこそチーム内競争といえるもので、それがないとチームとしてシーズンを戦うのも難しい。若い選手は経験がないから、気分が上がり下がり、やったりやらなかったりになりがち。そういう気持ちはわからなくはないから。だからこそ、いろいろな選手の状況を見て、話していかないといけないなと感じています。

──いろいろと考えながら試行錯誤しているのですね。

そういう心持ちでやってほしいと言いつつも、結局やるのは自分だし、やらないのも自分。単純にやらなければ自分が損するだけ。そうなってほしくないから。別に誰々な話ではない。お前が頑張んなかったところ、俺が得するわけじゃない。でもまあ、だからこそ試合に出てる選手も出てない選手も、やっぱりお互いにリスペクトの気持ちを持って、毎日接してほしいなと思うし、それが一つのチームとしては大事なことかなと思います。

──そういった考えにいき着いたきっかけはあったのですか？

どうでしょうね。これは代表とかスペインで試合に出られなくなった経験が、大きいのかなあ。いつも試合に出ている選手という立場から得られるものも、もちろんあります。ただ、出られなくても、その視座から見られることもある。僕にとって試合に出られないのはデメリットだけど、チームを見るうえではプラスの経験だったなと思います。チームの立ち位置としてキャプテンになったなか、何かを話すうえで自分にとって大事なものになるし、そういう経験をしたからこそ話せる部分もあるので。その意味では、失うものがあったからこそ、得られたものもあると感じます。

タイトル奪還に向けて
アントラーズのために
すべてを捧げる

──タイトル奪還に向けて、現時点で何が必要とイメージしていますか？

考えられることはいっぱいあるんですが、今年はタイトル、タイトルって、あまり言葉にしていない気がするんです。もちろん監督の口から、『このクラブはやっぱりタイトルを目指して獲るべき』という話を何度かされていますが、今年はどこかそれが重荷になっていない気がします。今のところみんなに意欲があるし、チームとしてのやるべきこと、やろうとしていることが、はっきりしているので。そこに対してフォーカスできて、メンタル面でもいい準備ができているんじゃないかと思っています。ただ試合になれば、それとこれとは話が別で。試合でしか得られない感覚や空気感など、研ぎ澄まされたものがありますから。それはやっぱり試合を重ねていくごとに、自分たちはつかんでいかなきゃいけないし、そこに勝つために必要なことは凝縮されています。決して、ボードの上とか練習だけでは測れないものが、ピッチ上にはやっぱりあるので。

──実戦を積み重ねながら、ピッチ上での早いすり合わせが必要ということですね。

そうですね。そこをいち早くつかんで、チームとしてなるべく早く、序盤から自信をつけていきたい。多分このチームがどこまでできるのかは、まだ測れていない段階だと思うし、それは開幕戦とかシーズン序盤のところで測れていくものだと思います。チームとして、言葉にできない自信みたいなものをつかめればいいスタートが切れるかなと思うんですけどね。タイトルに関しては、やはり試合の積み重ねだし、12月のことを今は何も言えません。まずは目の前の試合、目の前の相手に対して、どう打ち勝っていくかということだけを、今は考えていければいいかなと思います。現時点で優勝できる力があるのかないのか。今はわからないけれど、そういうチームになれる可能性もあると思っています。

──チームは〝生き物〟とよくいわれますが、やはり一戦一戦の積み重ねですね。個人としてのテーマはありますか？

個人目標はありません。昨シーズンにアントラーズへ帰ってきたときに、自分のなかで一つ、これまでのキャリアとは違う部分がありました。それは、このチームが勝つため、タイトルを獲ることにすべてを捧げる気持ちでやろうということ。今までも思っていなかったわけではないけれど、よりいっそう強い気持ちがあります。キャプテンという立場で、自分が見てきたこと、経験してきたことから、かける声とか周りとの関係だったりもあります。決して自分だけがやりたいことが、チームのためになるわけでもない。自我を捨てたわけではないけれど、まずはアントラーズの勝利につながるための行動を重視したり、練習をしたりすると決めて帰ってきたので。そこはこれまでとの違いとしてあります。大きな目標ということではないけれど、そういう気持ちでいる

10

GAKU
SHIBASAKI

10
GAKU
SHIBASAKI

言葉では言い表せないほど
皆さんの心を熱くする試合をする

ということですね。

どの試合も熱狂して
スタジアムを後にしてほしい

──今季はファン・サポーターにどんなフットボールを見せたいと思い描いていますか?

どんなサッカーをするにせよ、やっぱりカシマスタジアムに来てくれたサポーターのみんなにはいい試合を見てほしい、何かグッとくる試合を見てほしい、毎回熱狂して帰ってほしい。また来てほしい、また来たいと思えるようにしたいと、いつも思っています。それはどんなサッカーをするかという部分ももちろん大事ですが、言葉では言い表せない、言語化できない何かを自分たちで作り上げていかないといけません。まずはそういう試合をしたい。負けるにしても、負け方がある。そもそも負けることは想像していないんだけど、常に勝利への姿勢を90分間通して絶やさない。結果として負けることも、引き分けることも、勝つこともあります。でも、その根底にあるものは、どの試合も同じ。決して失望させるような試合とか、落胆させるような試合を見せてはいけない。そういうシーズンにしたいですね。

──思い描く理想のフットボールは?

何だろうなあ……。いろいろな角度の見方がありますよね。サッカースタイルなのか、プレーモデルなのか、勝てばいいだけなのか、走ればいいのか、ぶつかればいいのか、転べばいいのか(笑)。それぞれの見方にもよると思います。必ずしもいいサッカーが熱狂させるとも限らない。でも、アントラーズは、見ていて楽しいサッカーを目指すのではなくて、勝利を追求するサッカーで熱狂するのが、アントラーズだと思っています。それで結果を出してきたのが、アントラーズ。だから、周りがいいサッカーだ、悪いサッカーだって、ある種の物差しから言うことはあっても、根底にあるものは、来ている人たちを熱い気持ちにさせて、選手とサポーターが一体となって、勝利を追求することがベースにある。どんなサッカーをするかというのは、あくまで勝利をするための手段ですからね。そこがわりと自分が思い描いている試合の根幹です。

──スペインでは、その文化観を感じることも多かったのでは?

そうですね。それは各々のクラブがそれぞれ持っているものですから。それがなければ、みんなバルセロナやマドリードの試合を見に行くけど、そうじゃない気持ちがある。だからこそ自分の小さな街のクラブを応援しに行くし、2週に1回あるホームのスタジアムに毎試合駆けつける。いいサッカーを見たいだけだったら、違うチームを見に行くだろうし、テレビの前で見るでしょう。でも、そのチームでしか感じられないものがみんなにあるから、そこに人が集まるわけです。

──勝利を追求した先にある熱狂。これまでの数々のシーンがよみがえります。

見に来てくれた試合で人に何を感じさせるかという意味で、やっているサッカーも少なからずあると思いますが、本質はそこじゃない。プレーしている選手の表情とか、体の動きやプレーもそうだけど、そこに感情が乗って、感じるものがあるからこそ言葉にできない何かが生まれていくんです。

──なるほど、戦術うんぬんではなく、見た人が心を動かすような試合。

それがアントラーズの根幹にはあると思います。それは別にやっているサッカーが変わっても変わらないもの。それこそがアントラーズの熱狂的なファン・サポーターを生み出し、文化を作ると思うんです。やっているサッカーが好きだから、というだけではすぐに離れていく。アントラーズを狂うほど好きになってもらうためには、サッカーだけじゃないところで何かを感じさせないと、増えていきません。"アントラーズはこういうものだ"というのを、またみんなに見てほしいし、僕ら選手もそれを体現できるような試合をしたいと思っています。

40

鈴木優磨
YUMA SUZUKI

魂が伝わる、
アントラーズ
らしいプレーを。

開幕まで1カ月を切った2月1日、鈴木優磨の手術が発表された。
「右頬骨骨折、治療期間は約5週間」。
そんな逆境にも、背番号40は早期復帰を目指し、
自分と向き合う日々を過ごす。すべては、アントラーズのために。

40

YUMA
SUZUKI

チャキと共存して相手の脅威となる。
それが今年の大きなテーマ

試運転はできない
俺はアクセル全開だから

――ケガの状態（1月30日のトレーニングマッチで右頬骨骨折）が心配でしたが、元気そうで安心しました。

順調ですよ。思った以上に早く復帰できそうです。

――よいシーズンスタートを切れていた様子だったので、ショックだったのでは？

ケガをした瞬間はヤバいと思ったけど、今はこのくらいで済んでよかったなと切り替えられました。手術の仕方次第では、もうちょっと長くなる可能性があったので。ボルトを入れたら2カ月くらいかかったんですけど、うまく骨がくっつきそうなので、ドクターからは3週間くらいで復帰できると言われています。

――もともと手術は苦手と話していましたね。

終わってしまえば何ともなかったけど、手術の前は怖かったですね……。俺は結構ナイーブだから。やっぱり手術は嫌ですね。

――すでにピッチに出て練習していますが、ほとんど休まなかった？

2月1日に手術して、次の日にはもう退院しました。自分から退院させてくれと言って（笑）。それで2月6日から動きだして、今はもう全然大丈夫です。

――少し時間を戻して、昨シーズン終了後のオフはどのように過ごしたのですか？

今回はサッカーを全然やらなかったんですよね。これまでのオフで一番やらなかったかもしれない。オフに入ってから、年が明けるまで4、5回くらいしか体を動かしませんでした。

――それはどうして？

昨年は疲れていたから、ちょっと休もうかなと。

――サッカーから少し離れようと。

そうですね。今回はいろんな所に行って、ゆっくりしたいという思いがありました。いろんな人に会えて楽しかったので、もうちょっとオフが長かったら、もっと楽しかっただろうなあと、名残惜しい感じがありましたね。でも、年明けからは2部練をほぼ毎日やって、しっかり準備しました。

――いつもと少し違うオフを過ごして、コンディションはどうですか？

体の調子はいいですよ。キャンプでは、ここ数年で一番体が動いていると感じました。そんななかでのケガだったので、ちょっとショックでしたね。

――気持ちを切り替えて、今はリーグ開幕戦を目標にリハビリをしているのでしょうか？

リハビリのスケジュールでは対人練習に加わるのが開幕の直前なので、現実的に考えると、試合に出られるのは第2節からだと思います。でも、開幕戦で監督から「行け」と言われたら、行きますよ。

――いきなりフルスロットルでプレーする姿が想像できます。

しばらくはフェイスガードを着けるんですけど、ヒヤッとするシーンはあると思う（笑）。試運転ができないんですよ、俺は常にアクセル全開だから。

監督の要求に応えてから
自分の我を出す

――新監督のもと、チーム作りを進める段階だと思いますが、キャンプでの手応えは？

監督のやりたいことは明確なので、今はそ

れをチームで色濃くやっていこうという段階です。ポポさん（ランコ ポポヴィッチ監督）はよいプレーはよい、ダメなプレーはダメだとはっきり言ってくれるので、選手としてはわかりやすいですね。

──グラウンドから監督の「ブラボー！」という声が聞こえてきます。

でも最近はあんまり言わないかな。最初ほどは言わなくなりました（笑）。

──ポポヴィッチ監督の印象は？

エネルギッシュな人ですね。本当にタイトルを獲りたいという思いを感じるし、アントラーズを率いることの意義も自覚されているので、小さいころからこのクラブで育ってきた自分としては、非常にやりやすい。日本人選手とのつき合い方もわかっているし、おもしろいシーズンになるんじゃないかなと思います。

──ヨーロッパに渡り、外国籍監督のもとでプレーした経験も生きるのでは？

それは間違いなく生きていますね。他の選手よりもアドバンテージがあると思います。

──具体的にどういったことでしょう？

まずは監督に求められていることをやる。自分の形を持っている監督だと、特にそれが大事です。

──上田綺世選手も同じことを言っていました。海外では監督の言うことが絶対で、そのうえに自分の能力を乗せなければ信頼を得られないと。

それは俺もベルギーで感じました。綺世が言うように、監督が求めることにプラスして自分は何ができるか。まずは監督に求められることに応えて、認められてから自分の我を出す、という順番なんですよね。基本的に俺は外国籍監督とうまくやれると思っているし、どの監督でも使われなかったことはない。ということは、自分のやり方は間違っていないのかなと。求められるひととおりのことは、わかっているつもりです。

──ポポヴィッチ監督から求められることは？

判断のスピードと、プレーの強度ですね。あとは最短距離でゴールを目指すこと。1本のパスでゴールにつながるんだったら、どんどん狙えと言われています。そのあたりは外国籍監督らしいなと思いますね。まずゴールに向かうという意識は日本人に欠けている部分だと思うので、だからこそ繰り返し強調しているんだろうけど。

──最短距離でゴールを目指すプレーは、優磨選手が得意とするところです。

そうですね。ただチーム全体で見ると、いい案配を見つけられている選手と、そうじゃない選手がいるように感じます。監督が言っていることだけではなく、一人ひとりがいい案配を見つけないと個人として苦しむだろうし、チームとしても苦しい状況になってしまうので、そこのコントロールに関してはまだまだ

課題がある。岳くん（柴崎選手）だけができてもしょうがないので、特に中盤の選手はそれができるようにならないと、もう一つ上には行けないと思います。

──昨シーズン、対応力やアドリブ力が必要だという話をされていましたが、それは今シーズンも共通する課題でしょうか？

その瞬間、瞬間にすべきプレーというのは、なかなか教えられるものではないので、どうしても個人の経験が占める割合が大きくなります。だからこそチームとして成功体験を積むことが大事になるのかなと。

──そのためには優磨選手、柴崎選手、土居聖真選手、植田直通選手といった経験豊富なセンターラインの選手がビジョンを共有して、チームを引っ張ることが重要になりそうです。

そうですね。特に、岳くんの背中をみんなが見て、どういったプレーが必要なのかを感じ取らないといけないと思います。

──やはり柴崎選手の存在は大きい？

現状は岳くんがいるか、いないかでチームが変わってしまうので、唯一無二の存在です。あの人にボールを預ければ、何とかしてくれるという信頼感。それは見ている人も感じたと思います。一つのパスの質にしても、やっぱりレベルが全然違いますよ。

優勝するためには
最低でも60得点が必要

──柴崎選手の復帰により、優磨選手が後ろに下がってゲームを作る負担が減ったことで、今シーズンはより多くのゴールが期待されます。

今年、優勝するためには俺とチャキ（アレクサンダル・チャヴリッチ選手）が共存しないといけないし、2人で30点以上は取らないと

いけないと思っています。最近、歴代優勝チームの得点数を調べてみたら、チームとして最低でも60点くらいは取っているんですよね。昨年の神戸も60点かな。2020年の川崎Fに至っては88点ですから。

──優勝するためには多くのゴールが必要だと。

だから俺のなかでは、俺とチャキで30点はマストです。そうなると、俺がチャキの能力を最大限に生かさないといけないし、また彼を生かすことによって俺自身もチャンスを得られると思っています。ただ、もしチャキが20点取ってくれるとして、じゃあ残りの40点をどうするの？とも考えるんです。みんなが持っている能力を最大限に生かさないと正直、60点は厳しいと思う。だから、もっともっとみんなが成長しないといけない。俺自身も含めて、前線の選手はよりいっそう、数字にこだわらないといけないという危機感はあります。本気で優勝を意識して取り組まないと、絶対に届かないので。

──60得点が一つのラインですね。

最低60ですからね。誰か1人が15点、20点を取っても、チームとしてゴールを取れないと優勝は見えてこない。いくら失点数を減らそうとしても限界があります。無失点でシーズンを終えるなんてことは絶対に無理なので。必ず苦しい展開があって、0-1で負けている試合があって、そのときに点を取り切れる力がないと厳しい。そのためには一人ひとりがもっとゴールにこだわらないといけないと思っています。

──チャヴリッチ選手とのコンビネーションはイメージできていますか？

ちょうど入れ替わりになってしまって（チャヴリッチは1月30日にチーム合流）、まだ一緒にプレーしていないけど、イメージはすごく

40

YUMA
SUZUKI

湧いています。向こうは俺のことを知っていたみたいで、「ベルギーで点を取っていたよね」って。俺と一緒にプレーするのが楽しみだとも言ってくれています。彼は俺にないものを持っているので、いかに共存して、相手にとって脅威になれるか。それが今年の大きなテーマになると自負しています。

——2人の関係はどのようになりそうですか？

どっちかというと、俺が合わせるような感じになると思います。向こうに合わせてもらうというよりは、俺がチャキに合わせて、彼には得意なことをやってもらう。やってみないとわからないけど、これまでの経験から、基本的にこのイメージは変わらない気がします。チャキが持っていないものを俺は持っているし、反対に俺が持っていないものを彼は持っているので、お互いに補い合えると思っています。

——組むことでお互いにプラスになると。

力を引き出し合えるコンビが理想です。例えば、神戸の大迫（勇也）さんと武藤（嘉紀）さんとか。ああいうコンビになりたいというか、ならないと優勝は厳しい。

——コミュニケーションを図るうえで意識していることはありますか？

お互いの考え方を知ることが大事だと思っています。どういった部分にこだわりを持っているのか、ゴールに対してエゴイストなのか、それともチームのために味方に譲るタイプなのか。俺はいつもそういったところを理解するようにしていますね。

——以前からFWは信頼関係が重要だと言っていました。

俺は一緒に組んで能力が高いなと思った場合、最初はそいつの動きしか見ません。俺のパスがミスになったとしても、お前の動きを常に見ているよと。やっぱりボールが出てくると相手からの信頼を感じるんですよ。

——チャヴリッチ選手はまだ合流して間もないですが、どんなキャラクターですか？

ヨーロッパのストライカーという感じです。結構エゴイストの部分を持っていて、信頼している選手がボールを持っていると動きだす。そこはわかりやすいですね。だからこそ、特に最初は使ってあげる必要があるのかなと。こいつからはボールが出てくると思ってもらえれば、向こうは準備してくれるので。まだ一緒に練習できていないけど、紅白戦が終わった後とかに会話して、「あそこの動き出しを見てほしいよね？」という感じでイメージをすり合わせています。

サポーターの皆さんに
魂が伝わるプレーを

——今シーズン、個人としてどのようなことを意識していますか？

個人的には数字にこだわりを持ってやっていきたいと思うし、それはチームの優勝を見据えたときにも大事な要素になると考えています。

——昨シーズンはリーグ戦でチーム最多の14得点。Jリーグでのキャリアハイを記録しましたが、満足はしていない？

もちろんです。俺もそうだし、周りのみんなも、特に前線の選手はもっとゴールを取らないといけないと思います。さっき言った最低60得点という目標を見据えたときに、全員が数字にこだわらないといけないという考えにたどり着いたんです。FWはもちろん、2列目の選手もアシストだけではなくゴールにこだわらないと、優勝なんてできない。俺自身も、今年はさらに上を求めてプレーしたいと思います。

——2022年に復帰してからは、チーム全体を意識してプレーしているように感じますが、よりゴールに集中していた以前のプレースタイルに戻すということですか？

いや、あのころにはもう戻れないんです。やっぱりヨーロッパに行ったことは自分のなかでは大きくて、あのスタイルではやっていけないと感じて、それで手に入れたのが今のスタイル。だから昔のスタイルに戻すのではなく、今のスタイルにプラスして、もっとゴール前に入っていく回数を増やしていきたいという感じです。

——ただ点を取るだけのFWではないと。

俺自身がそれでは生きていけないと感じました。ヨーロッパには俺よりでかくて強い選手はいくらでもいて、一発がある選手もたくさんいる。だから同じスタイルで勝負しても絶対に勝てないなと。

——それで違う道を模索した。

ベルギーで一番点を取ったとき（2020-2021シーズン）、当時の監督から「ゴール前に張りつくな」と言われたんです。それで相手のセンターバックとボランチの間、特に相手のボランチの背中にポジションを取るようにしたら、一番点を取れた。FWとして生きていくには、これしかないと思いましたね。後ろに下がっているように見えるかもしれないけど、それは相手に餌をまいているだけで、最終的にゴールを取るためのプレーなんです。

——ヨーロッパに行って、よりプレーするおもしろみを感じるようになったのでは？

そうですね。昔はできることが限られていたので、今のほうが確実におもしろい。それは間違いないです。

——そういった話を聞くと、今シーズンも優磨選手のさらなる進化が期待されますが、同時に、タイトル獲得が求められます。

2年前にアントラーズに帰ってきて、改めて優勝するのは本当にタフなことだと感じています。今の若くて新しいチームにはやりがいを感じているけど、やっぱり経験が足りないので、小さな成功体験を増やしていくしかない。そして、アントラーズがまた常勝クラブに戻るためにはタイトルが不可欠。だからこそ、優勝を知っている俺が基準を示さないといけないと思っています。

——サポーターが求めるものは一つです。

もちろん、俺も優勝しか見ていません。ただ、目の前の試合に勝たないと、その先は見えてこないので、目の前の1試合、目の前の1個のボールに魂をぶつけられるかどうかがすべてだと思っています。応援してくれるサポーターの皆さんに魂が伝わるようなプレー。そんなアントラーズらしさを体現するプレーをして、最後にみんなで笑えるように、一つ一つクリアしていきます。

55

植田直通

NAOMICHI
UEDA

信念と
覚悟を持って
タイトルへの
決意を示す

昨シーズン、タイトル奪取を使命として復帰した。
フィールドプレーヤーでただ一人34試合90分フル出場、イエローカードは1枚だけ。
それでもチームとしての結果が出なかった。果たせなかった思いを胸に、今季にかける思いは強い。
背番号55、ディフェンスリーダーの覚悟とは。

55

NAOMICHI
UEDA

まだまだ成長できる。
今年はガツガツいくプレーを見せていく

一つひとつのプレーが、タイトルへの決意表明に映る。

2月10日、水戸ホーリーホックとのいばらきサッカーフェスティバル2024。黄色のキャプテンマークを腕に巻いた植田直通は、ラインを引き上げて攻撃的な守備を促すとともに、チャンスとみるや裏にロングパスを送ってチャヴリッチ、知念慶のシュートを引き出す。確実に守備のタスクをこなしたうえで、攻守にアグレッシブなメッセージを発する背番号55がいた。

アントラーズ復帰2年目となる今シーズン。彼の言動からは強い覚悟がひしひしと伝わってくる。

「昨年、タイトルを獲れなかったという事実を僕はすごく重く受け止めています。『タイトルを獲るために帰ってきた』と言ったのに、チームにもたらすことができなかったわけですから。アントラーズがこれだけの間、タイトルがないのは自分自身も悔しいし、ファン・サポーターの方たちももどかしい思いが続いていて、"今年こそは"という気持ち。監督

が代わって、選手も入れ替わったなかでチームが一丸となって戦おうとしているので、必ずタイトルを獲れると思っています」

ランコ ポポヴィッチ新監督のもと、始動からハードなトレーニングを積んできた。戦術の落とし込みを含め、チーム全体として自信を深めて開幕を迎えることができるという手応えが植田にはある。守備のリーダーとしてはいうまでもなく、攻撃におけるさらなる貢献を期待されていることは十分に理解している。

「2部練をかなりこなしながらキャンプを終えて、チームがやりたいことはだいぶやれるようになってきたかなと思います。やりながら改善点も出てきているので、修正しながら開幕に向けて調整しているところ。いい状態を保つことができているんじゃないかと個人的にはとらえています。

攻撃に特化するチームになるというイメージが強いので、自分にもそういうプレーが求められていると思っています。センターバックから攻撃が始まっていくし、自分たちがどれだけいいボールを供給できるかが大事なポ

イントになってくるので。ここの部分は昨年よりも（ウェートは）大きいかな、と。昨年よりもっと失点を減らしていくとともに、攻撃参加という部分での個人目標としては、レベルを上げていかなければいけないと思っています」

タイトルへの思い——。

Jクラブで断トツの20冠を誇るアントラーズ。だが2018年のACL制覇以来、無冠が続いている。W杯ロシア大会後、欧州に渡った植田がベルギーのサークル・ブルージュ、フランスのニーム・オリンピックを経て、復権の切り札として4年半ぶりに帰還したのが昨シーズンであった。

シーズン序盤に4連敗を喫しながらも第9節のアウェイ、新潟戦（4月23日）からは無失点で5連勝をマーク。下位にいたチームは5位までジャンプアップする。しかしここから3試合連続ドローで、波に乗り切れなかった反省があった。

植田はこう振り返る。

「足りないものがあったからこそ、結果が出なくなってきたと思っています。調子がいいと

きに、もっとよくしていこうという意識が薄かった。これでいいのかなという思いがどこかにあったんじゃないかと感じるし、いいサッカーをしながらも相手が対策を取ってきたなかで、それを超えることができなかったから勝てなくなった。やっぱり勝っているときにこそ、『自分たちはさらにもっとよくしようという気持ちが必要なんだ』と思わされた時期でもありました」

チームというものは、あくまで生き物だ。微妙なさじ加減が難しい面は否めない。それでも植田はディフェンスリーダーとして、先頭に立って戦い続けていく。神戸、横浜FMを射程圏にとらえる3位まで上昇したものの、第28節のホーム、横浜FM戦（9月24日）、そして国立競技場での第30節神戸戦（10月21日）と、上位相手に敗れてしまったことで失速。特に神戸には2試合で8失点を喫する屈辱的な2連敗だった。本来、アントラーズの持ち味であるはずの球際やハードワークでも相手が勝っていたといわざるを得なかった。

「昨年、神戸との試合においては全部、上回られていたと思います。自分たちのスタイルとして、何をやっていくのかに迷いが生じていた部分もあったなかで、相手はやることもはっきりしていました。自分がやれたことはもっとあったんじゃないか、と。だからこそ今年は絶対に勝ちたい、という思いが強いです」

結果的にはリーグ戦5位という成績。優勝した神戸とは勝ち点差で「19」も引き離された。ただ植田個人にフォーカスすればフィールドプレーヤーでただ一人34試合、90分フル出場を果たしている。イエローカードは1枚だけで、ファウル自体の少なさも目立った。強さ、高さといったフィジカルの優位性は当然のこと、読みやボールを奪うテクニックといった「賢さ」「うまさ」が光るシーンも少なくなかった。

「ファウルが少ないということが特別いいというわけではないと個人的には感じます。ただ、欧州では対等にやり合っても分が悪いような相手と戦ってきて、無理にやり合わなくてもボールを回収するという技術は、いろいろと勉強してきたつもり。そういったものが日本に帰ってきてからも出せているからこそ、ファウルが少ない側面があるのかもしれません」

ベルギー、フランスではフィジカル能力に秀でた強烈なストライカーと対峙してきた。一瞬でもひるめばやられてしまう。かといって、無理に張り合おうとしても勝てる保証などない。緊張感あふれる駆け引きのなかで、植田はインテリジェンスを磨いてきた。

「相手がどういうプレーをしてくるんだろうというのは、前半の入りから探っていきつつ対応していたので、そういう力がついてきたの

55

NAOMICHI
UEDA

かなと感じます。

相手の行動を読むことで、予測も必要になってきます。場所や状況にもよりますけど、自分の得意なほうに相手を行かせてボールを奪うとか、そのときに一番いい判断をすればボールを奪うことができるので。いろいろと経験はしてきましたけど、まだまだ成長できる部分はあると思っています。今年はガツガツいくプレーというのもしっかり見せていきたい」

海外で一定期間プレーして日本に復帰した場合、"再順応"に時間を要するケースもある。しかし、植田の場合は「まったくなかった」という。

「それは帰ってきたのが、このクラブだったというのもあると思います。欧州に行く前も5年ほどプレーしてきましたし、知っている選手、知っているスタッフがたくさんいて、僕にとってはすごくやりやすい環境。（4年半離れたとか）そういう難しさを感じたことは一切ありませんでした」

欧州での経験はディフェンス能力そのものを高めただけにあらず。さまざまな国から選手たちがやってくるチーム環境や残留争いを通じて、メンタル的にも一層強くなった印象を受ける。

「アントラーズではしてこなかった経験。監督がコロコロ交代するというのもありました

からね。そういう難しさはありましたし、サッカー以外のことでも精神的に強くなれたかなと思います。

自分の思いどおりにいかないことが普通だと、最後のほうは思えるようになりました。そういうスタンスでいたほうが気持ち的にも楽。すぐに気持ちを切り替えることができました。人にはいろいろな考え方があるんだということがよくわかりましたから」

たとえ結果が出なくても、必要以上にとらわれてしまわないように次へのエネルギーに切り替える。だからこそ復帰したアントラーズでも、安定したパフォーマンスに結びつけることができた。

タイトルに届かなかった昨シーズンの経験を踏まえ、どんなことが大切になってくるのか。そう問うと、植田ははっきりした口調で応じた。

「やっぱり1試合1試合、大事に戦うことじゃないですかね。これはもちろん昨年のことだけではないけれど、一つひとつが優勝にかかわってくるので、僕はどの試合も決勝戦だと思って戦う必要があると考えています。負け試合を引き分けにする力、それを逆転する力というのは、すごく必要になってくる。最後まで諦めないことが何よりも大切になってくるのかな、と」

いかなる試合もタフに勝負強さを発揮す

るのが、アントラーズの特長。世代交代も進むなか、アントラーズでタイトルを経験してきた選手も少なくなってきた。伝統と革新を融合させる意味においても植田が担っていく役割があるはずだ。

「サッカー自体が変わっていくので、そこに合わせつつ変化していく必要があると思います。一方で、受け継いでいかなければならないこともある。このクラブがずっといわれてきた"常勝軍団"を捨てたくない。そのプライドというのは、ずっと自分たちが持っていなければいけないものだと、僕は思っています。そもそも『もう"常勝軍団"ではない』と言われたくない。自分たちがそうあり続けるためにも、タイトルを獲り続けなければいけない。そういった精神的なものは、やっぱり忘れてはいけないと思っています。でもそれはアントラーズにいる選手やスタッフなら、全員がわかっていること。そのことを改めて言う必要はない。タイトルに対する思いは、みんなしっかりあるので」

チーム一丸となってタイトルを――。長いシーズン、きっといいときもあればそうではないときもある。目標に向かって向上の速度を緩めず、ブレることなく1試合、1試合を決勝戦のように戦っていくだけ。ディフェンスリーダーは、信念と覚悟を持って、新しいシーズンに臨もうとしている。

快適な空間と時間を、
お客様に。

| カフェ | アロマ | フリーWi-Fi | キッズスペース |

25

佐野
海舟

KAISHU
SANO

日本代表が
教えてくれた、
三つのこと。

昨シーズン終了後、日本代表に初めて選出された。
その後のアジアカップメンバーに選ばれ、高いレベルを体感した。
大きな刺激と新たな視座を得て、
新たなシーズンに臨む佐野海舟の、今季にかける思いとは

見方には〝安心・安定〟をあたえ
相手からは〝怖い〟と思われる選手になる

アジアカップで最も印象に残る戦いは？と問えば即座にこう返ってきた。

「日本対日本」

とにかく紅白戦のレベルが高かったという。

「最高の経験でした。内容がすごすぎて、できないことしかない。こんなレベルがあるのかという感じ。すべてが新鮮でとにかく楽しかった」

シーズン終了直後に日本代表メンバーに選出された佐野海舟は、初出場を記録した勢いそのままに、アジアカップのメンバーにも選ばれた。結果は準々決勝で敗退。優勝を期待されるなか、チームとして思うような結果を残せなかった。佐野自身はグループステージ3試合中2試合に途中出場。チャンスはわずか、それでも大きな手応えを得て帰国した。

時間にして22分の出場。それでも約1カ月におよんだアジアカップの代表活動で、大きな違いと成長のヒントを感じ取った。大きく分けて三つ、スピード、言語化能力、修正力だ。

一つ目はスピード。

「一番違うなと感じたのは、スピードでした。ボールに対する寄せのスピードだったり、シンプルにパススピードも全然違った。あとはみんなが常にポジション取りを一瞬一瞬で変えて、一番適しているところに立っていたんです。その対応スピードもすごかった。そうなるとディフェンスもなかなか詰め切れない」

そのスピードの実現は、二つのことに起因すると佐野は分析した。

「まずは一つのことだけじゃなくて、二つ、三つのことを考えながら、相手がどう来るのかを考えられていると感じました。そのなかで、チームとしてのやり方はありつつも、それぞれの相手に合った戦い方を自分たちで判断して柔軟に変えていくことができる。それは経験がないとできないことかもしれないけれど、選択肢を多く持っていることで、どのパターンで来られてもより柔軟に対応できる力になるのかなと。シンプルにものすごい能力の差を感じました」

先回りすることで余裕が生まれ、後手に回らずに済む。またその余裕は、当たり前のことを当たり前にできることから生まれていた。

「代表選手はみんなボールを持っているときに、ボールを見るというよりは常に目線が上がっているんです。だから、奪いにいくときも、どこにでもパスを出せるって思わされてしまうのであまり強くいけない。ボールばかりずっと見ていたら、『あ、こいつは見えていないな』と思って、バチッといけるんですが……。そこはめちゃくちゃ感じたところでした。基礎の部分がちゃんとしているからこそ、できる幅が広がるのかなと」

誰もが当たり前に、確実に止めて蹴る。前提要素の違いを体感した。

二つ目に言語化能力だ。

自らのプレーを明確に言葉で表現し合うことで、今ある状況を改善していく光景を目の当たりにした。

「一人ひとりがものすごい言語化できているんです。いい例が、うまくいっていないときに、その現状を説明できて、改善するためにどうすればいいかを、すぐに口に出して言い合える。そこは自分にとって必要だと実感しました。昨シーズンは試合中の修正が難しくて、前半にうまくいかないと、どうしてもそのままハーフタイムまでいってしまうことが多かったので……」

個々のより具体的なコミュニケーションの積み重ねが、早い修正につながる。

アジアカップのグループステージ第3節インドネシア戦、試合中のベンチでのこと。隣から聞こえてくる言葉に驚いた。

「同じポジションの守田（英正）くんとは、いろいろな話をさせてもらったんですけど、めちゃくちゃ言語化がうまいんです。言語化というか、状況を把握する力がめちゃくちゃある。試合中にベンチで一緒に隣で見ていても、『今こうなってるから、こうしたほうがいいんじゃないか』という話をしていて、僕が途中出場したとき、自分がそのとおりにやったら、めちゃくちゃうまくいったので、この人すげえな、と」

同じボランチのポジションで、求められるスキルの方向性が定まった。

「やっぱり相手だけじゃなくて、味方の位置や、どこにスペースがあるのかというのを全部把握できているからこそ、できているんだなと。プレー中にどれだけ修正できる力を持っているか。そこを正しく伝えるためには、言語化能力と合わせて、全体が見えていないとダメだというのは、ものすごく感じたことでした」

まず言語化の必要性を感じた。さらに、より精度の高いコミュニケーションを取るには、全体を含めた現状把握力が必要だと、新たな視点が生まれた。

25
KAISHU
SANO

佐野海舟が目指す、
試合中の臨機応変な対応力

　三つ目は修正力だ。
　この課題は昨シーズンのアントラーズでも
体感していたことだった。試合中の修正力、
対応力が課題として挙げられ、監督はじめ
選手からもよく話に出るテーマだった。
　「昨シーズンから自分もその話はよくしてい
て、やっぱり上位にいくチームは流れが悪く
ても、いい流れが途中で断ち切られても、自
分たちの攻撃ができるんです。それはすごく
大事なことで、自分たちのサッカーをするな
ら、やっぱり我慢する時間帯も必要だし、す

べてが理想どおりいくわけじゃない。しっか
り我慢して、自分たちの形を崩さずに守備を
して、そこからボールを奪うということができ
るようにならないといけない」
　2月10日に行われたプレシーズンマッチ
水戸戦で、早速課題が見えた。
　「前半はみんながいい距離感でやっていて
よかったのですが、後半のみんながしんどく
なった時間帯に、やはり間延びしてしまった。
そうなると、新しく目指している今のサッカー
のテンポはなかなか実現できないと思うの
で、そのときにどう修正できるか。水戸戦で
いきなり見えた課題でした」
　日本代表で同じようなことが起こったと

き、選手たちはどんな立ち居振る舞いだった
のか。そこに大きなヒントがあった。
　「代表でも、もちろんできていないときがあ
ったんです。でも、やろうとする努力をしてい
たし、全員がよくするために常に話し合って
いました。それが成功するかどうかは別とし
て、みんなが同じ方向を向いてやるというの
が、やっぱり大事なんだなと。これはやらな
いといけない、当たり前のこと。最低限、そ
れをみんなで取り組んで、そのうえでうまくい
くかどうかなんだと思います」
　やるべきことの基準が上がった。三つの
違いから刺激を得たうえで、今シーズンの佐
野は、まずプレーの言語化にフォーカスする

「やはり今ある状況をきちんと理解していないと、当然言葉では伝えられない。自分の感覚だけで話をしても、一人ひとりの感覚は違うものだと思うので。まずはきちんと伝えられる能力を持っていないと、伝わるものも伝わらないし、その後の修正力や対応力にはつながっていかない」

試合中のコミュニケーションにおける、プレーの言語化の重要性。それは"試合中の対応力を身につける"という大きなテーマの、一つ手前にやるべきこととしてある。すでに改善への一歩は踏み出している。

「読書を始めたんです。これは言語化がどうとかではなく、なんとなくですけどね」

考えれば行動に表れる。意識せずとも変化が見える、その典型なのかもしれない。佐野自身、その逆も想定している。

「プレーができたから言語化できるようになるのと同時に、その逆もあるかもしれないとも思っています。"こういうプレーがしたい"から入ってできるようになることもあるし、"こういうプレーをできるようになった"から、だんだん言語化できたりすることもあると思うので。どちらにしても、いろんなことにチャレンジして、『あ、これは違うな』『あ、今のはこれでよかったんだ』というのをとにかく増やしていくことがいいのかなと思っています」

今見えている課題に対して、一つひとつ向き合い続けている。

代表での経験を
チームに還元する

2024シーズン、町田でともに時間を過ごした「愛のある監督」ランコ ポポヴィッチと、再びともに戦うことになった。

「すでに町田時代に3年間、一緒にやっているので、やりたいことはなんとなくわかっているつもりです。ただ、メンバーやカテゴリーも違うので、当然合わせていくことはあると思っているので、早くそこをすり合わせてチームに貢献できればと思っています」

1年前、佐野はこんな言葉を残していた。

「まずはJ1の舞台に慣れること、そしてアントラーズの一員としてカシマスタジアムのピッチに立ちたい」

今やひと回りもふた回りも期待あふれる存在になった。チーム内で唯一の日本代表選手として、チームの核として、チームを引っ張っていくことをも求められるまでになった。

「"こいつがいると安心する、安定すると思われる選手"になるのと同時に、相手チームからは"怖いと思われる選手"になりたい。ゴールをどんどん狙っていったり、そういう怖い選手になれるようにしたい」

同じポジションで日本代表を引っ張る存在、守田選手の背中から大きな影響を受けた。

「やっぱりゴール前まで行くだけではなくて、決め切るところだったり、ちゃんとアシストする、そこまでやり切れる質の高さだったりをめちゃくちゃ感じます。試合のなかで決定機というのはそんなに多くはない。その数回でどれだけ質を高く、ちゃんとゴールにつなげられるかというのは、日々の練習から意識しないといけないことだと思っているので。それは毎日、日本代表で経験したものと同じ緊張感を持ってやり続けないといけないなと思います」

あれやこれや、いろいろな課題や気づきがあった年末年始の1カ月だった。その濃密な経験は当然今後に、チームに生かすつもりだ。

「一戦にかける熱量、準備の仕方から、すべてにおいて基準が高かった。その経験をこれから生かすか生かさないかは自分次第だと思っています。アントラーズのおかげで選ばれたわけで、いかにこの経験をチームに還元できるかが自分に求められることだと思っています」

感じたもの、得たものは大きくても、佐野自身は変わらない。常に矢印は自分へ、常に目指すは成長へ、そう進んでいくつもりだ。

「もともといっぱい課題がありますからね。それも解決したって、いつも"さらに"となるので、なくなることはないんです。サッカーをしている限りは」

成長への欲は止まらない。佐野の意識は前だけに向かっている。

25
KAISHU
SANO

14

樋口雄太
YUTA
HIGUCHI

守るべき存在のために
さらなる進化に
向けた意識改革。

新たな家族の誕生で、気持ち新たにシーズンをスタートさせた。
昨シーズン、リーグ最多アシストを記録した樋口雄太の、今季にかける思いとは。

目指す自身の進化と
監督が求める方向性は一致している

12月19日、樋口家に第2子が誕生した。
「シンプルにもっと頑張らないといけない。
〝このままじゃダメだな〟と思っています。もち
ろん一人目のときも同じように思いましたけ
ど、さらに成長したいという感情がより出るよ
うになった。1つの練習に対して、何のために
頑張っているのか。よく思い返すようになりま
した。やっぱり僕のなかで家族の存在はかな
り大きいので」

今オフは「ボールを蹴りたくなるまで休も
う」、そう決めていた。一度、完全に離れてみ
た。〝ボールを蹴りたい〟という前向きな気持
ちが生まれるまでは。

「最初の2週間はまるまる休みました。完全
にサッカーから離れることで、もう一度やり
たくなるかなと思いながら。その間は自分の
感情とつき合いながら、うまく過ごせていた
かなと思います」

そんなときに我が子が生まれた。改めてフ
ットボールに向き合う特別なタイミングは、
大切な新しい家族がもたらしてくれた。

「12月19日に湧いてきた。タイミングとして
は、これからシーズンが始まるというところ
で、すごく頑張ることができる。気持ちを新
たに始動することができました」

〝まだまだこんなもんじゃない〟
自身にかける期待と課題

2024シーズンが始まった。新監督のラン
コ ポポヴィッチを迎え、樋口はオフで得たポ
ジティブな感情のままに、開幕へ向けた歩み
を進めている。

「監督も変わって、新しいサッカーに取り組
んでいるところで、すごく新鮮な気持ちとい
うのが、率直な感想です。人もボールも動い
てというところで、昨年から個人的にやり続
けてきたことが生かされるんじゃないかと思
っています。まだまだプレーのなかで止まっ
ている回数も多いですが、新たな発見もあ
る。すごく成長していく段階なので、これから
が楽しみです」

アントラーズに加入して3年目を迎えた。
鳥栖で存在感を示し、新たな挑戦とした2シ
ーズン。樋口自身、まだまだ納得のパフォー
マンスを出せていないと振り返る。

「〝まだまだこんなもんじゃない〟というのが
自分のなかにあって……。自分に期待してい
る自分がいるし、鳥栖でやってきたプレーが
まだまだ思う存分に発揮できていないという
のが、正直なところ。このままではダメだなと

いう気持ちが一番強い」

3ゴール12アシスト。昨シーズンにリーグ
最多アシストを記録した。

「結果でいえば満足できるかもしれないで
すが……。まだまだできると思うところとの
葛藤があります」

結果を残しても納得がいかない。逆をい
えば、まだやれることがある、まだ伸びしろ
がある、ともいえる。樋口自身、具体的なイメ
ージがある。

「鳥栖時代のほうが強気のプレーというか、
もっとゴールに向かってプレーしていたイメ
ージがあって。ポジションも今より前めをや
っていたので、ゴールに近いところがあった
んですけど、そこの意識が鳥栖時代のほう
がまだあったし、実際にプレーにも出ていた。
まずは、改めてゴールに向かっていくプレー
をやっていかないといけない。そのプレーを
取り戻したうえで、もっとさらにレベルアップ
していかないといけないというところがある
ので……」

動き続けて試合に絡み続けるだけでは物
足りない。ミドルシュートを放ち、ドリブルで
仕掛け、パスで相手の隙を突く。そして、樋
口はさらにもう一歩先を狙う。

「今年はゴールのところを求めています。ど
んどん積極的にゴール前に入っていくところ
を出していきたいと思っています。チーム戦
術などもありますけど、そこは自分がいける
と思ったタイミングでいくのが本当の選択だ
と思いますし、そういう場面では思い切りよ
くいければいいかなと」

樋口が求める自身の進化と、ポポヴィッチ
監督が求める方向性が一致していることも、
背中を押してくれている。

「監督も前向きなチャレンジをすごく求めて
いると思いますし、逆に自分に足りないとこ
ろだったなと思っていて。〝相手のボールを
奪ったら、まず一番にゴールに近い選手を
見ろ〟というのは、まだまだ自分のなかで課
題としていたところ。そこに取り組める環境
があるのはありがたいことですし、そういう
プレーをどんどん出していきたい」

〝樋口雄太の意識改革〟。それはまさに今、
取り組んでいるところで、頭では理解しつつ
も、自然と体が動くまでの刷り込み作業の
途上だ。

「まだ自分のなかで奪ったあとだったり、ボ
ールを受けてチャレンジの意識はあるけど、
チャレンジできていない場面もまだまだあり
ます。練習からチャレンジしていかないこと
には、試合では絶対にプレーとして出てこない
と思うから。がむしゃらにというよりは、しっ
かりと周りが見えたうえでの積極的なプレー
が今後必要になってくると思うし、そういうと
ころを監督が求めていると思っています」

目指すことと求められることはわかってい

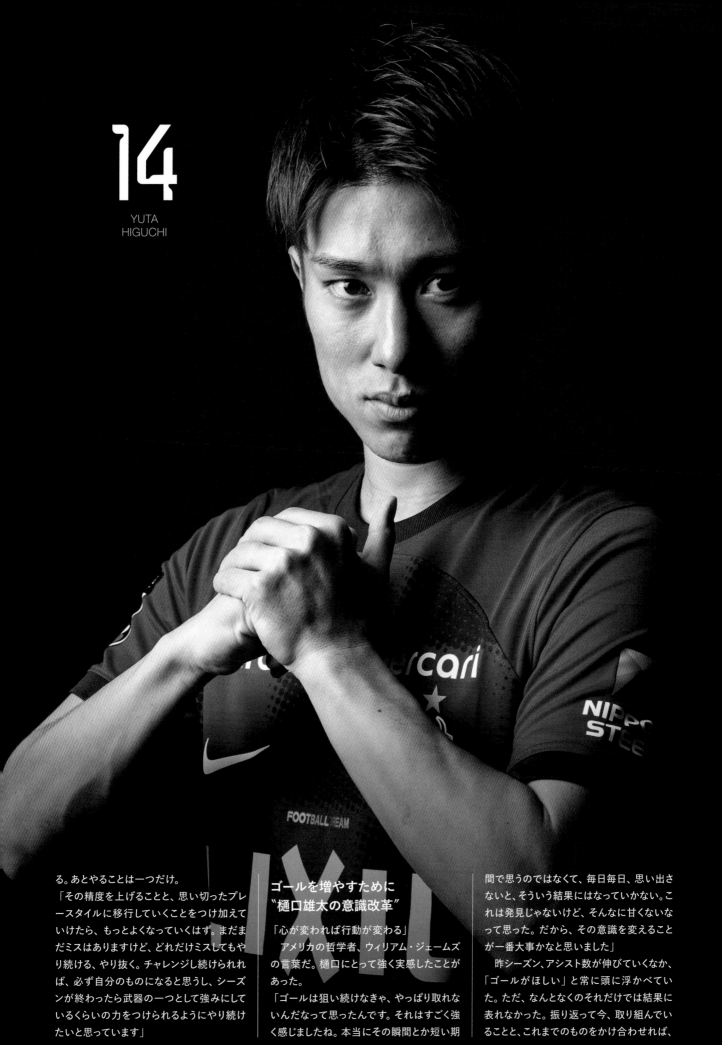

14

YUTA
HIGUCHI

る。あとやることは一つだけ。

「その精度を上げることと、思い切ったプレースタイルに移行していくことをつけ加えていけたら、もっとよくなっていくはず。まだまだミスはありますけど、どれだけミスしてもやり続ける、やり抜く。チャレンジし続けられれば、必ず自分のものになると思うし、シーズンが終わったら武器の一つとして強みにしているくらいの力をつけられるようにやり続けたいと思っています」

ゴールを増やすために
"樋口雄太の意識改革"

「心が変われば行動が変わる」

アメリカの哲学者、ウィリアム・ジェームズの言葉だ。樋口にとって強く実感したことがあった。

「ゴールは狙い続けなきゃ、やっぱり取れないんだなって思ったんです。それはすごく強く感じましたね。本当にその瞬間とか短い期

間で思うのではなくて、毎日毎日、思い出さないと、そういう結果にはなっていかない。これは発見じゃないけど、そんなに甘くないなって思った。だから、その意識を変えることが一番大事かなと思いました」

昨シーズン、アシスト数が伸びていくなか、「ゴールがほしい」と常に頭に浮かべていた。ただ、なんとなくのそれだけでは結果に表れなかった。振り返って今、取り組んでいることと、これまでのものをかけ合わせれば、

ゴールに近づくかもしれない。そんな成長への道筋が見え始めている。

「意識を変えることで、もっとゴールに向かったプレーというのができるんじゃないかと思うし、単純にゴールを奪いたい」

シーズンを戦うなかで、試合中にふと感じることがあった。「今日はイケるかも」。その感覚を常に再現できることを目指す。

「今日の俺、"なんかゴールを奪えそうだな"って思うときがあるんです。そのときは、自然と体が前向きになっているんです。この感覚を持ち続けないといけないなっていうのは、たまに試合中に思っていたこと。それで点が取れたこともあるけど、やっぱりそれを持ち続けることが大事なんだなと思うんです」

一つの意識が派生して、他の動きにも意識がいくようになった。

「目先のことを意識するんじゃなくて、一つ、二つ先のことを意識することで、そこまでの動きがスムーズになったりする感覚が出てきました」

主にボランチでプレーする樋口は、ビルドアップの場面を例に挙げた。

「サイドチェンジするプレーにしても、左サイドバックからボールが来ました、右に展開したいと思っていれば、自然と体の向きやファーストコントロールが必ず右に向くと思うんです。遠くを見るではないけど、次のプレーを考えながら、プレーしていくのは、すごく大事なことなんだなと思います。あと最近ね……」

"樋口雄太の意識改革"のヒントは他にもある。"動かないプレー"へのチャレンジだ。

昨シーズンの練習中でのこと。鈴木隆二コーチに声をかけられた。

「ゆっくりプレーしてみてもいいんじゃない?」

実際に一緒に映像を見ながら、"ゆっくり"はどの場面で、どのタイミングで有効なのかを学んだ。昨年から続く改革の一つだ。

「言われてから実際にやってみたら、ゆっくり動作をすることで、周りが見えやすくなったんです。相手が捕まえにくかったりすることもあるので、まだまだ勉強中ですが、すごくいい手応えがあります。プレースタイル的にも、これまでの、同じスピードで動いて、顔を出してというのは、どうしてもミスが増えてくるし、疲労もたまってくる。プレーに余裕を持たせる意味でもいいなと」

これもまた、ポポヴィッチ監督の求めることとリンクしている。

「監督の言葉から、ボランチとして動きすぎてもよくないなというのは、ちょっと思ったりすることがあったんです。監督は全体的に動きながら前へと言っていますけど、"ゲームコントロールすることが必要になってくる"というのも、キャンプを通してよく言っていることでした。そういった意味でも、動き続けることはいいけど、チームを落ち着かせるという意味では、よくない場合もあるので、そこは岳くん(柴崎選手)もいるし、そういう選手を見ながら勉強することが必要になってくるのかなと思います」

理想とする選手像は?と問えば、身を乗り出して即答した。

「やっぱり"怖い選手"になりたい。いい選手はいくらでもいるけど、"こいつにボールを持たせたり、高い位置で持たせたらやばい"と思われるような存在になっていきたい。そのためには、最後のアシストの質であったり、ゴールを奪い切るという質のところが求められると思うので、しっかりと強く意識していかないといけないと思っています」

オフの日に車で出かけた道中、ふと車内で妻に言われた。

「刺激があっていいね」

真逆の性格でいつも背中を押してくれる、頼れる存在の一言が頭に残った。日ごろからピッチ内外すべてのことを話すが、どうやらいい形で試行錯誤できているようだと答え合わせになったという。

ひととおり意識の変化についての話が終わると、樋口は充実の笑みを浮かべた。

「学ぶことがすごくいっぱいあるなって思いますね」

鳥栖で見せた存在感を超えるために。

日々学び、成長を実感しながら前を向く毎日だ。新たに1人加わった守るべき存在のために、「おとうさん、頑張らんばいかんばい!」。

今シーズンを終えたとき、背番号14の背中は、ひと回り大きなものになっているはずだ。

14
YUTA HIGUCHI

1 早川友基
TOMOKI HAYAKAWA

2023シーズンに全試合フル出場を果たし、守護神としての道を歩み続けている。
今季から背番号1を背負う早川友基は、ピッチ上でどこを見て、何を意識して戦っているのか。
最後尾からチームを支える背番号1の、ピッチ上での細かなこだわりに迫る。

ピッチ上で魅せる、歓喜の咆哮を求めて。

2023シーズンに全試合フル出場を果たし、守護神としての道を歩み続けている。
今季から背番号1を背負う早川友基は、ピッチ上でどこを見て、何を意識して戦っているのか。
最後尾からチームを支える背番号1の、ピッチ上での細かなこだわりに迫る。

テレビ画面に映らないところまで
守備範囲が広がっている

テレビ観戦もよし。でも、ぜひライブで、スタジアムで見てほしい──。

早川友基はそんな守護神だ。

「確かに、僕のプレーはテレビに映っていない部分が肝かもしれないですね。本当に細かいところですが、GKに興味がある人が見れば〝あ、なるほど〟と思ってもらえるのかなと思います」

例えば、相手選手が最終ラインの背後へスルーパスを送る場面だ。ひやり。アントラーズサポーターが肝を冷やしたその瞬間、早川はテレビ画面には映らない場所から颯爽とパスの軌道のその先に現れ、マイボールにしてしまう。

「高校や大学時代、DFの背後へのボールに対する予測、ポジショニングは試行錯誤の連続でした。もちろん失敗もしてきました。それでも場数を踏むごとに、自分の中で距離感をつかめてきたんです」

自軍のサイドが破られ、クロスを蹴られる場面でも、そう。画面に映らないところで相手の体勢と位置取りを瞬時に見極めて、ポジショニングを修正する。

「例えばアントラーズの左サイドからクロスを蹴られるとします。そのとき右利きの選手が、右足で蹴ってきたら、ペナルティーアークの方向へ1歩出る。アウトスイングの軌道になるので。こういう無駄のない動きで、守備範囲を広げることは意識しています。特に今季、ポポヴィッチ監督の戦術ではそれが求められますから」

全ての能力を備えた
GKを目指して

早川のプレーは決して派手ではない。ピッチ全体の事象を注意深く観察しながら、失点の可能性を限りなく減らす作業に集中する。しかも、さりげなく。

「僕は、あまりビッグセーブが好きじゃないんです。派手に止めるよりは、簡単に防いでいるように見えるほうが、カッコイイなって。だから、まずは味方と連係してシュート自体を打たせないことを大切にしています。たとえ打たれたとしても、細かくポジションを修正

して、ステップを踏んで正面で取りたい。そういうスタイルのGKが理想です」

早川の代名詞といえる「足もとの技術の高さ」も、スタジアム観戦であればよりディープに楽しめるはずだ。彼のパスには、受け手への〝愛情〟が込められている。

「受け手が次にプレーしやすいパスを出すのが大事だと思っています。僕は自分がパスを出すときも、もらうときも、相手のプレスをまともに受けてしまうような、いわゆる〝はめパス〟が嫌いなんです。だから、常にピッチの状況を見て、相手のプレスをひっくり返せるようなタイミングとコースで出すことを意識していますね。もしも短くつないで味方が苦しむのなら、一度前線へロングパスを蹴る。このときもピッチの状況や試合展開を考えて、高低やスピード、滞空時間など球質を使い分けています」

ポジショニング、シュートストップ、足もとの技術、クロス対応、コーチング。GKとしての能力値をこの5項目による五角形のグラフで示すならば、早川はすべての能力を満遍なく備えた選手を目指している。昨季はプロ3年目にして初めて開幕からレギュラーの座を守り、リーグ戦全34試合に先発フル出場した。キックの技術を生かしたビルドアップでの貢献だけでなく、チームの総失点数も一昨季の42から34へと減少させ、総合力の高さを示した。

ただし、〝早川グラフ〟は最初から綺麗な五角形を描いていたわけではない。特に本人が劣等感を抱いていたのが、「キャッチング」。プロ1年目の衝撃は今でも忘れられない。

明治大学からアントラーズに加入し、初めてチーム全体でシュート練習が行われたときのことだ。上田綺世とエヴェラウドのシュートを手に当てた瞬間、絶望した。

「ボールのスピードがあまりにも速くて、ケガするかもしれないと思うほどでした。それまでは、大学サッカーの強豪である明治でプレーしてきて、ある程度、プロに入っても通用するんじゃないかと思っていた。そんな自信が、綺世とエヴェのシュートを受けて一気に覆されて……。プロのピッチに立って、現場で体感しないとわからないレベルの差がありました」

今のままでは到底プロのシュートをキャッチできない。そんな選手を監督が試合に使うわけがない。ならば、どうすべきか。

思い悩んだ大卒1年目GKのすぐ目の前に、お手本はいた。

「（クォン）スンテさんのキャッチングは、僕とはまるで違いました。僕の場合はシュートスピードに負けて、手からボールが抜けちゃっていた。一方、スンテさんはボールの力を手全体で吸収していた。それを見て以来、キャ

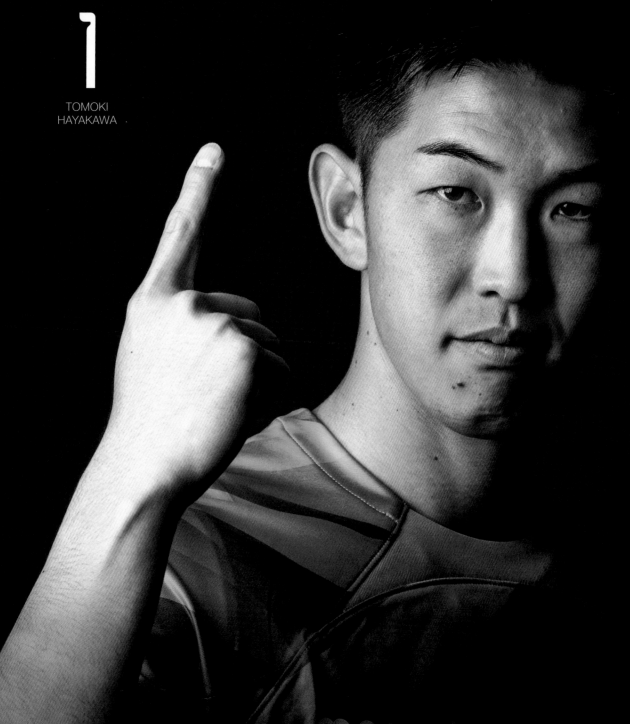

1

TOMOKI
HAYAKAWA

ッチの仕方を180度変えて、毎日、毎日、全体トレーニングのあとに繰り返し練習したんです」

それまでは、指でボールをつかむ感覚で手を出していた。これではシュートの威力に負けてしまう。だから、手のひら全体で面を作るイメージで球の力を吸収するスタイルに変えた。

言葉にすれば小さな変更に聞こえるが、とんでもない。幼い頃から体に染み込ませてきたGKとしての基本動作を根本から変えれば、シュートへの反応自体にも影響をおよぼ

しかねない。そこにメスを入れることに、迷いや怖さはなかったのか。
「変えることに怖さは……なかったですね。大学時代の経験があったから。僕が明治で一番学んだのは、課題を自分で見つけて、向き合うこと。そのなかで今、何をすべきかを考えて、チャンスをつかむための最善の準備をする。プロ1年目はまったく試合に出られませんでしたけど、今の時代、移籍しようと思えば、簡単にチームを移ることができる。でも、ネガティブな状況から逃げずに、きちんと向き合うことが本当に大切だと思うんです」

過去の自分を超えて
チームの核となる

〝キャッチング改革〟を経て、早川はプロ2年目の2022年終盤、リーグ戦デビューを果たした。そこからゴールマウスに立ち続け、数々のセーブでチームを救ってきた。

リーグ戦通算39試合出場。このなかで、最も手応えを得たゲームは、どれですか? こう問うと、すぐさま首を横に振った。
「まだ、ないんです。僕は欲深い性格なのかもしれません。経験を積めば積むほど、もっ

と上を突き詰めたくなる。90分を通して『100％これだ』と満足した試合は、まだない。この考え方は、ソガさんに影響を受けているのかもしれません」

ソガさん。説明不要のレジェンドだ。ある日の練習後、早川はトップチームのGKアシスタントコーチを務めていた曽ケ端準に、こう教えられた。

「プロ生活は長いんだから、今がすべてじゃない。試合に出られないときこそ努力をやめてはいけないし、試合に出たとしても満足してはいけない。今の自分に満足してしまったら、もう引退だよ」

現状に満足せず、貪欲に。たとえ試合でミスをしても、それを糧に、少しずつ少しずつ能力グラフを広げていった。

昨年6月24日のJ1第18節ガンバ大阪戦は好例だ。前半34分のことだった。アントラーズは右サイドを突破され、黒川圭介にファーサイドへのクロスを許す。これをダワンが高い打点のヘディングでたたきつけた。自身の右手前でバウンドしたシュートに、早川は飛びついた。しかし、その脇下を抜けて、ボールがゴールネットを揺らした。

「あれは完全に僕のミス。対応がよければ防げた失点でした。両手で抱え込むように取りにいったことで脇下を抜けてしまった。あの試合以来、至近距離でバウンドするシュートへの対応はガラッと変えました」

試合の翌日、早川は必ず佐藤洋平GKコーチと前日の映像を見ながら課題を確認する。このG大阪戦後に着目したのが、〝手の出し方〟だった。

「両腕で抱えるようにキャッチにいくと、バウンドボールに対して体で面を作れなかった場合に、脇を抜けやすい。ならば、無理してキャッチにいくのではなくて、下から手を出して、敵のいない場所へボールを押し出すような対応をしようと。キャッチはできないけれど、確実にはじいて逃げることができる。〝うまく逃げる〟という感覚は、ガンバ大阪戦の失点で学びました。この新しいやり方を練習で試して、試合でトライして、成功体験を積み重ねることで、感覚をつかんだ。この先も、もっともっとうまくなりたいですけどね」

GKの能力を示すグラフにもう一つ、「メンタリティー」を加えるならば、それも2023年に大きく数値を伸ばした項目だ。

「アントラーズにはすばらしいGKが4人います。昨年はスンテさんや沖（悠哉）もいるなかで、1年間試合に出てもらった。そのなかで気づいたのが、自分にチャレンジすることの大切さです。他の3人よりもよいプレーをしなくてはと気にしているようでは、自分のレベルは上がらない。正GKだからこそ、常に過去の自分を超えないと、試合に出る資格はないし、チームを勝たせる存在にはなれない。それを踏まえて、今年の目標も『自分を

超える』にしました。1番という重みのある背番号にもなりましたし、今年はチームをよりよくする核のような存在になりたいと思っています」

今季のチームスローガンは「Football Dream ―かける―」。ゴールマウスに立つ〝核〟は、自分と何をかけ合わせることで、勝利をもたらそうとしているのか。

「挑戦、ですね。僕は明治に入るときも、アントラーズに入るときも、挑戦する気持ちでした。よりレベルの高い環境に飛び込んで、高いハードルに挑むことで成長してきた。プロ入り後、僕はまだタイトルを獲ったことがありません。今年はその壁に挑む心を持ち続けたい」

話を聞けば聞くほど、やっぱり早川のプレーは生で見たくなる。〝画面の外〟で敵のスルーパスやクロスに備える絶妙なポジショニングを、シュートを正面で取るための細かなステップを、受け手への愛が込もったキックを。

そしてもう一つ、見逃せないポイントがある。アントラーズのシュートが決まった、その直後だ。すぐに反対側のゴール前に目を向けてみよう。普段は謙虚で、派手なプレーを好まない守護神が、ゴール裏のファン・サポーターに向かって力強く拳を突き上げる。

背番号1、歓喜の咆哮。この光景を何度もスタジアムで見られることを信じて――今年もスタジアムへ向かおう。

1
TOMOKI
HAYAKAWA

いい日、
プレモル。

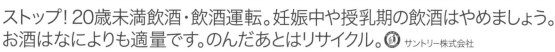
水と生きる SUNTORY

KASHIMA ANTLERS

PLAYERS FILE 2024

TOMOKI HAYAKAWA

KOKI ANZAI

IKUMA SEKIGAWA

ALEKSANDAR CAVRIC

SHOMA DOI

GAKU SHIBASAKI

KEI CHINEN

YUTA HIGUCHI

TOMOYA FUJII

HIDEHIRO SUGAI

KAISHU SANO

NAOKI SUTOH

YUTA MATSUMURA

SHUHEI MIZOGUCHI

YUJI KAJIKAWA

SHINTARO NAGO

TAIKI YAMADA

KIMITO NONO

HAYATO NAKAMA

YU FUNABASHI

SHU MOROOKA

YUKI KAKITA

PARK EUI JEONG

KEISUKE TSUKUI

YUMA SUZUKI

HOMARE TOKUDA

HARUTO MATSUMOTO

NAOMICHI UEDA

GUILHERME PAREDE

早川友基

新たな「背番号1」の
イメージを作る

　自身初となるリーグ戦全試合フル出場を達成した昨季最終節の試合後、男泣きした。昨シーズン限りでの引退を発表していたクォン スンテが、若き正GKの記録達成を優先し、ラストマッチへの出場を固辞したことを引退セレモニーの前に知った。

　「スンテさんは僕のことを本当にリスペクトしてくれて……感謝してもし切れません。一緒に過ごした3年間で、強いチームのキーパーはこうあるべきだという姿を見せてくれました。僕もスンテさんのように、チームを勝たせるキーパーになりたい」

　今季からスンテが背負ってきた背番号「1」を譲り受け、名実ともに〝アントラーズの守護神〟になった。

　「アントラーズには伝統的な背番号の流れがあり、スンテさんをはじめ、過去に歴史を築いてきた方々がいますが、1番のイメージを自分のスタイルで新しくしていきたい」

　確固たる自信を胸に、過去を超えるための挑戦が始まる。その先にはきっと、新たな栄光が待っているはずだ。

1 GK
TOMOKI
HAYAKAWA

□出場記録　　　　　　　　　　（ ）内は得点数

チーム	リーグ戦	カップ戦	天皇杯	ACL
2021 鹿島	0 (0)	0 (0)	1 (0)	―
2022 鹿島	5 (0)	0 (0)	0 (0)	―
2023 鹿島	34 (0)	2 (0)	0 (0)	―
計	39 (0)	2 (0)	1 (0)	―

□2023 Jリーグ出場記録内訳

先発
34

西安幸輝

2 DF KOKI ANZAI

チームの中心となり牽引していく

タッチライン際を疾走する元気印も、気づけば20代最後の年を迎える。年齢を重ねるにつれて意識は変化し、おのずと話題の主語は〝チーム〟が多くなった。

「もう少しでベテランの年齢に入るので、チームをまとめないといけないし、チーム作りにおいて中心にならないといけない」

新監督のもと、再出発を図る2024年。「監督から求められることをいち早く理解して、チームを引っ張りたい」と積極的にコミュニケーションを図りながら、先頭を走っている。

目標は「まずはタイトルを獲ること」。当然チームの結果が最優先だが、今シーズンは一つ、個人的な楽しみがある。アカデミー時代から12年間を過ごした東京Vが16年ぶりにJ1昇格を果たした。初めての古巣との対戦が待っている。

「複雑な気持ちもあるけれど、やっぱり楽しみ。J1のレベルをしっかり体現できるようにしたい」

さまざまな経験を積んだが、まだまだ老け込むつもりはない。不動の背番号2は、今年もシーズン開幕に胸を高鳴らせている。

□出場記録 （ ）内は得点数

	チーム	リーグ戦	カップ戦	天皇杯	ACL
2014	東京V（J2）	41（2）	—	1（0）	—
2015	東京V（J2）	35（1）	—	0（0）	—
2016	東京V（J2）	34（0）	—	1（0）	—
2017	東京V（J2）	40（3）	—	0（0）	—
2018	鹿島（J1）	28（3）	4（0）	5（0）	10（2）
2019	鹿島（J1）	15（3）	0（0）	0（0）	7（0）
2021	鹿島（J1）	16（0）	2（0）	2（0）	—
2022	鹿島（J1）	33（0）	8（0）	4（0）	—
2023	鹿島（J1）	31（0）	7（0）	1（0）	—
計	J1	123（6）	21（0）	12（0）	17（2）
	J2	150（6）	—	2（0）	—

□2023 Jリーグ出場記録内訳

先発	不出場
31	3

上位チームに負けない
「熱」を生み出す

「昨年ほど複雑な心境ではない」。変化を実感して新シーズンのスタートを切った。

昨季、チームは昌子源、植田直通という優勝経験のある2人を呼び戻した。それでも関川は自分を示しポジションをつかむが、シーズン途中で控えに回ったときは「自分が信頼されていない。能力が足りない」と悩むこともあった。「パスを出せること」「前への推進力」という自身の強みを見つめ直し、再度ポジションを奪い返すと、結果30試合に出場。「鹿島の5番」を力で認めさせる1年となった。

新監督を迎えて新たな競争が始まるが、「ポジションを譲るつもりはない。監督の求めるプレーと僕の得意なプレーは合っている」と表情は明るい。昨季に失点数の多さが改善されたことも、自信につながっている。しかし、在籍5年間で優勝に手が届いたことはない。

「上位チームと試合をしたとき、熱量の差を感じた。強度がすごい。ピッチ上で声をかけ合う姿が印象的だった」

もはや試合に出ることだけで満足する存在ではない。チームに「熱」を生み出す存在となり、旋風の中心となる。

関川郁万

5 DF
IKUMA SEKIGAWA

mercari

□出場記録

( )内は得点数

	チーム	リーグ戦	カップ戦	天皇杯	ACL
2019	鹿島	0 (0)	0 (0)	1 (0)	2 (0)
2020	鹿島	15 (0)	2 (0)	―	0 (0)
2021	鹿島	13 (1)	7 (0)	1 (0)	―
2022	鹿島	32 (0)	5 (1)	4 (0)	―
2023	鹿島	30 (2)	6 (0)	1 (0)	―
計		90 (3)	20 (1)	7 (0)	2 (0)

□2023 Jリーグ出場記録内訳

先発	ベンチ
30	4

アレクサンダー・チャヴリッチ

7 **FW**
ALEKSANDAR CAVRIC

ゴールを決めた高揚感を
カシマで何度も味わいたい

転機は2021年だった。

「キャリアを振り返ると、2013年U-19セルビア代表として UEFA U-19欧州選手権で優勝したことが、ベルギーに移籍する契機になりました。でも、近年で最も大きな転機は、21年にSKスロヴァン・ブラチスラヴァの監督が代わり、サイドからセンターフォワードにポジションが変わったこと。それによって自分に合ったプレーができるようになったんです」

公式戦では2年連続で2桁得点を記録。ポジションが変わったことで得たのは結果だけでなく、ストライカーとしての自信だった。

「得点を積み重ねることで自信がつき、細部に至るまで、自分が思い描くようにプレーできるようになった。自分で特長を語るのは照れくさいですが、ハードワークとスピードを生かしてゴールを決め、勝利に貢献できる選手になったことが、アントラーズへの加入にもつながっています」

ゴールを決めると、「何でもできる気がする。その高揚感をカシマスタジアムでたくさん味わいたい」。クラブ初となる欧州出身のストライカーは、「歴史を切り拓く」ため、アントラーズで多くのゴールを決めることを誓う。

土居聖真

8 MF SHOMA DOI

"岳との共演"を
名場面にしてみせる

昨季9月、柴崎の古巣復帰を誰より待ち望んでいたのが土居だった。序盤、2トップの一角として"彼らしさ"を随所に見せるも、チームの結果につながらなかった。そこへ戻ってきた盟友だ。

「岳は、顔を上げていなくても"いつ見てくれたの"というときにパスをくれる。ベストなタイミングどころか、それより早いタイミングでボールを供給してくれるので、フリーな時間やスペースができるんです」

国内最後のタイトルを獲った2016年の得点パターンは、"同じ感覚"を持つ同級生コンビによるものだった。7年の時を経ても変わらなかった、その感覚。昨季はわずか2試合に終わった2人の"共演"を、今季は毎試合の名場面にしてみせる。

「経験を積んで、僕らのあの"感覚"も進化している。以前とはまた違った味が出せるだろうし、そこを起点にチームの一つの戦術として、他の選手を生かすことにも自信があります」

土居自身、それが楽しみで仕方ない。

□出場記録　　　　　　　　　（　）内は得点数

	チーム	リーグ戦	カップ戦	天皇杯	ACL
2011	鹿島	2 (0)	0 (0)	0 (0)	0 (0)
2012	鹿島	4 (0)	2 (0)	2 (0)	—
2013	鹿島	15 (2)	1 (0)	2 (0)	—
2014	鹿島	34 (8)	6 (1)	1 (0)	—
2015	鹿島	28 (6)	2 (0)	1 (0)	6 (3)
2016	鹿島	30 (8)	5 (1)	5 (1)	—
2017	鹿島	33 (3)	2 (1)	3 (1)	7 (0)
2018	鹿島	29 (5)	4 (1)	5 (3)	13 (3)
2019	鹿島	32 (5)	4 (1)	4 (1)	9 (2)
2020	鹿島	31 (6)	2 (0)	—	1 (0)
2021	鹿島	36 (6)	6 (0)	3 (0)	—
2022	鹿島	23 (1)	7 (2)	5 (0)	—
2023	鹿島	24 (2)	7 (0)	2 (0)	—
計		321 (52)	48 (7)	33 (6)	36 (8)

□2023 Jリーグ出場記録内訳

先発	途中出場	ベンチ	不出場
7	17	4	6

柴崎岳

10 MF
GAKU
SHIBASAKI

mercari

チームを勝利に導く「背番号10」

□出場記録 　　　　　　　　　　（ ）内は得点数

	チーム	リーグ戦	カップ戦	天皇杯	ACL
2011	鹿島	13(0)	3(1)	3(0)	1(0)
2012	鹿島	31(1)	9(3)	4(0)	—
2013	鹿島	34(2)	8(0)	2(0)	—
2014	鹿島	34(6)	6(0)	1(0)	—
2015	鹿島	29(5)	1(0)	0(0)	6(2)
2016	鹿島	31(3)	4(0)	4(0)	—
2023	鹿島	3(0)	1(0)	—	—
計		175(17)	32(4)	14(1)	7(2)

□2023 Jリーグ出場記録内訳
※加入前の登録外25を含む

先発 1 　　　　　　不出場
　　　　　　　　　31※

途中出場 2

復帰2年目の今季、チームのキャプテン、選手会長、そして「背番号10」の〝3役〟を背負う。キャプテン就任は新監督の意向。一方、「背番号10」は柴崎自身が希望した。

「アントラーズの10番は、クラブの歴史を見ても〝チームを勝利に導く選手〟が着ける、特別な番号。それを空き番にしてはいけないと思いました。だから、とりあえず今年1年。来季以降は、この番号を背負う選手が若手のなかから出てくることを願っています」

かつての柴崎のように、決して現状に満足せず、先輩に臆さず、さらに上を目指して自分を磨いていく選手。そんな若手がチーム内に競争をもたらせば、チームも活性化し、よりよい結果に向かうと思い描く。

もちろん簡単に道を譲るつもりはない。オフも体作り中心に過ごし、〝3役〟は「このチームで今季、タイトルを獲りたいという覚悟の表れ」と言葉にした。チームのために、タイトルのために、かける思いは強い。「この番号を獲りに来い」。ピッチを駆ける背中で示すつもりだ。

知念慶

13 FW KEI CHINEN

熱い魂を込めて
昨季の悔しさを晴らす

強い覚悟を持ってアントラーズに加入した昨季、順調な滑り出しを見せた。デビューのリーグ開幕戦でいきなり初得点を記録。続くホーム初戦では古巣の川崎Fからゴールを奪い、「俺、こんなに熱くなれるんだ」と自らも驚くほど感情を爆発させ、サポーターの心をつかんだ。

しかし、第8節の神戸戦でチームが4連敗を喫したのを機にスタメンから外れ、5月には肉離れで戦線を離脱。復帰までに約3カ月もの期間を要し、「シーズン終盤にかけて失速してしまった。年間を通してよい状態の自分を見てもらえるようにしたいし、もっと多くの試合に出て、ゴールは2桁を取りたい」と今季はフル稼働を誓う。

移籍初年度は不完全燃焼に終わったが、「スタジアムの熱気、サポーターの熱さ、練習の激しさ。そういう魂の部分というか、ジーコスピリットみたいなものを感じることはできた」。

昨季の悔しさを晴らすため、熱い魂を込めて新シーズンに挑む。

□出場記録 　　　　　　　　　　　（　）内は得点数

	チーム	リーグ戦	カップ戦	天皇杯	ACL
2017	川崎F	4(1)	2(1)	3(0)	0(0)
2018	川崎F	27(4)	2(1)	4(3)	5(2)
2019	川崎F	21(5)	1(1)	3(0)	4(1)
2020	大分	29(3)	1(0)	—	—
2021	川崎F	22(4)	1(0)	3(0)	5(4)
2022	川崎F	27(7)	0(0)	1(1)	6(3)
2023	鹿島	21(5)	4(0)	0(0)	—
計		151(29)	11(3)	14(4)	20(10)

□2023 Jリーグ出場記録内訳

先発	途中出場	不出場
11	10	13

樋口雄太

14 **MF**
YUTA HIGUCHI

自らの「飛躍」が
タイトルをもたらす

継続は、力なり。プロになってからずっと、そうやって結果を残してきた。

「鳥栖時代、高橋義希さんから"続けること"の大切さを学びました。うまくいかない時期も、目の前のやるべきことをやり続けようと」

アントラーズ2年目の昨季も、この姿勢が実を結んだ。キックの精度を武器にリーグ最多の12アシスト。得点力にも磨きがかかった。

今季掲げた自身のテーマは「飛躍」。自身のレベルを上げ、チームにタイトルをもたらす。それを達成するためにイメージするのが昨季の第22節札幌戦、あの"12秒間"だ。キックオフと同時に仲間隼斗、ディエゴ ピトゥカ、溝口修平、鈴木優磨が見事に連動、最後は樋口が流し込み、わずか12秒でゴールを奪った。

「それまでになかった連動性が出たシーンでした。ポポヴィッチ監督の狙いにも近いですし、今年はああいう場面を増やしたい」

落ち着いた口調は、自分がやるべきことを理解している証。継続は、飛躍なり。▱

□ 出場記録 （ ）内は得点数

	チーム	リーグ戦	カップ戦	天皇杯	ACL
2019	鳥栖	1（0）	5（0）	2（0）	―
2020	鳥栖	28（1）	0（0）		―
2021	鳥栖	37（6）	2（0）	3（1）	―
2022	鹿島	32（2）	7（1）	3（0）	―
2023	鹿島	33（3）	3（0）	1（0）	―
計		131（12）	17（1）	9（1）	―

□ 2023 Jリーグ出場記録内訳

先発	途中出場 2
31	不出場 1

藤井智也

15 | MF TOMOYA FUJII

スピードあるプレーに
さらに磨きをかける

昨シーズン、「君のストロング（強み）を必要としている」と求められて、アントラーズへ移籍したはずだった。「即戦力」としての自負にたがわず、開幕からスタメンに名を連ねたが、4－4－2へのシステム変更をきっかけにポジションを失い、試合に出られない時期が続いた。

「絶対的な存在になれず、自分自身で苦しいシーズンにしてしまいました。固定観念を取り払い、新しいプレーや考え方にも目を向けて解決策を見いだそうと模索した時間を無駄にしてはいけないと思っています」

"かける"という今季のチームスローガンは、自身の特長である「ドリブルで縦に仕掛けるプレー」にぴったりだと感じている。

「スピードのあるプレーはもちろん、一つの突破口になれたらと思っています。チームとして取り組んでいるワンタッチとかコンビネーションで崩すプレーを加えて、さらに磨きをかけていきます」

走り続けた先に、苦悶した日々の答えがあると信じて。藤井智也は今日もピッチを駆け続ける。

□出場記録

	チーム	リーグ戦	カップ戦	天皇杯	ACL
2020	広島	15 (0)	2 (0)	―	―
2021	広島	29 (1)	5 (0)	1 (0)	―
2022	広島	27 (1)	6 (0)	2 (0)	―
2023	鹿島	22 (1)	5 (0)	2 (0)	―
計		93 (3)	18 (0)	5 (0)	―

（ ）内は得点数

□2023 Jリーグ出場記録内訳

先発	途中出場	ベンチ	不出場
9	13	1	11

一つひとつの試合に
思いを〝かける〟

初めて挑んだJ1の舞台で、その厳しさを知った。

「まだまだ実力不足。悔しい思いが大きい半年間だった」

特に後悔の念に駆られたのはYBCルヴァンカップ準々決勝、敵地での名古屋との第1戦だ。1点をリードして迎えた後半アディショナルタイムに投入され、敵陣でボールをキープして試合を終わらせようとするも失敗。直後に同点に追いつかれ、「失点の責任を感じている」と唇をかんだ。

それでも「とにかく練習するだけ」と前を向き、再び巡ってきた舞台で真価を見せた。J1第27節C大阪戦では数的不利の状況を強いられたが、1点を守り切る任務を遂行。左胸のエンブレムをのぞき、「大きな1勝になった」と安堵の表情を浮かべた。

「2023年の出来にはまったく満足できないけれど、いい経験になったとは思っている。今季は目の前の一つひとつの練習、一つひとつの試合に〝かける〟思いを強く持ち、最終的に優勝したい」

悲喜こもごもの経験を糧に、また新たなスタートラインに立つ。

菅井 英人
16 DF
HIDEHIRO SUGAI

□ 出場記録

( ) 内は得点数

	チーム	リーグ戦	カップ戦	天皇杯	ACL
2020	甲府 (J2)	2 (0)	—	—	—
2021	甲府 (J2)	18 (1)	—	0 (0)	—
2022	甲府 (J2)	41 (5)	—	5 (0)	—
2023	甲府 (J2)	26 (3)	—	2 (0)	—
2023	鹿島 (J1)	8 (0)	1 (0)	—	—
計	J1	8 (0)	1 (0)	—	—
	J2	87 (9)	—	7 (0)	—

□ 2023 Jリーグ出場記録内訳
※加入前の登録外20を含む

先発	ベンチ	1	不出場
4	4		25

途中出場

佐野海舟

25 MF KAISHU SANO

常に矢印は自分に
成長を継続していく

　レベルの高い環境に身を置き、視座が高まった。

　2023年11月、日本代表に代替選手として初めて招集された。早速11月16日のW杯アジア2次予選ミャンマー戦で初出場を果たす。2024年1月に行われたアジアカップのメンバーにも選出され、2試合に途中出場。「より〝自国のために〟という思いが強くなった」と責任感を覚え、「一戦にかける熱量や準備の仕方をはじめ、すべてにおいて基準が高い」と刺激を受けた。日本中が注目する大きな大会のメンバーとして、約1カ月の経験は大きな糧となった。

　「この経験を今後に生かすかどうかは自分次第です。ただのいい経験で終わらせないようにしたい。あとは今回の選出もアントラーズのおかげ。それをどう還元できるかが、自分に求められることです」

　ただ佐野自身、昨年J2町田から加入して初のJ1を終えたばかりだ。

　「もちろん、昨年の新鮮さやはい上がっていく気持ち、謙虚にやり続けることは忘れていません。常に自分へ矢印を向けて、成長することを継続したい」

　視点や環境の変化はあれど、変わらず自らを律し続けることで高めていくつもりだ。

□出場記録　　　　　　　　　　　　　( )内は得点数

チーム		リーグ戦	カップ戦	天皇杯	ACL
2019	町田(J2)	21(0)	—	1(0)	—
2020	町田(J2)	41(1)	—	—	—
2021	町田(J2)	34(6)	—	1(0)	—
2022	町田(J2)	20(1)	—	—	—
2023	鹿島(J1)	27(1)	7(0)	1(0)	—
計	J1	27(1)	7(0)	1(0)	—
	J2	116(8)	—	3(0)	—

□2023 Jリーグ出場記録内訳

先発	途中出場	不出場
23	4	7

須藤直輝

"実体験"に支えられた思いを胸に

新年早々、「大好きな場所」の惨状に心を痛めた。
「金沢では、たくさんの石川県民の方々に支えてもらった。能登半島地震から、いち早く復興してほしい」

2022シーズンは金沢へ育成型期限付き移籍。復帰した昨季は表舞台に立てなかったが、心が折れることはなかった。
「プロ1年目の自分だったらふてくされていたと思う。でも、金沢で監督に言われたことを実行に移すことで試合に絡める実体験を積んだから、アントラーズでも自分なりに練習やトレーニングマッチに全力で向き合えた」

一心不乱な姿勢は、やがてクラブハウスのピッチ上で成果となって表れた。トレーニングマッチでもゴールに絡み、存在感を放った。

今季、背番号"26"が輝きを放つべき場所は、カシマスタジアムだ。
「普段から応援してくれる人たちへの感謝の思いを表すためにも、カシマスタジアムでプレーしている姿を1秒でも長く見せたい」

"実体験"に支えられた思いを胸に、プロ4年目の戦いに臨む。

26 MF NAOKI SUTOH

□出場記録
( )内は得点数

	チーム	リーグ戦	カップ戦	天皇杯	ACL
2021	鹿島（J1）	0（0）	2（0）	0（0）	―
2022	金沢（J2）	15（0）	―	1（0）	―
2023	鹿島（J1）	0（0）	0（0）	0（0）	―
計	J1	0（0）	2（0）	0（0）	―
	J2	15（0）	―	1（0）	―

□2023 Jリーグ出場記録内訳

不出場
34

松村優太

27 MF
YUTA MATSUMURA

はい上がっていくのが
自分の強み

　左足で決めたゴールは、不断の努力のたまものだ。
「毎日、左足のシュートを練習していた。右足と同じように、どこからでも打てるようにしようと」

　YBCルヴァンカップ準々決勝名古屋戦、J1第30節神戸戦、U-22日本代表でもアルゼンチンを相手にゴールへの美しい放物線を描いた。
「相手にそれを見せたら、また縦にも行ける。だから、左足の精度を向上させるべきだと思った」

　自身の突破力を最大限に生かすための武器を、新たに手に入れた。

　昨季の序盤に味わった悔しさが、左足をより磨く動機になった。
「キャンプのときから調子が良かった。でも、なかなか試合に出られない。チームの調子もよくない。プレーできるのに、何もできない……」

　松村なりに「出られないのには何かしらの要因がある」と分析し、導き出した答えだった。
「僕はエリートではない。はい上がっていくのが自分の運命であり、強み」

　2024年は、逆境を乗り越える精神力をもって〝優勝〟という結果を示していく。🔷

□出場記録 　　　　　　　　　　（　）内は得点数

	チーム	リーグ戦	カップ戦	天皇杯	ACL
2020	鹿島	13 (0)	2 (1)	—	0 (0)
2021	鹿島	22 (2)	8 (1)	3 (1)	—
2022	鹿島	12 (1)	2 (0)	2 (0)	—
2023	鹿島	20 (2)	5 (2)	1 (0)	—
計		67 (5)	17 (4)	6 (1)	0 (0)

□2023 Jリーグ出場記録内訳

先発	途中出場	不出場
5	15	14

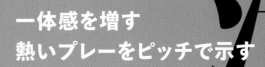

一体感を増す
熱いプレーをピッチで示す

2024年、勝負の年が始まった。
「僕は〝アントラーズで〟という思いが人一倍に強い。それがいいか、悪いかは結果で表すしかない」

海外へと飛び立つ者、出場機会を求めて期限付き移籍する者。20歳になり、同世代の移籍がより活発化するが、溝口はこのクラブで戦い続ける。

今季、自分自身に課すのは「若手にしかできないような、積極果敢なプレー」だ。

「ただ物おじせずにプレーすることとか、一つひとつのプレーをそつなくこなすこととか、昨季まではそればかりだった。でも、みんなと同じようにやっていてもタイトルは獲れないし、僕みたいな若手が無難なプレーをしていてもチームの刺激にはならない。それではダメだと思ったんです」

プロ3年目。タイトル獲得に向かうチームの起爆剤になることが、愛するクラブにおいての自身の存在意義にもなる。

「チーム全体、そしてファン・サポーターとの一体感を増すような熱いプレーを、僕自身が示していきたい」

勇猛果敢に、頂点へと駆け上がる。

28
DF
SHUHEI
MIZOGUCHI

溝口修平

□出場記録

（　）内は得点数

チーム	リーグ戦	カップ戦	天皇杯	ACL
2022	鹿島	0 (0)	1 (0)	2 (0)	ー
2023	鹿島	5 (0)	5 (0)	1 (0)	ー
計		5 (0)	6 (0)	3 (0)	ー

□2023 Jリーグ出場記録内訳

先発	不出場
4	29

途中出場1

梶川裕嗣

29 **GK** YUJI KAJIKAWA

鹿島は特別なクラブ 結果にこだわっていく

　ピッチでの落ち着いた振る舞いや、柔和な人柄はチーム最年長らしい人生経験を感じさせる。しかし、そんなベテランGKもアントラーズから声がかかったときは驚きを隠せなかったという。

　「まさかオファーをくれると思っていなかったので、正直びっくりしました。Jリーグのなかでアントラーズは特別なクラブ。すぐに『行きます』と返事をしました」

　これまでのキャリアを振り返ると、ビルドアップ能力を生かし、徳島や横浜FMなどポゼッション型のチームで活躍してきた。その点ではポポヴィッチ監督のスタイルに合致し、新天地でも日を追うごとに存在感は増している。

　昨季の第2GKを務めた沖悠哉がチームを離れ、入れ替わる形で加入することになったが、ベンチを温めるために来たわけではない。

　「このエンブレムを着けられるのは光栄なこと。同時に責任もともなうので、結果にこだわってプレーしたいと思います」

　ゆっくりと、穏やかに、だが毅然とした口調で、正GK争いに名乗りを上げた。◢

□出場記録

（　）内は得点数

	チーム	リーグ戦	カップ戦	天皇杯	ACL
2014	湘南（J2）	0（0）	—	1（0）	—
2015	湘南（J1）	0（0）	0（0）	0（0）	—
2016	湘南（J1）	2（0）	0（0）	2（0）	—
2017	徳島（J2）	14（0）	—	1（0）	—
2018	徳島（J2）	35（0）	—	1（0）	—
2019	徳島（J2）	41（0）	—	0（0）	—
2020	横浜FM（J1）	17（0）	1（0）	—	2（0）
2021	横浜FM（J1）	0（0）	4（0）	1（0）	—
2022	磐田（J1）	3（0）	3（0）	2（0）	—
2023	磐田（J2）	13（0）	2（0）	2（0）	—
計	J1	22（0）	8（0）	5（0）	2（0）
	J2	103（0）	2（0）	5（0）	—

名古新太郎

自らの姿勢で周囲を変え 強い鹿島を取り戻す

2018年、特別指定選手として練習に参加し、リーグ戦にも出場した。名古新太郎はタイトルをつかむチームの空気を知る一人だ。加入した2019年は、「ホームゲームで負ける気がしなかった」。強さを知っているからこそ、昨年の天皇杯で甲府に負けたことを「同じ相手に2年連続で負けるなんてありえない」と、人一倍悔しがる。

「僕自身も、チームとしても、変えていかなくてはいけない部分があると思います。やっぱり強いアントラーズを取り戻したい。簡単な作業でないことはわかっています。日々の練習から伝え、プレーする姿で示す。まずは、ベクトルをしっかりと自分自身に向けて、その姿勢で周囲へいい影響を与えられたらと思います」

ケガに泣かされることが多かった名古だが、コンディションがいいことも、背中を押している。目標は「もちろん、優勝」。そのために「まずは目の前の1試合にかける強い気持ちを伝えたい」と、勝者の本質を射抜く。本来あるべき姿が、そこにある。

30 MF SHINTARO NAGO

□出場記録
（ ）内は得点数

チーム	リーグ戦	カップ戦	天皇杯	ACL
2018 鹿島	1 (0)	0 (0)	—	—
2019 鹿島	15 (0)	3 (1)	5 (0)	6 (0)
2020 鹿島	8 (0)	1 (0)	—	—
2021 湘南	19 (3)	3 (0)	1 (0)	—
2022 鹿島	5 (0)	0 (0)	1 (0)	—
2023 鹿島	14 (1)	2 (0)	1 (0)	—
計	62 (4)	9 (1)	8 (0)	6 (0)

□2023 Jリーグ出場記録内訳

先発	途中出場	不出場
9	5	18

ベンチ 2

岡山でもがき続けた1年
クラブへの思いを再認識

　昨季はジュニア時代から過ごしてきたアントラーズを離れ、J2の岡山へ1年間の武者修行に出た。
「もっと試合経験を積むことができればベストでしたが、逆の結果になってしまった。でも、マイナスの出来事のなかにも必ず得るものはあるし、全部ひっくるめてよかったと、今は思っています」
　プロ1年目だった2020年以来、3シーズンぶりに公式戦のピッチに立ったものの、リーグ戦は7試合の出場にとどまった。しかし、見知らぬ土地に身を置き、必死にもがき続けたことで、一人の人間として大きくなれた。そして自分のなかにあるクラブへの思いを再確認した。
「アントラーズのエンブレムを着けてプレーすることが、どれだけ幸せかを改めて感じました。その気持ちを一日でも忘れてはいけないし、戻ってきた以上は自分がタイトルをもたらすという気持ちでやっていきたい」
　将来を嘱望されてきた大型GKの第2章が今季から始まる。未完の大器で終わるつもりはない。

31 GK
TAIKI
YAMADA

山田大樹

□出場記録　　　　　　　　　　　（　）内は得点数

	チーム	リーグ戦	カップ戦	天皇杯	ACL
2020	鹿島（J1）	2（0）	1（0）	—	0（0）
2021	鹿島（J1）	0（0）	0（0）	0（0）	
2022	鹿島（J1）	0（0）	0（0）	0（0）	
2023	岡山（J2）	7（0）	—	1（0）	
計	J1	2（0）	1（0）	0（0）	0（0）
	J2	7（0）	—	1（0）	

濃野公人

32 DF KIMITO NONO

試合に出続けて
タイトルへの貢献を示す

　関西学院大から加入したルーキーの目には、"優勝"の二文字しか見えていない。
「アントラーズに所属するということは、そういうこと」
　幼き日に脳裏に焼きつけた深紅のイレブンの記憶が、アントラーズ加入へ背中を押した。
「アントラーズは歴史のあるクラブであり、勝者のメンタリティーを持つ集団。そして、いつもタイトルを獲っていたチーム。このクラブでプレーする価値は、どこよりも大きい」
　もともとは攻撃的なポジションを務めていたが、大学3年のときにサイドバックに転向し、その才能を開花させた。
「あのとき、歯を食いしばってサイドバックのポジションに挑戦して、もがいて頑張ったことで歴史あるクラブからオファーをもらえた。今までのサッカー人生が報われた」
　ここからは、プロの世界での新たなフットボール人生だ。
「プロ1年目だろうが関係ない。試合に出続けて、タイトル獲得に貢献したい」
　アントラーズと濃野の栄光へのストーリーが、今、幕を開けた。

ピッチ外まで俯瞰して
次の〝絵〟を描く

　まるで空から見ているよう。サッカー界には、稀にそんな選手がいる。フィールド内の各選手の位置とスペースを俯瞰的に把握し、絶妙なコースとタイミングでパスを届ける。仲間隼斗も、その一人だ。ただし、彼はパサーではない。空から見て、自ら走ることでゴールへの最適ルートを生み出す。

　「直接ゴールを狙うだけではなく、自分が動くことで味方にスペースを与えれば効果的だとか。次の〝絵〟が見えるようになった」

　昨季は第9節新潟戦から先発に定着。走りと技術で攻撃を活性化し、上位浮上の立役者となった。今季はフィールド内だけでなく、ピッチ外まで俯瞰することに意識を向ける。

　「これまでは自分にフォーカスしてきました。もちろんそれも大事です。ただ、アントラーズで3年目。よりチーム全体を俯瞰的に見て、アントラーズがよりよくなるための発信をしたい」

　さらに視野を広げた31歳ならば、覇権奪還への最適ルートが、きっと見える。

仲間隼斗

33 MF
HAYATO NAKAMA

□出場記録　　　　　　　　　　　　　（　）内は得点数

	チーム	リーグ戦	カップ戦	天皇杯	ACL
2011	熊本（J2）	16（1）	—	0（0）	—
2012	熊本（J2）	15（0）	—	2（1）	—
2013	熊本（J2）	40（6）	—	2（0）	—
2014	熊本（J2）	29（4）	—	1（0）	—
2015	讃岐（J2）	40（3）	—	1（1）	—
2016	讃岐（J2）	38（7）	—	2（0）	—
2017	讃岐（J2）	39（2）	—	1（0）	—
2018	岡山（J2）	38（8）	—	0（0）	—
2019	岡山（J2）	40（15）	—	1（0）	—
2020	柏（J1）	29（4）	4（0）	—	—
2021	柏（J1）	24（2）	3（0）	1（0）	—
2022	鹿島（J1）	19（2）	5（1）	3（1）	—
2023	鹿島（J1）	27（1）	6（2）	2（0）	—
計	J1	99（9）	18（3）	6（1）	—
	J2	295（46）	—	10（2）	—

□2023 Jリーグ出場記録内訳

先発	途中出場	不出場
20	7	7

舩橋 佑

34 MF YU FUNABASHI

プロ4年目、勝負の年
自分のよさを出していく

　アカデミー育ちのボランチは考え方を変えた。
「昨年はピトゥカと海舟くん（佐野選手）がスタメンで出ていて、2人に追いつこうと思ってやっていたけど、今年は自分のよさを出していきたい」
　昨季のチームでは、ピッチを縦横無尽に動くボランチが重宝された。試合に出るため指揮官が求める理想に近づこうと努力し、ときには手薄なサイドバックでもプレーした。だが、本来の姿と異なることへの違和感は拭えなかった。
　プロ4年目の今季を「自分のキャリアを見据えて、勝負しないといけない1年」ととらえている。だからこそ後悔はしたくない。自分らしさとは何かを問い直し、今の心境にたどり着いた。
　ポゼッションを重視する新監督の就任は追い風になるはずだ。攻撃のかじ取り役では柴崎岳がライバルとして立ちはだかるが、憧れの存在を前にしてもひるむつもりはない。
「岳くんには岳くんのよさがあるし、自分には自分のよさがある」
　己を信じ、勝負の1年にかける。

□出場記録　　　　　　　　　　　（　）内は得点数

チーム	リーグ戦	カップ戦	天皇杯	ACL
2021 鹿島	2（0）	3（0）	0（0）	―
2022 鹿島	13（0）	3（0）	3（0）	―
2023 鹿島	8（0）	2（0）	1（0）	―
計	23（0）	8（0）	4（0）	

□2023 Jリーグ出場記録内訳

先発	ベンチ2	不出場
8		24

師岡柊生

36 FW SHU MOROOKA

目指すは親友に捧げる
プロ初ゴール

　ルーキーイヤーは、試練の連続だった。
「7月に練習中に大ケガをし、そのときはどう乗り越えようかと……」

　診断結果は「左膝内側側副じん帯損傷」。それでも前を向き、復帰までの数カ月間を見据えたが、その矢先、さらなる悲報が飛び込む。師岡の「親友」の訃報。
「そのときが、人生で一番、きつかった。でも、クラブの対応に救われた」

　アントラーズのスタッフからケガの治療法と「帰ってこられるタイミングで鹿嶋に戻ってくればいいよ」という言葉を受け取った。地元の東京・八王子に帰省し、「自分もきついけれど、周りのみんなもきつい。自分だけが弱音を吐いてはいられない」と悲しみに暮れる友人たちにも寄り添いながら、心身の治癒に努めた。

　ケガが癒えた12月、最終節の横浜FC戦でJ1初スタメンを飾り、LIXIL賞に選ばれた。
「よい形で2023シーズンを終え、自信にもなった。今年はまず、初得点を目指します」

　目下の目標は、天国の親友に捧げるプロ初ゴールだ。

□出場記録　　　　　　　　　　　　　　　　（　）内は得点数

	チーム	リーグ戦	カップ戦	天皇杯	ACL
2023	鹿島	4（0）	4（0）	1（0）	—
計		4（0）	4（0）	1（0）	—

□2023 Jリーグ出場記録内訳

先発 1	ベンチ 2	不出場
		28

途中出場 3

ゴール前での技術、アイデアを見せる

垣田裕暉

昨季、6シーズンのレンタル期間を経てアントラーズに復帰した。

「厳しい指導のおかげでどんな逆境も、へこたれずにやり切る力を身につけられた」

心身ともにたくましさを兼ね備えて臨んだ昨季は、リーグ戦出場29試合、4ゴールで終えた。「最低ラインは越えたかなと思うけど、まったく満足していない」と、さらに上を見据える。

「自分の得点パターンは出せた。それ以外のパターンやアシストを増やして、今年はゴール前での質や精度を高めて技術やアイデアを見せたい」

目標は個人で「2桁得点」を掲げながら、繰り返すのは"優勝"の二文字だ。

「やはりそこへのこだわりは相当強い。どんな状況でも、どんな手を使ってでも、絶対に勝って優勝する。そのこだわりが一番強いクラブです。このユニフォームを着てタイトルを獲れないのは、あってはならないこと。今年は絶対にタイトルを獲りたい」

強い覚悟を胸に、日々へこたれずやり切るつもりだ。すべては"優勝"のために。◢

37 FW YUKI KAKITA

□出場記録　（ ）内は得点数

	チーム	リーグ戦	カップ戦	天皇杯	ACL
2016	鹿島(J1)	3(0)	2(0)	0(0)	—
2017	金沢(J2)	32(3)	—	2(0)	—
2018	金沢(J2)	38(9)	—	2(1)	—
2019	金沢(J2)	35(8)	—	1(0)	—
2020	徳島(J2)	42(17)	—	2(0)	—
2021	徳島(J1)	36(8)	2(0)	1(0)	—
2022	鳥栖(J1)	28(6)	3(0)	3(1)	—
2023	鹿島(J1)	29(4)	4(0)	1(0)	—
計	J1	96(18)	11(0)	5(2)	—
	J2	147(37)	—	7(1)	—

□2023 Jリーグ出場記録内訳

先発	途中出場	不出場
19	10	5

パクウィジョン

サポーターの前で試合する それが一番の目標

　昨季、韓国から高卒新人で加入、まず言葉の壁に当たった。

　「うまくコミュニケーションが取れなかった。でもひたすら勉強したら徐々にわかってきて。もともと人見知りだったけど、日本に来てからは自分から声をかけたり、少しオープンになりました」

　来日当初から日本語を勉強するための机をリクエスト。海外生活をするうえで、「自分が変わらないといけない」と、徐々に適応していった。学べば学ぶほど言葉の奥深さを実感し、今年は日本語の資格に挑戦しようと考えている。

　ピッチでは「テレビで見ていた憧れの存在」である、クォンスンテの姿勢から大きな影響を受けた。〝そのとおり〟と心に留めるスンテからの言葉がある。

　〝外国籍選手としての責任やプレッシャーを感じ、プレーで見せないといけない〟

　「試合を支配するかのように選手を引っ張る姿は学ぶべきところです。日々の練習から最善を尽くして早く吸収したい」

　「サポーターの皆さんの前で試合すること」を今年一番の目標に掲げ、日々を積み重ねていくつもりだ。スンテの言葉を胸に──。

38 GK PARK EUI JEONG

□出場記録 （ ）内は得点数

チーム	リーグ戦	カップ戦	天皇杯	ACL
2023 鹿島	0（0）	0（0）	0（0）	─
計	0（0）	0（0）	0（0）	─

□2023 Jリーグ出場記録内訳

不出場
33

ベンチ1

津久井佳祐

39 DF KEISUKE TSUKUI

先輩から託された思いを
今季のプレーで示す

　高卒1年目は公式戦のピッチに立つことはできなかった。だが、「たくさんのものを得ることができた」と振り返る。

　岩政大樹前監督からはセンターバックのいろはを教わり、経験豊富な先輩たちのプレーを目で見て、クロスへの対応、ステップの踏み方といった基礎を一から学んだ。

　とりわけ昌子源とは濃密な時間を共に過ごした。シーズン序盤は2人でリハビリに励み、復帰後もサブ組の練習試合でコンビを組んだ。年が一回り違う元日本代表DFの隣でプレーすることに緊張を隠せなかったが、「俺でも緊張することはあるから、落ち着いてやりな」と言われ、心が救われた。

　シーズン終了後、ロッカールームに行くと、自分の席に3番のユニフォームが置かれていた。「源くんみたいになりたいとずっと思っていたので、本当にうれしかった」。そこに書かれたメッセージは自分だけの宝物とし、誰にも明かしていない。尊敬する先輩から託された思いは今季のプレーで示すつもりだ。⊿

□ 出場記録　　　　　　　　（ ）内は得点数

	チーム	リーグ戦	カップ戦	天皇杯	ACL
2023	鹿島	0（0）	0（0）	0（0）	—
計		0（0）	0（0）	0（0）	—

□ 2023 Jリーグ出場記録内訳

不出場
34

鈴木優磨

40 **FW**
YUMA
SUZUKI

チームが同じ方向を見て
1試合1試合を勝ちにいく

　FWというポジション柄、そして誰よりも熱い男はときとして、批判の矢面に立たされる。昨季の第8節神戸戦後、自らサポーターの前へ出た。自分の言葉でメッセージを伝えたかったから。

「何年もタイトルから遠ざかっていて、サポーターが満足していないのはよくわかる。でも僕らもまったく同じ気持ちなんです。だから悪いときこそ憂いよりも、選手たちを前向きにしてくれる後押しがほしい。僕らにとっては押せ押せになり、相手にとってはこのスタジアムで試合しづらい雰囲気を作って一緒に戦ってほしい」—— その願いは今も変わらない。

　今季のチームスローガンは「かける」。

「監督も代わって心機一転、チームとしても新しい挑戦に〝かける〟ということ。僕らはとにかくよい準備をして、同じ方向を見ながら1試合1試合を勝ちにいくしかない」

　1得点、1勝、チームとしての経験……〝常勝〟復活へ、積み上げるべきものの多さを痛感しながら、それでも鈴木は前を向く。◢

□出場記録 （ ）内は得点数

チーム		リーグ戦	カップ戦	天皇杯	ACL
2015	鹿島	7 (2)	1 (0)	2 (0)	0 (0)
2016	鹿島	31 (8)	6 (0)	6 (2)	—
2017	鹿島	26 (6)	2 (2)	4 (2)	8 (4)
2018	鹿島	32 (11)	2 (0)	4 (4)	14 (2)
2019	鹿島	0 (0)	—	—	0 (0)
2022	鹿島	32 (7)	5 (2)	4 (2)	—
2023	鹿島	33 (14)	7 (0)	1 (0)	—
計		161 (48)	23 (4)	21 (10)	22 (6)

□2023 Jリーグ出場記録内訳

先発

33

不出場 **1**

□出場記録 　　　　　　　　　（　）内は得点数

	チーム	リーグ戦	カップ戦	天皇杯	ACL
2013	鹿島	0（0）	2（0）	1（0）	―
2014	鹿島	20（0）	3（0）	1（0）	―
2015	鹿島	12（1）	0（0）	1（0）	2（0）
2016	鹿島	21（0）	2（0）	4（0）	―
2017	鹿島	29（3）	0（0）	2（0）	7（1）
2018	鹿島	14（0）	0（0）	―	6（1）
2023	鹿島	34（2）	6（0）	1（0）	1（0）
計		130（6）	13（0）	10（0）	16（2）

□2023 Jリーグ出場記録内訳

先発
34

植田直通

55 DF
NAOMICHI
UEDA

最終節、誰もが
納得する顔を見るために

2023年、植田直通には忘れられない光景がある。横浜FCとの最終節を終え、カシマスタジアムの場内を一周したときのことだ。

「選手・スタッフ、ファン・サポーターの皆さん、誰もが納得していない顔をしていた。あの光景を見て、すごく責任を感じました」

昨季、優勝を届けると誓ってアントラーズに復帰した。J1のフィールドプレーヤーでたった2人しかいない、リーグ戦全試合フルタイム出場を果たし、力強い守備を披露した。

それでも約束を果たせなかった。"責任感の塊"が、現状で満足するはずがない。今年、さらなるレベルアップを目指すプレーがある。

「攻撃面での、つなぎのところ。ポポヴィッチ監督からも求められている要素ですし、自分にとって成長できる環境になったなと」

"一技二万回"。高校時代に授かったこの言葉を胸に、徹底的な練習で技を磨いてきた。30歳を迎える今年も、姿勢は同じ。すべては最終節に、誰もが納得する顔を見るために――。

ギリエルメ パレジ

77 MF
GUILHERME PAREDE

「ファミリー」のため
ハードワークで貢献する

日本でのプレーは挑戦ではなく、夢だった。
「ずっと日本でプレーしたかった。しかも、ジーコクラブアドバイザーが創設時から携わるクラブで、その夢がかなったことがうれしい」

魅力は、吉岡フットボールダイレクターが「ブラジル以上に激しいアルゼンチンでプレーしていた実績がある」と語るように、ハードワークにある。本人も「Jリーグは90分間、運動量を求められると聞いている。強度の高いプレーを持続できる自分のプレースタイルとはマッチしていると思う」と自信をのぞかせる。

初めて異国の地でプレーしたCAタジェレス（アルゼンチン）時代には、忘れられないゴールを決めている。
「当時は妻が妊娠していたこともあり、家族と離れて暮らしていて不安でしたが、ユニフォームの下にこっそり家族の写真を入れてプレーしたら初得点できたんです。まさに家族は僕の力の源です」

ジーコスピリットを重んじる彼は、ファン・サポーターを「ファミリー」と呼ぶ。アントラーズでも、愛する家族のため、応援してくれる家族のため、自らのプレーで勝利に導く。

徳田誉

FW 41
HOMARE TOKUDA

ジュニア時代に見たJ優勝
今度は自分が皆を喜ばせる

　最後にリーグ制覇を果たした2016年は、小学4年だった。地元の千葉県浦安市からアントラーズつくばジュニアへ通っていた少年は、トップチームが敵地でシャーレを掲げる姿に歓喜した。

「チャンピオンシップの浦和戦はテレビで応援していて、優勝が決まった瞬間、すごくうれしかったのを覚えています」

　いつか自分も——。それからはより一層、プロを目指して練習に打ち込んだ。ユースに昇格すると、2016年当時のキャプテンである小笠原満男アカデミーダイレクターや、柳沢敦ユース監督ら歴代OBから指導を受け、世代屈指のストライカーへと成長した。

　186センチ、83キロの大器は、2025シーズンのトップ昇格が内定し、今季は2種登録として始動日からトップの活動に参加している。

「多くの人に喜んでいただくために、タイトルを獲りたい」

　その言葉には、すでにアントラーズの一員としての自覚がにじむ。あのとき憧れた深紅のユニフォームを身にまとい、今度は夢を届ける番だ。

松本遥翔

守備も攻撃もできる
鹿島伝統のSBを継ぐ

　大ケガを抱えた状態で発表された、2025シーズンのトップ昇格内定と今季の2種登録。そこにはクラブの期待の大きさが表れている。

　昨年末の高円宮杯U-18プレミアリーグプレーオフで負傷し、右膝前十字じん帯損傷という診断結果を聞いた瞬間は「頭が真っ白になった」。それでも、直後にトップ昇格内定が告げられたことで将来への不安は取り除かれ、「まずはしっかり治すだけ」と夏の復帰を目指してリハビリに励んでいる。

　JFAアカデミー福島U-15WEST時代から年代別日本代表に名を連ね、昨年のFIFA U-17W杯では2番を着けてピッチに立った。背番号が示すとおり、得意とするのはアントラーズ伝統のポジションだ。

「内田篤人さんをはじめ、すばらしい選手たちが歴史を残してきたので、守備も攻撃もできるサイドバックになってタイトル獲得に貢献したい」

　偉大な先人たちの系譜に連なる17歳は、アントラーズのサイドバックに課せられる役割と責任を理解している。

42 DF
HARUTO MATSUMOTO

小麦・大豆・菜種・トウモロコシから、
おいしい答えを。

穀物ソリューション・カンパニー

SHOWA

昭和産業

ANTLERS ACADEMY

アントラーズ アカデミー 2024年度版

高いレベルでの経験を積ませ、個々の成長を促していく

2023年は、特に実りの多い1年になりました。

鹿島ユースは「高円宮杯JFA U-18サッカープリンスリーグ関東1部」で優勝し、「プレミアリーグプレーオフ」を勝ち抜いて、2024年は「高円宮杯U-18サッカープレミアリーグEAST」で戦います。柳沢敦監督や小笠原満男テクニカルアドバイザー、里内猛ヘッドオブコーチング兼ユースフィジカルアドバイザー、曽ケ端準ユースGKコーチら、コーチングスタッフが「鍛える」というテーマのもとで技術力の優れた選手たちを鍛え上げ、よく走り、タフなチームを作り上げました。昇格がかかった「プレミアリーグプレーオフ」の2試合は、まさにトレーニングの成果を表せた試合となりました。試合結果のみならず、「往年のアントラーズらしい戦い」とさまざまな方からお声がけいただきましたが、選手たちは試合内容も圧巻のパフォーマンスを見せてくれました。

また、「高円宮杯 JFA 第35回全日本U-15サッカー選手権大会」で日本一に輝いた鹿島ジュニアユースもすばらしい戦いを見せました。この大会では2年生の活躍も目立ちましたが、3年生のメンタリティーやリーダーシップを大いに評価しています。さらにつくばジュニアユースも、夏の「第38回日本クラブユースサッカー選手権（U-15）大会」に出場し、鹿島ジュニアユースとともに上位ラウンド進出を果たしました。新年度は鹿島ユースに昇格する選手が多いので、また新たな競争が

生まれることに期待しています。

選抜チームや日本代表での選手たちの活躍も目立ちました。「特別国民体育大会（サッカー競技）」少年男子では、茨城県チームの一員として12人もの鹿島ユース所属選手が参加し、優勝に貢献しました。アントラーズアカデミーの選手たちがこの地域にタイトルをもたらす一助になったことを、とてもうれしく思います。

そして、鹿島ユース所属の徳田誉選手と松本遥翔選手はU-17日本代表として「FIFA U-17W杯インドネシア2023」に出場。大川佑梧選手もバックアップメンバーとして代表チームに帯同しました。そういった個人の活躍も中長期視点での育成の成果です。

2023年に実施した各チームの海外遠征も、選手の育成やチームの強化につながりました。2024年も海外を含めたより高いレベルでの実戦経験を選手たちに積ませ、個々の成長を促していきたいです。

鹿島アントラーズ
アカデミーグループ
マネージャー
鈴木 修人

2024シーズン

新卒でプロ入りしたアカデミー出身選手

大西悠介選手
（いわきFC加入、つくばジュニア出身）

大山晟那選手
（ヴァンラーレ八戸加入、鹿島ジュニアユース出身）

2023年度 全国大会成績

ユース

高円宮杯 JFA U-18
サッカープリンスリーグ 2023 関東1部
優勝

第47回日本クラブユースサッカー選手権（U-18）大会
ベスト8

ジュニアユース

高円宮杯 JFA 第35回全日本
U-15サッカー選手権大会
鹿島ジュニアユース　優勝

第38回 日本クラブユース
サッカー選手権（U-15）大会
鹿島ジュニアユース　3位
つくばジュニアユース　ベスト32

関東ユース（U-15）サッカーリーグ
鹿島ジュニアユース　1部5位
ノルテジュニアユース　2部A 5位
つくばジュニアユース　2部B 4位

ジュニア

チビリンピック2023 JA全農杯
全国小学生選抜サッカー関東大会
鹿島ジュニア　ベスト8
つくばジュニア　出場

JFA バーモントカップ 第33回全日本
U-12フットサル選手権大会
鹿島ジュニア　出場

アカデミーフリークスの
コンテンツを
ちょっと出し!

厳しいトレーニングを積んで地道に勝っていけるように

アントラーズユース **徳田 誉** × **松本遥翔**

タフに戦うことが
スタンダードになっていった

── 2023年のアントラーズユースの戦いを振り返るとどんなシーズンでしたか?

徳田 昨年のチームは正直、ちょっとレベルが違うなというか……、高円宮杯プリンスリーグ関東でも群を抜いて強かったと感じます。

松本 一昨年は4位に終わり、個人的にはその悔しさもあったので、昨年はより気合が入っていました。ただ、チームとしてリーグ序盤はあまりよくなかったよね。例えば、アウェイの浦和ユース戦とか……。

徳田 2対5で負けたね。

松本 5失点もしたけど、そこから徐々に成長しながら強くなっていったチームだと感じるかな。

徳田 チームのみんなで厳しい練習をこなし、強い相手との試合を多く経験して成長できたことが、最後に高円宮杯プリンスリーグ関東1部優勝、プレミアリーグ昇格という結果につながったよね。

松本 昨年からチームに加わった里内ユースフィジカルアドバイザーのトレーニングメニューは本当にきつかったけれど(苦笑)、今思うと、そのトレーニングのおかげで、勝てたところもあると思う。

徳田 シーズンの後半戦や終盤は、自分たちのなかでタフに戦うことがスタンダードになっていったよね。もう当たり前に走らなければいけないし、それをやれば点を取れて勝てる。そういった感覚が自然と体にどんどん身に付いていった。

松本 そうだね。だから、柳沢監督や里内フィジカルアドバイザーをはじめ、コーチ陣のトレーニングは、本当にすばらしいものだったのだと実感するよ。

徳田 プレミアリーグプレーオフでも最後まで走って、最後まで戦うという当たり前のことが、2試合とも90分間できた。だから、最後にみんなで喜べる結果になったよね。

── そして、2024年は高円宮杯プレミアリーグEASTを戦います。

徳田 やるからには一番上を目指したいけれど、まずは目先の一つひとつの試合に勝っていくことに全力を注いでいきます。自分たちよりも一つ上の先輩たちが中心だった昨年のチームに比べると、新チームは正直、まだ成長段階だと思っていますので。すごく厳しいシーズンになるでしょう。遥翔もケガでシーズン前半戦は試合に出られないしね。

松本 そうだね。悔しさもあるし、チームに迷惑をかけてしまい申し訳ない思いもあるけれど、早くみんなとプレーするために復帰に向けて頑張るよ。

徳田 みんなが復帰を待っているからね。

松本 今はケガで離脱していて苦しいけれど、そのぶん成長してピッチに帰ってきます。

2024 ACADEMY CALENDAR

3月

ユース
2024Jユースカップ
第30回Jリーグユース選手権
3月下旬 グループリーグ
(沼津、大宮、東急Sレイエス)

ジュニアユース
関東リーグ
3/3(日)～10/13(日)

4月

ユース
IFAリーグ
4/6(土)開幕戦 vs水戸商業
高円宮杯プレミアリーグEAST
4/7(日)開幕戦 vs柏

5月

ジュニア
JA全農チビリンピック
5/3(金・祝)～5(日・祝)

ユース
関東クラブユース
サッカー選手権(U-18)
5/25(土) or 26(日) 1回戦

7月

ユース
日本クラブユース
サッカー選手権(U-18)
7月中旬開幕予定

8月

ジュニア
バーモントカップ
8/4(日)～6(火)

ジュニアユース
日本クラブユース
サッカー選手権(U-15)
8/10(土)～20(火)

12月

ジュニアユース
高円宮杯全日本U-15選手権
12/14(土)～27(金)

ジュニア
全日本U-12選手権
12/23(月)～27(金)

徳田誉×松本遥翔対談の
本編はこちらで!
会費はアカデミーの
活動・強化資金として
活用させていただきます!
ご入会いただき、
**ともに未来のアントラーズ選手を
応援しましょう!**

**アカデミーサポートクラブ
限定コンテンツ
「ACADEMY FREAKS」**

2023シーズンより新設されたアカデミーサポートクラブの特典である「ACADEMY FREAKS」は、月刊「FREAKS」のアカデミー版となる会員限定コンテンツです。創刊号となる2023 vol.1では、ジーコクラブアドバイザーからのメッセージを配信。スクールからユースまでのアカデミー各カテゴリーの情報を網羅したコンテンツをアントラーズ公式アプリで配信しています。

**その他にも
コンテンツ満載!**

□ 試合ハイライト動画
□ オンラインコンテンツ ほか

※アカデミーサポートクラブは、SÓCIO、シーズンチケット、フリークス、ジュニアの各カテゴリと掛け持ちでご入会いただけます。
※会費はアカデミーの活動・強化資金として活用させていただきますので、アントラーズの未来を担う選手たちへのご声援をよろしくお願いいたします!

↑入会は
こちらから!

ACADEMY INTERVIEW

今のチームに
ないものを探しに

——昨年7月、アカデミースカウトに就任しました。スカウトの仕事はいかがですか？

　今はアントラーズアカデミーの各チームを見ることが多いです。昨年末もつくばとノルテに行かせてもらったんですが、それぞれのチームに特色があってすごくおもしろいんです。練習に参加して一緒にプレーしながら感じたことを伝えつつ、まずは今いる選手たちを把握して、何が足りないかを見ているところ。それ以外に今のチームにないものを探しにいきます。内部がよければ、内部だけでいいと思っています。ただ、どうしても何年も一緒だとマンネリもあって、外部からの刺激も必要になる。トップでいう外国籍選手と同じことですね。他のチームを見るときは、アカデミーと同じように一緒には練習できないので、もっと平日を使っていろいろと足を運ばないといけないなと思っているところです。

——選手獲得にあたって、日々の練習を見ることも大事になりますね。

　そうなんです。アントラーズというクラブのベ

アカデミースカウト
本山
雅志

"好き"で"負けん気"ある
選手を求めて

ースとして、競争意識やメンタルもそうですが、その子の性格や個性を知ることが必要になってきます。それは試合だけでなく、普段の練習や姿勢を見なければいけないと思うので、"この選手がほしい"となれば、練習まで見に行って知る必要がありますね。

——どんな目線で選手を見ていますか？

　練習では、しっかりと集中して取り組んでいるか、気持ちにブレがないか。そこは普通に見ればわかるし、競争力を持っているかもそう。試合では、チームのために戦っているか、自分に負けていないか。負けているときに、どんなことがやれているか。常にやる気を持っているか、サッカーが好きか。ズバ抜けてすごい選手は確かにいますが、素材がよくてもサッカーが好きではないと感じれば、後々しんどいんじゃないかなあとか。いろいろな要素を考えて見ていますね。

——20年を超えるプロ生活のなかで、うまいだけでは生き残れないという現実の厳しさを目にしてきたことも生きるのでは？

　はい、やっぱり"好き"という気持ちが一番だと思います。昨年末にジーコさんと一緒にトークショーへ参加させてもらったんですが、そのときに指導者の方から「選手のモチベーションを上げるにはどうしたらいいか」という質問がありました。その質問に対してジーコさんは、「まず子どもたちがサッカーを好きになるように考えてください。好きでやることにモチベーションを上げる必要はありません」と。まさにそのとおりだな、と。サッカーが好きだったら、自分から進んでプレーするとか、試合に負けたくない、チームのために戦うというのは、自然と出てくることなので、"サッカーが好き"というのがベースにあるのではないかと思っています。

——現役時代に大事にしていたことと共通する部分がありますね。

　はい、技術的なところやおもしろさは見ればわかるし、そういう選手を見ればワクワクする感情になります。そこももちろん大事にしていますが、まずはサッカーが好きで、負けん気があって、というところを見ていますね。

——スカウト活動において、大事にしていることはありますか？

　見に行くこと。1回でその選手を判断しないこと。コミュニケーションを取ること。その三つは大事になってくるかなと思います。僕が見に行ったときに活躍するのも、持っている、持っていないで片づければそれまでですが、やはりコンスタントに力を出せる選手もいると思うし、逆にその日だけ調子が悪かったっていい。そのあたりもカバーしてあげたいなと。

——本山スカウトが見いだす、アカデミー選手の今後に期待が高まります。

　もう本当の意味で裏方になるので、しっかり務めながら、徳田誉だったり松本遥翔だったり、そういった選手が活躍するのを見守っていきたいと思います。そういう選手を1人でも多くサポートしていけるように頑張ります。サポーターの皆さんも一緒に育てている感覚だと思うので、ぜひユースやジュニアユース、ジュニアの試合も見に来て応援していただければうれしいです。

アントラーズ
アカデミーの
取り組み

アントラーズアカデミーは、Jリーグ開幕前の1992年に活動をスタートしました。鹿島、つくば、ノルテの3拠点を中心に、ジュニア（小学生）、ジュニアユース（中学生）、ユース（高校生）という三つのカテゴリーが活動。アカデミーハウスやつくばアカデミーセンター、2021年に完成したアカデミー専用グラウンド「Kashima Antlers Academy Field」など、日本トップレベルの環境のもとで、将来のトップの主役となる選手を育成しています。また、茨城県全域と千葉県の一部地域では、21校のスクールが展開され、小学生を中心に約3,000人が日々アントラーズを通じてフットボールに触れています。そんなアントラーズアカデミーの取り組みを紹介します。

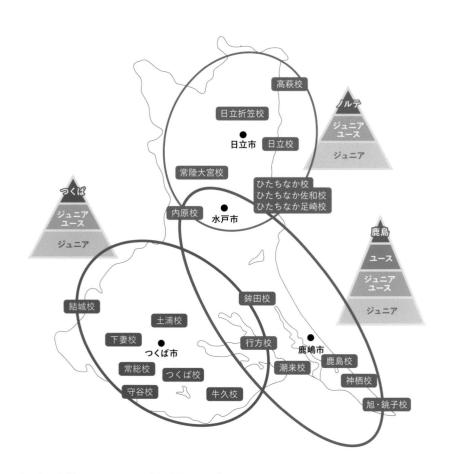

ACADEMY LEAGUE
アカデミーリーグ

カテゴリーを超えた交流戦

アカデミーリーグは2018年より本格的にスタートしました。ユース、ジュニアユース、ジュニア、スクール強化クラスがカテゴリーを超えて試合を行い、それぞれの競争力を高めていく取り組みです。上位カテゴリーとの対戦を通じて経験を積むのはもちろんのこと、下位カテゴリーとの対戦でもボールを保持した状況でいかに崩すかなど、テーマを持って取り組んでいます。今年も継続して交流を進めていきます。

ACADEMY TRANING CENTER
アカデミートレセン

ユース昇格への登竜門

活動15年目を迎えるジュニアユースの選抜チームです。鹿島、つくば、ノルテの3校から選抜したメンバーで構成し、定期的に国内外の遠征などを実施することで選手の経験を積んでいます。ユース昇格を争うチームメート同士の競争力向上、各選手のレベルアップを目的とした取り組みです。

経験と実績あるスタッフが全体統括。プロの世界をよりリアルに伝承

アントラーズアカデミー全体を支える主要スタッフが3人います。

ヘッドオブコーチング兼ユースフィジカルアドバイザーを務める里内猛。アントラーズ創成期からチームを支え、フィジカルコーチとして日本代表や他クラブでの経験も併せ持ち、広く深い経験と見識を持ちます。テクニカルアドバイザーは、クラブの象徴ともいえる小笠原満男が務め、主にユースの技術向上への指導に重きを置きます。現役時代ともにプレーした、ユース監督の柳沢敦、ユー

スGKコーチの曽ケ端準らとともに、トップで活躍する選手育成に力を注ぐ日々です。今年からアカデミーダイレクターに中野洋司が就任しました。現役時代は年代別日本代表にも選出され、新潟、横浜FC、栃木でプレー。引退後の2016年からアントラーズで指導者としての道をスタート。ジュニア、ジュニアユースの監督コーチを経験しました。

トップで活躍する選手育成のために、経験と実績ある指導体制を整えています。

ヘッドオブ
コーチング兼
ユースフィジカル
アドバイザー
里内 猛

テクニカル
アドバイザー
小笠原 満男

アカデミー
ダイレクター
中野 洋司

〈指導歴〉住友金属工業蹴球団 コーチ→鹿島アントラーズ トップチームフィジカルコーチ→セレッソ大阪→日本代表→ジェフユナイテッド市原・千葉レディース 監督→川崎フロンターレ→大宮アルディージャ→U-22日本代表→大宮アルディージャ→ベガルタ仙台→ジェフユナイテッド市原・千葉→鹿島アントラーズトップチームフィジカルコーチ→鹿島アントラーズ ヘッドオブコーチング→鹿島アントラーズ ヘッドオブコーチング兼ユースフィジカルアドバイザー

〈指導歴〉鹿島アントラーズ テクニカルアドバイザー

〈指導歴〉鹿島アントラーズ ジュニアユースコーチ→鹿島アントラーズ ジュニアユース監督→鹿島アントラーズ ジュニアコーチ→鹿島アントラーズ ジュニア監督→鹿島アントラーズ つくばジュニア監督→鹿島アントラーズ アカデミーダイレクター

ACADEMY DNA

アントラーズのトップチームで主役となる選手育成を目指して。

「〝トップのレギュラー選手を育成する〟ところから、〝トップの主役となる選手を育成していく〟ことをテーマに」。2021年からアントラーズのアカデミーにおける選手育成方針がアップデートされています。2011年につくばアカデミーセンターができて、2019年にはアカデミーハウスが

完成。また、2021年にはクラウドファンディングによる皆様のご支援により、「Kashima Antlers Academy Field」が誕生しました。続々と施設が整備されるなど、クラブにおけるアカデミーの重要性はどんどん大きくなっています。

そうしたなか、2020年にアントラーズのフィロ

ソフィーやトップチームのスタイルに必要な選手の要素をポジションごとにまとめた『アカデミーDNA』を作成しました。これはトップで活躍する選手を継続的に輩出するために、選手の育成基準を言語化する取り組みです。また、それをもとにコーチの育成も進め、トップとアカデミーのスタッフによる定期的なテクニカル会議を通じて、トップとアカデミーの情報交換を実施しながら、双方の相乗効果を求めています。今後はこれまで以上に選手を輩出することを目標に、『アカデミーDNA』をはじめとする育成システムの進化を促していきます。

全国各地から選手発掘へ
幅広い形での
受け入れ体制構築

2023年7月にOBの本山雅志がアカデミースカウトに就任した。スカウトに注力するなかで、アカデミーハウスが、さまざまな形で活用されている。ユースの選手寮としての機能だけでなく、アントラーズのスカウティング網によって全国各地で発掘された選手たちが練習参加をする際も、アカデミーハウスがあることで幅広い形で受け入れをしている。ユース以下の年代でも、選ばれた一部の選手が親もとを離れて入寮するなど、全国の〝アントラーズで成長したい〟と強い意志を持った選手を受け入れる環境にもなっているのだ。また、アントラーズ内でも〝飛び級〟でユースに練習参加するジュニアユースの選手が宿泊して一定期間を集中的に参加したり、遠方に住むユース以下の選手が親もとを離れて暮らすことも可能になった。これからも才能豊かなタレントを、今ある環境を最大限活用して発掘していく。

U-17W杯に2選手が出場
各世代の代表選手が続々

アントラーズから
選出されたU-17日本代表

～2022年	2023年
2人	3人

2023年にインドネシアで開催された『FIFA U-17W杯』に参加するU-17日本代表にアントラーズユースの徳田誉選手と松本遥翔選手が選出され、大川佑梧選手もバックアップメンバーとしてチームに帯同した。

左の数字は、近年のアントラーズアカデミーの中長期的取り組みの一つの成果といえる。

2024年になってからも、ポルトガルでの『U16アルガルベカップ2024』に出場するU-16日本代表に鹿島ジュニアユースの平島大悟選手が選出（鹿島ユースに加入する元砂晏翔仁ウデンバ選手、大島琉空選手、吉田湊海選手も選出）。2月のU-15日本代表トレーニングキャンプには鹿島ジュニアユースとつくばジュニアユースから計6人の選手が参加した。

「これからも各世代別の日本代表に入る選手が増えていけば、アントラーズアカデミーの取り組みが実っているともいえる」（鈴木修人マネージャー）

アントラーズで育ち、日の丸を背負って戦う選手たちの活躍に期待が高まるばかりだ。

高校・大学経由で再びアントラーズへ

2024シーズンに鹿島ユースからトップ昇格はいなかった。今後、アントラーズアカデミーを巣立った選手は、大学などを経て再びアントラーズのユニフォームに袖を通すことを目指す。

過去には上田綺世選手（ノルテジュニアユース→鹿島学園高→法政大→アントラーズ→現フェイエノールト／オランダ）や鈴木修人マネージャー（鹿島ジュニアユース→市立船橋高→早稲田大→アントラーズ）らの前例があるだけに、今後も同様のキャリアを歩む選手への期待が高まる。2023年度の鹿島ユースキャプテンを務め、今春、法政大に進学する小倉幸成選手は「必ずアントラーズに帰ってきたい」と語気を強める。

鹿島ユース昇格を果たせなかったジュニアユースの選手たちも、次のフィールドで結果を残し、アントラーズのトップを目指す。今冬の『第102回全国高校サッカー選手権大会』で決勝進出を果たした千葉県の市立船橋高の大会登録メンバーには7人ものアントラーズアカデミー出身選手が名を連ねた。他にも茨城県代表の明秀日立高や福島県代表の尚志高などの強豪校で〝日本一〟に向けて活動した出身選手が数多くいる。

「ジュニアからトップまでアントラーズ一筋で成長していく選手もいれば、高校や大学で成長してアントラーズに帰ってくる選手もいます。選手の人生を考えたときにどのような進路がいいのか、我々もいろいろと議論していま

す。一度アントラーズを離れた選手には、何年後かにまた帰ってきてほしいです」（鈴木修人マネージャー）

それぞれの道を歩んでいても、その目指す先はアントラーズであり続ける。

日伯友好カップが再開、ユースも世界の強豪クラブと対戦

2023年夏、4年ぶりとなる『日伯友好カップ』への参加が実現した。鹿島・ノルテ・つくばの各ジュニアユースに所属する中学3年がフットボールの本場であるブラジルで強豪チームを相手に強化を図る大会。コロナ禍が収束してから初めての遠征となった。

また、2023年は鹿島ユースも海外での経験を多く積んだ。春先にはアントラーズOBの田代有三氏の協力のもとでオーストラリアへ遠征し、現地での試合やトレーニングだけでなく、異文化交流も体験した。夏の日本クラブユース選手権後にはインドネシアへ行き、スペインのFCバルセロナやレアル・マドリードといった同世代の強豪クラブと対戦。柳沢敦監督は「普段と違った身体能力を

持つ相手や慣れない環境での遠征は実りあるものになりました」と手応えを得た。

2024年もチームの強化と選手個々の成長を促すために、アントラーズアカデミーは世界各地に戦いの場を求めに行く。

これまでに実施した海外遠征
（1998～2023年）

北アイルランド遠征
2010年
ミルクカップ参戦

オランダ遠征
2009年、2013～2017年
チェルシー、インテル、
アヤックスなど強豪と対戦

ロシア遠征
2019年

ルーマニア遠征
2011年、2012年

中国遠征
2007年、
2016～2019年

韓国遠征
2010～2019年

カタール遠征
2012年

タイ遠征
2018年、2019年

ハワイ遠征
2016年

ポルトガル遠征
2014～2016年

ベトナム遠征
2015年

香港遠征
2004年、
2016年～2019年

ブラジル遠征
1998～2019年、2023年
日伯友好カップ参加

スペイン遠征
2012年、2014年、
2016～2019年
バルセロナ、エスパニョール、
セビージャ
など強豪と対戦

カンボジア遠征
2015年

マレーシア遠征
2015～2017年

イタリア遠征
2006年、2008年、2010年、
2015～2019年
インテル、ユベントス、
ACミランなど強豪と対戦

インドネシア遠征
2016年、2023年

オーストラリア遠征
2023年

KASHIMA ANTLERS ACADEMY FIELD アカデミーの新たな拠点

鹿島アントラーズクラブハウスから500メートルほどの場所に、アカデミー専用グラウンド「Kashima Antlers Academy Field」があります。2021年12月に完成したKashima Antlers Academy Fieldは、同年9月3日から10月31日にかけて実施されたクラウドファンディングプロジェクト『アントラーズの未来をみんなで』を通じて、多くの方々に資金を寄付していただいたことで誕生しました。現在はユースチームやジュニアユースチームが試合や練習で利用しています。この場所をアカデミーの新たな拠点とし、これからも未来のアントラーズを背負う選手の育成を目指していきます。

アントラーズOBによる指導体制

杉山 哲	曽ケ端 準	柳沢 敦	小笠原満男	里内 猛	根本裕一	佐藤昭大
つくばスクールコーチ	鹿島ユースGKコーチ	鹿島ユース監督	テクニカルアドバイザー	ヘッドオブコーチング兼ユースフィジカルアドバイザー	つくばジュニアユースコーチ	鹿島ジュニアユースGKコーチ

これまでにアントラーズのトップで活躍したOBのアカデミースタッフ登用を積極的に行い、アカデミー全体でフットボールの質を強化していく指導体制を構築しています。小笠原満男は今年もテクニカルアドバイザーとしてユースを中心に技術向上のための指導をしていきます。里内猛はアカデミー指導者のレベルアップやクラブ環境の整備を担うヘッドオブコーチングだけでなく、ユースの選手たちのフィジカル面を支えるユースフィジカルアドバイザーも兼任。ユースでは柳沢敦が監督として指揮を執り、曽ケ端準がGKコーチとなります。佐藤昭大は鹿島ジュニアユースのGKコーチ、根本裕一はつくばジュニアユースのコーチをそれぞれ務め、杉山哲はコーチとしてつくばスクールを担当します。

ANTLERS ACADEMY
YOUTH TEAM
ユース

応援観戦GUIDE −YOUTH−

PICKUP
高校年代最高峰の戦い
高円宮杯 JFA U-18 サッカープレミアリーグ EAST
今年は2019シーズン以来5年ぶりにプレミアリーグの舞台で戦う。
2023年大会結果： プリンスリーグ 関東1部 優勝
プレミアリーグ プレーオフ 昇格

日本クラブユース サッカー選手権（U-18）大会
日程：7月〜8月（2023年） 会場：群馬県（2023年） 優勝回数：なし

2024 Jユースカップ
第30回Jリーグユース選手権
日程：3月〜12月（2023年） 会場：出場チームホームタウン
優勝回数：3回（1998年、2004年、2014年）

□ 鹿嶋市を中心拠点として活動　□ 主な練習場：アントラーズクラブハウス、Kashima Antlers Academy Field

ユース活動内容

練習
提携する鹿島学園高校の特別カリキュラムにより、トップチームとのトレーニングマッチなどが実現。

大会
高円宮杯 JFA U-18サッカープレミアリーグなど、高校生年代の戦いで優勝を目指す。

遠征
修学旅行は提携する鹿島学園高校の協力で海外遠征として実施。

監督 柳沢 敦	コーチ兼GKチーフコーチ 市川 友也	GKコーチ 曽ケ端 準	コーチ 岡本 秀雄	フィジカルコーチ 大岩 聖	トレーナー 福原 俊裕

ACADEMY HOUSE
次代を担う選手の生活拠点

2019年9月に完成したアカデミーハウスは、アントラーズの次代を担う選手たちの生活拠点となる寮です。鉄筋2階建ての建物で、主にユースチームの選手が親元を離れて生活しています。館内には憩いの場となるラウンジや食堂が備わり、寮室はすべて個室になっていてプライベート空間もあります。また、選手の居住施設としてだけでなく、他カテゴリーのチームも合宿などで利用しています。学業、住環境、生活面を含めた総合的な選手育成環境の向上を目指した施設です。

エントランスには アカデミーが獲得した 歴代のトロフィーを陳列

下部組織は、ポルトガル語ではベースと呼び、『土台』という意味です。クラブの土台を築くという意味でも、こうした施設ができたことは本当にすばらしいことです。〈ジーコクラブアドバイザー〉

ミーティングルーム
生活する約50人の選手全員が着席できる広々としたミーティングルーム。選手たちの研修やミーティングなどに活用しています。

選手寮室（全52室）
52の寮室は、すべて個室になっていて、選手それぞれのプライベートが守られています。サッカーだけでなく、勉強にも集中できる環境が整っています。

ラウンジ
1階のラウンジエリアは、選手たちの憩いの場になっています。壁面にはジーコスピリットが描かれ、アントラーズのDNAを感じることができます。

乾燥室
洗濯場の隣には乾燥室があり機能的。壁面には最大500足が収納できるスパイク掛けも。掃除・洗濯は選手自らが行うことで自主性や自立心が養われます。

学校
アントラーズユースは2004年より鹿島学園と提携を結び、全選手が鹿島学園に通学。時間割調整により、授業とトレーニングを両立しています。

バスルーム／大浴場
10個のシャワーが完備された大浴場は、大人数でも使用できる空間。三つの浴槽があることで、選手たちの疲労を軽減する交代浴も可能になっています。

食堂
生活する選手全員が一度に食事できる規模の食堂を完備。選手たちは朝食、夕食をともにします。テーブルにはクラブエンブレムがあしらわれる工夫も。

食事
食環境の充実、栄養セミナーの実施などで、プロとして戦うための体作りを目指します。

トップに昇格した 選手たちが効果を実感した ユースの取り組み

トップチームのキャンプ参加
トップの宮崎合宿に選手が参加。トップの練習を肌で感じることで、目指すレベルを学びます。

トップチームとの練習試合
トップと連携を図るなかで、日常的に練習試合を実施し、トップのレベルを体感しています。

研修を兼ねたスクールコーチ体験
スクールのコーチを体験することで、指導する視点でサッカーを学びます。

中庭ではテックボールでコミュニケーション！

41 徳田 誉

2025シーズンのトップ昇格内定は すばらしい環境で生活できたからこそ
プロ選手との差を埋める トレーニングルーム

自分は中学3年のときに入寮したので、今年で4年目。いろいろな設備が整ったアカデミーハウスのなかでも、特にトレーニングルームをよく利用しています。トップの練習に参加するとプロ選手との筋力の差やパワーの違いを痛感するので、その差を徐々に埋めていくためにも日々、筋力トレーニングに努めています。日ごろから身近にある筋力トレーニング用の器具が利用できることで、着実に筋力が増強されていることを実感します。

2025シーズンのトップ昇格が内定したのも、すばらしい環境で生活できているからこそ。恵まれた生活を送れていることに感謝しています。

アカデミーハウス スタッフ
4名の寮監のもと、調理師と栄養士の皆さんによってアカデミーハウスは支えられています。（左から）寮監の田所健治、横田志佐男、村岡憲治、齋藤政弘、調理師の青木尚人、栄養士の川上友紀、永田織恵。

2024 YOUTH TEAM PROFILE

①ポジション ②生年月日 ③新学年
④身長 ⑤体重 ⑥前所属 ⑦出身地

松本 泰生
Taisei MATSUMOTO

①GK
②2006.4.16
③3年
④184cm
⑤77kg
⑥鹿島アントラーズJYノルテ
⑦茨城県

岸野 瑛太
Eita KISHINO

①GK
②2006.8.21
③3年
④182cm
⑤82kg
⑥鹿島アントラーズJYつくば
⑦千葉県

三簾 夢真
Yuma MISUDARE

①DF
②2006.11.1
③3年
④185cm
⑤74kg
⑥アトレチコ君津
⑦千葉県

土橋 竜之介
Ryunosuke DOBASHI

①DF
②2006.7.17
③3年
④187cm
⑤76kg
⑥鹿島アントラーズJYつくば
⑦茨城県

松本 遥翔
Haruto MATSUMOTO

①DF
②2006.9.29
③3年
④176cm
⑤73kg
⑥JFAアカデミー福島U-15WEST
⑦埼玉県

佐藤 海宏
Mihiro SATO

①DF
②2007.2.26
③3年
④177cm
⑤72kg
⑥鹿島アントラーズJY
⑦茨城県

玉木 亜門
Amon TAMAKI

①DF
②2006.5.18
③3年
④183cm
⑤73kg
⑥鹿島アントラーズJY
⑦鳥取県

芝 碧斗
Rikuto SHIBA

①MF
②2006.4.10
③3年
④177cm
⑤70kg
⑥鹿島アントラーズJYつくば
⑦東京都

小笠原 聖真
Shoma OGASAWARA

①MF
②2006.7.28
③3年
④163cm
⑤64kg
⑥鹿島アントラーズJYノルテ
⑦茨城県

島田 ビクトル ゆうぞ
Victor Yuzo SHIMADA

①FW
②2006.4.14
③3年
④183cm
⑤79kg
⑥FC厚木JY DREAMS
⑦ブラジル

徳田 誉
Homare TOKUDA

①FW
②2007.2.18
③3年
④186cm
⑤83kg
⑥鹿島アントラーズJYつくば
⑦千葉県

菊田 修斗
Shuto KIKUTA

①GK
②2007.5.27
③2年
④185cm
⑤78kg
⑥ジェファフットボールクラブ
⑦東京都

黒澤 奨永
Shoei KUROSAWA

①GK
②2007.8.23
③2年
④175cm
⑤65kg
⑥鹿島アントラーズJY
⑦茨城県

近藤 大祐
Daisuke KONDO

①DF
②2007.5.22
③2年
④185cm
⑤71kg
⑥鹿島アントラーズJY
⑦茨城県

大川 佑梧
Yugo OKAWA

①DF
②2007.7.14
③2年
④185cm
⑤71kg
⑥鹿島アントラーズJY
⑦茨城県

朝比奈 叶和
Towa ASAHINA

①DF
②2007.7.15
③2年
④177cm
⑤69kg
⑥鹿島アントラーズJY
⑦茨城県

岩永 佳樹
Yoshiki IWANAGA

①DF
②2007.5.7
③2年
④175cm
⑤66kg
⑥鹿島アントラーズJY
⑦茨城県

殿岡 諒大
Ryota TONOOKA

①MF
②2007.7.3
③2年
④167cm
⑤54kg
⑥鹿島アントラーズJY
⑦茨城県

中川 天蒼
Sora NAKAGAWA

①MF
②2007.5.28
③2年
④167cm
⑤63kg
⑥鹿島アントラーズJY
⑦大分県

佐藤 湧斗
Yuto SATO

①MF
②2007.12.18
③2年
④158cm
⑤58kg
⑥鹿島アントラーズJY
⑦茨城県

上野 瑛汰
Eita UENO

①MF
②2008.1.3
③2年
④171cm
⑤62kg
⑥栃木SC U-15
⑦栃木県

三浦 直人
Naoto MIURA

①MF
②2008.2.27
③2年
④164cm
⑤56kg
⑥鹿島アントラーズJY
⑦千葉県

長 疾風
Hayate CHO

①FW
②2007.8.17
③2年
④168cm
⑤60kg
⑥FCグランリオ鈴鹿
⑦三重県

正木 裕翔
Hiroto MASAKI

①FW
②2008.3.28
③2年
④164cm
⑤62kg
⑥鹿島アントラーズJYノルテ
⑦福島県

髙木 輝人
Raito TAKAKI

①FW
②2007.8.20
③2年
④179cm
⑤73kg
⑥鹿島アントラーズJY
⑦千葉県

新垣 祥大
Shota ARAKAKI

①GK
②2008.4.23
③1年
④188cm
⑤72kg
⑥那覇市立小禄中学校
⑦沖縄県

元砂 晏翔仁 ウデンバ
Anthony Udemba MOTOSUNA

①DF
②2009.3.10
③1年
④189cm
⑤75kg
⑥FCフレスカ神戸
⑦兵庫県

米川 彪音
Ayato YONEKAWA

①DF
②2008.12.9
③1年
④170cm
⑤68kg
⑥鹿島アントラーズJY
⑦茨城県

林 勘太
Kanta HAYASHI

①DF
②2008.9.16
③1年
④170cm
⑤64kg
⑥鹿島アントラーズJY
⑦千葉県

大貫 琉偉
Rui ONUKI

①DF
②2008.4.9
③1年
④168cm
⑤60kg
⑥鹿島アントラーズJY
⑦茨城県

大島 琉空
Ryua OSHIMA

①DF
②2008.8.23
③1年
④177cm
⑤63kg
⑥VIVAIO船橋SC
⑦千葉県

平島 大悟
Daigo HIRASHIMA

①MF
②2008.6.17
③1年
④167cm
⑤56kg
⑥鹿島アントラーズJY
⑦茨城県

小枝 源馬
Gemma KOEDA

①MF
②2008.6.3
③1年
④168cm
⑤61kg
⑥鹿島アントラーズJY
⑦青森県

福岡 勇和
Yuwa FUKUOKA

①MF
②2008.10.29
③1年
④170cm
⑤63kg
⑥鹿島アントラーズJYつくば
⑦埼玉県

吉田 湊海
Minato YOSHIDA

①MF
②2008.7.15
③1年
④170cm
⑤68kg
⑥FC多摩ジュニアユース
⑦神奈川県

三好 凌月
Ritsuki MIYOSHI

①MF
②2008.7.7
③1年
④162cm
⑤54kg
⑥鹿島アントラーズJY
⑦茨城県

高木 春翔
Haruto TAKAGI

①MF
②2009.3.15
③1年
④162cm
⑤58kg
⑥鹿島アントラーズJYつくば
⑦茨城県

物井 慈元
Jigen MONOI

①FW
②2008.8.15
③1年
④162cm
⑤50kg
⑥鹿島アントラーズJYノルテ
⑦茨城県

福田 竜正
Ryoma FUKUDA

①FW
②2008.5.31
③1年
④165cm
⑤62kg
⑥鹿島アントラーズJY
⑦千葉県

加藤 摑夢
Tsukamu KATO

①FW
②2008.5.3
③1年
④173cm
⑤63kg
⑥鹿島アントラーズJYノルテ
⑦茨城県

ANTLERS ACADEMY
KASHIMA
鹿島

応援観戦GUIDE —JUNIOR YOUTH—

PICKUP 北の大地で頂点を目指す！
日本クラブユースサッカー選手権（U-15）大会
日程：8月（2023年）　会場：北海道（2023年）
優勝回数：1回（2014年=鹿島）
夏の北海道を舞台に、全国の強豪チームが一堂に会する大会。
2023年大会結果：鹿島ジュニアユース　全国大会　3位
　　　　　　　　ノルテジュニアユース　関東大会出場
　　　　　　　　つくばジュニアユース　全国大会　ベスト32

関東ユース（U-15）
サッカーリーグ
※鹿島=1部、
つくば・ノルテ=2部
日程：3月〜10月（2023年）
会場：出場チームホームタウン
優勝回数（1部）：
1回（2017年=鹿島）

伝統と歴史が詰まった
アントラーズアカデミーの拠点

□ 鹿嶋市を中心拠点として活動　　□ 主な練習場：アントラーズクラブハウス、Kashima Antlers Academy Field

1992年にアントラーズが発足したとき、Jリーグのクラブは選手を育成する下部組織を持つことが義務づけられました。それにともないアントラーズアカデミーを設立。クラブハウスができる前までは、住友金属（現日本製鉄）の敷地内にある健康増進センターの2階をアカデミーの拠点としていました。クラブハウスができると同時に拠点を移し、今や鹿島を中心としてアカデミー活動を展開しています。

鹿島のアカデミーも現在では、クラブハウスはもちろんのこと、芝のピッチ3面に人工芝のコート4面、シャワールームやロッカーなど、必要な施設はすべて完備しています。トップチームを間近に見ながら練習に励むことができる環境です。

2019年にはアカデミーハウスが完成し、2022年にはクラウドファンディングプロジェクト「アントラーズの未来をみんなで」によりKashima Antlers Academy Fieldも誕生しました。

トップのレギュラー選手育成を目標に、これまで鹿島から曽ケ端準、野沢拓也、土居聖真、鈴木優磨らを輩出。近年では垣田裕暉、山田大樹といった期待の選手をトップに送り込んでいます。

アカデミーの中心であり、アントラーズの伝統と歴史を体感できる環境で、日々、選手の育成を進めています。

KASHIMA JUNIOR YOUTH
鹿島ジュニアユース

監督
篠原 義貴
〈指導歴〉福島大学→FCレグノヴァ→モンテディオ山形 普及コーチ→鹿島アントラーズ ユースコーチ→鹿島アントラーズ ジュニアユースコーチ→鹿島アントラーズ ジュニアユース監督

コーチ
杉本 真
〈指導歴〉鹿島アントラーズ ジュニアユースコーチ

コーチ
小谷野 稔弘
〈指導歴〉鹿島アントラーズ ジュニアユースコーチ→鹿島アントラーズ ジュニアユース監督→鹿島アントラーズ ジュニアユースコーチ

GKコーチ
佐藤 昭大
〈指導歴〉鹿島アントラーズ ジュニアユースGKコーチ

トレーナー
鈴木 雄士
〈指導歴〉鹿島アントラーズ ジュニアトレーナー→鹿島担当トレーナー→鹿島アントラーズ ジュニアユーストレーナー

KASHIMA JUNIOR
鹿島ジュニア

監督
青野 友輝
〈指導歴〉鹿島アントラーズ スクールコーチ→鹿島アントラーズ スクールチーフコーチ→鹿島アントラーズ ジュニア監督

コーチ
森島 修
〈指導歴〉鹿島アントラーズ ジュニアユースコーチ→鹿島アントラーズ ジュニアユース監督→アカデミートレセン チーフコーチ→鹿島アントラーズ ジュニアユース監督→鹿島アントラーズ ジュニアユース総監督→鹿島アントラーズ ジュニアユースコーチ→鹿島アントラーズ ジュニアコーチ

コーチ
鳴海 勝也
〈指導歴〉kojomaサッカースクール→鹿島アントラーズ つくばジュニアユースコーチ→鹿島アントラーズ ジュニアコーチ

トレーナー
金山 将大
〈指導歴〉鹿島アントラーズ ジュニアトレーナー

ANTLERS ACADEMY
TSUKUBA
つくば

応援観戦GUIDE -JUNIOR-

PICKUP 小学生年代の頂上決戦！
JFA 全日本U-12サッカー選手権大会
日程：12月（2023年）　会場：鹿児島県（2023年）
優勝回数：1回（2013年＝鹿島）
2023年大会結果：鹿島ジュニア　茨城県大会　ベスト16
　　　　　　　　　ノルテジュニア　茨城県大会　4位
　　　　　　　　　つくばジュニア　茨城県大会　ベスト16

**JFA バーモントカップ
全日本 U-12
フットサル選手権大会**
日程：8月（2023年）
会場：東京都・武蔵野の森
総合スポーツプラザ、
大田区総合体育館（2023年）
優勝回数：2回
（2013年＝鹿島、
2015年＝つくば）

プロの選手を多数輩出する
県南の育成拠点

□つくば市を中心拠点として活動　　□主な練習場：つくばアカデミーセンター

　アントラーズつくばは、2008年に誕生しました。活動拠点は、2011年完成のつくばアカデミーセンター。約2万平方メートルの広大な敷地に、人工芝グラウンド1面、フットサルコート3面、照明設備、ロッカー、シャワー、ミーティングルームなどが備わった、中学生以下年代向けとしては日本有数の施設です。茨城県の育成年代の試合会場としても使用されるほか、最低限の電力や水を確保した、地域の防災拠点としての機能も兼ね備えています。

　つくばアカデミーセンターでは、つくばジュニアユース、つくばジュニア、スクールつくば校が活動しており、2014年夏の全日本少年サッカー大会でつくばジュニアが念願の全国大会に初出場したのを皮切りに、2016年にはつくばジュニアユースが全国クラブユース選手権大会に初出場、2020年には準優勝と結果を残してきました。2022年にはつくばジュニアがチビリンピック2022 JA全農杯 全国小学生選抜決勝大会で優勝を果たしています。

　そのなかで、現在日本代表およびベルギーリーグで活躍する町田浩樹をはじめ、トップチーム在籍中の舩橋佑、2022年にトップ昇格し、いわきFCに育成型期限付き移籍中の下田栄祐、そして今季トップに2種登録された徳田誉らもつくばアカデミーセンターを巣立っています。他にも数多くのJリーガーを輩出しており、名実ともにプロ選手育成の実績を持つ茨城県南地域の育成拠点です。

TSUKUBA JUNIOR YOUTH
つくばジュニアユース

監督兼つくばエリア
センター長
山尾 光則
〈指導歴〉愛知FC→尾張クラブ→モノリス→FC.Reimsbach→JFAアカデミー福島→FC岐阜→鹿島アントラーズ つくばジュニアユース監督兼つくばエリアセンター長

コーチ
根本 裕一
〈指導歴〉鹿島アントラーズ つくばジュニアユースコーチ→鹿島アントラーズ つくばジュニアユース監督→鹿島アントラーズ つくばジュニアユースコーチ

コーチ
上戸 日向
〈指導歴〉鹿島アントラーズ つくばジュニアユースコーチ

GKコーチ
大橋 基史
〈指導歴〉鹿島アントラーズ ジュニアユースGKコーチ→鹿島アントラーズ つくばジュニアユースGKコーチ

トレーナー
平出 康彦
〈指導歴〉筑波大学→FCユトレヒト→VVアルクマール→ADOデンハーグ→AFC→鹿島アントラーズ つくばジュニアユーストレーナー

TSUKUBA JUNIOR
つくばジュニア

監督
那須川 将大
〈指導歴〉鹿島アントラーズ つくばジュニアユースコーチ→鹿島アントラーズ つくばジュニア監督

コーチ
岩田 陸
〈指導歴〉FC多摩→鹿島アントラーズ スクールコーチ→鹿島アントラーズ つくばジュニアコーチ

コーチ
鈴木 智幸
〈指導歴〉盛岡中央高校→いわてグループ盛岡→富士大学→鹿島アントラーズ つくばジュニアコーチ

ANTLERS ACADEMY
NORTE
ノルテ

競争力ある環境作りを目指す「北」の拠点

□日立市を中心拠点として活動　□主な練習場：折笠スポーツ広場

「ノルテ」という言葉はポルトガル語で「北」を意味するように、茨城県北地域が活動拠点となっています。ノルテジュニアユースの活動がスタートしたのは1999年。それから着実に力をつけていき、2010年には全国大会となるクラブユースサッカー選手権大会に初出場し、関東リーグでも初優勝を成し遂げて1部に昇格しました。また、これまでに3度の全国大会出場という結果も残しています。

2017年にはジュニアの活動もスタートし、翌2018年にはチビリンピックと関東少年サッカー大会で関東大会に出場しました。小学生年代でも体制作りが進むとともに、結果を残し始めています。

現在、トップに在籍する溝口修平は、ノルテからユースを経て初めてトップ昇格した選手です。2022年、ユースからトップに加わり、プロ3年目となる今シーズンはさらなる飛躍が期待される有望選手です。その他、2022年夏までトップで活躍し、FIFAW杯2022カタール大会にも出場した上田綺世をはじめ、ノルテで育った多くの選手が高体連や大学を経て、プロの舞台でプレーしています。

「いい選手が出てくると感じてもらえるようなチーム作り」という目標を掲げ、ノルテジュニアとノルテジュニアユースによる密な連携によって、飛び級制度などを活用しながら競争力のある環境作りを進めています。トップはもちろんのこと、多くのプロ選手輩出に向けて、茨城県北地域で日々活動しています。

NORTE JUNIOR YOUTH
ノルテジュニアユース

監督
塚田 大士
〈指導歴〉Uスポーツクラブ→鹿島アントラーズ ノルテジュニアユースコーチ→鹿島アントラーズ ノルテジュニアユース監督

コーチ
加藤 純己
〈指導歴〉アルビレックス新潟シンガポール→アルビレックス新潟プノンペン監督→鹿島アントラーズ ユースGKコーチ→鹿島アントラーズ スクールコーチ→鹿島アントラーズ 鹿島スクールチーフコーチ→鹿島アントラーズ ジュニアコーチ→鹿島アントラーズ ノルテジュニアユースコーチ

コーチ
飛奈 洸太
〈指導歴〉京都橘高校→仙台大学→鹿島アントラーズ ノルテジュニアユースコーチ

GKコーチ
細根 敦也
〈指導歴〉獨協大学→バルサアカデミー葛飾校→鹿島アントラーズ ノルテジュニアユース GKコーチ

トレーナー
佐藤 修平
〈指導歴〉鹿島アントラーズ ノルテジュニアユーストレーナー

NORTE JUNIOR
ノルテジュニア

監督兼ノルテエリアセンター長
小笠原 賢二
〈指導歴〉鹿島アントラーズ ジュニア監督→鹿島アントラーズ ノルテジュニアユースコーチ→鹿島アントラーズ ノルテジュニアユース監督→鹿島アントラーズ ノルテジュニアユースコーチ→鹿島アントラーズ ノルテジュニアユース総監督→鹿島アントラーズ ノルテジュニアユース監督兼ノルテエリアセンター長

コーチ
坂本 光
〈指導歴〉鹿島アントラーズ スクールコーチ→鹿島アントラーズ ノルテジュニアコーチ

コーチ
砂子 走瑠
〈指導歴〉鹿島アントラーズ スクールコーチ→鹿島アントラーズ ノルテジュニアコーチ

> 通常コース以外にも、さまざまなコースをご用意しています!

ANTLERS SCHOOL

茨城県・千葉県の計21カ所でスクールを開校!

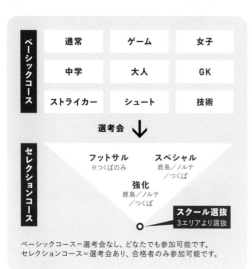

	通常	ゲーム	女子
ベーシックコース	中学	大人	GK
	ストライカー	シュート	技術

選考会 ↓

セレクションコース	フットサル ※つくばのみ	スペシャル 鹿島/ノルテ/つくば
	強化 鹿島/ノルテ/つくば	

スクール選抜 3エリアより選抜

ベーシックコース＝選考会なし、どなたでも参加可能です。
セレクションコース＝選考会あり、合格者のみ参加可能です。

鹿島アントラーズ
スクールグループマネージャー
笹目 学

　アントラーズスクールには、多種多様なコースがあります。通常コース以外にも、「ゲームコース」や「シュートコース」、つくばエリアではアントラーズOBの杉山哲コーチから直々に技術を学べる「GKコース」も用意。他にも在籍の元プロ選手のコーチから高い技術習得が可能です。さらに「女子コース」などで活動する女子の人数も増えてきました。女性スタッフを中心に、引き続き〝女子がフットボールにより打ち込める環境整備〟を進めていきます。

　また、今年も各エリアで「もっとうまくなりたい」思いに応えるため、「スペシャルコース」や「強化コース」はもちろん、選抜チームで遠征に赴くなど、子どもたちの成長促進への取り組みに力を入れていきます。スクールからジュニアやジュニアユースの選考会に合格する子も出てきました。引き続き、幅広い人たちがフットボールを楽しめる環境を用意し、「アントラーズでやりたい」という子が増えていく取り組みを進めていきたいと思っています。

スクールイベント

□ 各種スキルアップスクール
□ 各種フェスティバル、交流大会
□ ゲーム大会
□ 1 on 1
□ 3 on 3
□ 親子サッカー
□ アカデミー技術テスト
□ アントラーズサッカーキャンプ
□ NIKE ANTLERS CUP U-9〜12
□ FD CUP U-9
□ アントラーズチャレンジカップ
□ NORTE CUP
□ ジュニアカップ
□ グラデュエーションカップ
□ Jスクールウィンターカップ
□ 国際交流試合
□ スクール選抜国内遠征
□ スクール修了式
□ 伝説祭

※スクール生は、一般の方を対象としたイベントの多くに「スクール生割引」で参加可能です。ぜひチェックしてご参加ください!

ベーシックコース

通常コース
サッカーをする喜びを感じよう!
子どもたちが真剣に取り組めるように、コーチが各年代に合った指導をしています。
全校

ストライカーコース ※小学2年生〜中学生対象
点を取るまでの過程を伝授します!
ゴールを決めたい。そのためにどうすればいいか。そんな問題を解決するヒントを与えてくれるのが、ストライカーコースです。
鹿島校、高萩校

GKコース ※小学2年生〜中学生対象
GKの楽しさとテクニックを習得します!
サッカーで唯一、直接手を使うことを許されるのがGKです。GKコースでは、GKというポジションの楽しさを伝えつつ、そのなかでテクニックを向上させることを目的としています。プロの指導経験もある経験豊富なコーチたちが、ゴールを守る重要性をお伝えします!
鹿島校、つくば校、日立折笠校、ひたちなか校

ゲームコース
実戦でのスキルを身につけよう!
ゲーム形式のメニューをメインに行うコースです。勝負にこだわるなかでゲーム経験を積み、実戦で生かせる技術、戦術、メンタリティーなどを身につけることを目的としています。
鹿島校、潮来校、つくば校、神栖校、日立折笠校、ひたちなか校、ひたちなか足崎校、結城校、内原校、常陸大宮校、土浦校

シュートコース
シュートをたくさん打ちたい人におすすめ!
得点の取り方、シュートのコツを伝えていきます。45分間のシュートトレーニングを行ったあと、15分間の試合形式のトレーニングを行います。
つくば校、常総校

技術コース
基礎技術の習得を目指します!
サッカーで必要な止める・蹴る・運ぶ(ドリブル)などの、基礎技術習得を低年齢から目指すコースです。
鹿島校、ひたちなか校(木曜)

女子コース
目指せ、なでしこジャパン!
女子のためのコースです。さまざまな学年の女子たちが一緒にプレーすることで、サッカーのスキルだけでなく、協調性、あいさつ、思いやり、感謝の気持ちを養うことも目的としています。
鹿島校、つくば校、ひたちなか校

中学生コース
部活で〝違い〟を見せよう!
中学校の部活動以外にも「もっと練習したい」「冬の期間ももっとサッカーをしたい」「もっとサッカーがうまくなりたい」という意欲的な選手が多く在籍しています。それぞれの選手が所属する部活動で〝違い〟を見せるために、スキルアップを目指します。
鹿島校、つくば校

大人コース
年代問わずサッカーを楽しもう!
中学生以上が対象のコースです。現在は中学生から60代までの幅広い年代の方々が真剣に、そして楽しくプレーしています。
鹿島校、つくば校

セレクションコース

スペシャルコース／強化コース ※選抜コース選考会あり
「うまくなりたい」思いを原動力に!
スクールではサッカーの楽しさを知り、もっと「うまくなりたい」という競技志向の子どもたち向けにスペシャル／強化コースがあります。
休日にはコース内でチームを結成して、積極的に大会参加や練習試合も行っています。また、夏休みや冬休みなどの長期休暇を利用して県外へ遠征にも出ていきます。スクールから飛び出し、ジュニア・ジュニアユース予備軍として、よりサッカーの魅力を子どもたちに伝えています。
将来アントラーズのサッカー選手になるという「夢」を持ち、日々努力をしていきましょう!
スペシャルコース:鹿島校、つくば校、日立校、神栖校、常総校、結城校、守谷校、ひたちなか校、ひたちなか佐和校、内原校、高萩校、常陸大宮校、日立折笠校、鉾田校、行方校、潮来校、旭・銚子校
強化コース:鹿島校、つくば校、日立校

フットサルコース
狭いフィールドでスキルアップ!
フットサルの狭いスペースでプレーすることで、相手のプレッシャーをより受けるなかでもうまくプレーできるようなスキルを身につけることを目的としています。フットサルを通じてサッカーにつながるような技術の習得に向けてトレーニングしています。
つくば校

今年も開催！スクール修了式 現小学6年生・中学3年生対象
アントラーズスクール修了式

スクール修了式は、毎年卒業を控える小学6年と中学3年を対象に開催されます。Jリーグのホームゲーム前に開催される「スタジアムピッチ」でサッカーを楽しんだり、プレゼントがもらえるお楽しみ大抽選会も実施。トップチームの選手たちとの記念撮影や一緒にサッカーを楽しむ機会もあります！

そしてイベントの最後には、ともに練習をしてきたコーチから選手サイン入り修了証書が手渡されます。

ぜひスクールに加入して、一生の思い出に残るような楽しいイベントへご参加ください！

スクール修了式では選手とふれ合えるチャンスも！

国内遠征
スペシャル・強化コース、スクール選抜の活動
非日常の体験をして
子どもたちの成長をサポート！

アントラーズスクールでは、夏休みや冬休みといった長期休暇を利用して国内遠征を行っています。生まれて初めて親元を離れて生活する選手もいるなど、普段生活している場所から離れたところに遠征し、他の地域の子どもたちとサッカーを通じた交流など、さまざまな活動をしています。

また、山登り、飛行機や電車による長距離移動など、サッカーだけではない非日常の体験をすることで、子どもたちの成長につながるきっかけを作ることも遠征の狙いとしています。各スペシャル・強化コースからメンバーを募った選抜チームでは、国内はもちろんのこと、海外の大会にも参加しています。

スクールコーチ紹介

鹿島スクール
スクールダイレクター兼
鹿島スクールチーフコーチ
増茂 慎介
〈指導歴〉エスペランサ→日本文理大学→NBU soccer school→モンテディオ山形トップチーム通訳→モンテディオ山形コーチ→鹿島アントラーズ ユース通訳兼コーチ→鹿島アントラーズスクールチーフコーチ

鹿島スクール
サブチーフコーチ
松尾 康佑
〈指導歴〉ファンルーツアカデミー→カルペソール湘南→鹿島アントラーズ スクールコーチ→鹿島アントラーズ 鹿島スクールサブチーフコーチ

鹿島スクール
コーチ
櫻井 翔太
〈指導歴〉1FC川越水上公園サッカースクール→鹿島アントラーズスクールコーチ

鹿島スクール
コーチ
岩倉 翼
〈指導歴〉FCT.BLUE→鹿島アントラーズスクールコーチ

鹿島スクール
コーチ
半田 尚之
〈指導歴〉鹿島アントラーズジュニアコーチ→鹿島アントラーズスクールコーチ

鹿島スクール
コーチ
池田 耕平
〈指導歴〉鹿島アントラーズスクールコーチ

鹿島スクール
コーチ
西畑 瞭
〈指導歴〉明治学院大学→明石商業高校→東はりま特別支援学校→神戸FC→鹿島アントラーズ スクールコーチ→鹿島アントラーズ ノルテスクールチーフコーチ→鹿島アントラーズ 鹿島スクールコーチ

鹿島スクール
コーチ
小熊 樹稀
〈指導歴〉東京ヴェルディスクールコーチ→鹿島アントラーズスクールコーチ

鹿島スクール
コーチ
高橋 覇気
〈指導歴〉栃木シティU15・U18GKコーチ→鹿島アントラーズスクールコーチ

鹿島スクール
コーチ兼スカウト
芦田 仁
〈指導歴〉しただファンタジスタ・エストレヤ下田→栃木シティフットボールクラブ→鹿島アントラーズスクールコーチ兼スカウト

ノルテスクール
チーフコーチ
村居 一輝
〈指導歴〉ジュエルスFC→鹿島アントラーズ スクールコーチ→鹿島アントラーズ スクールサブチーフコーチ→鹿島アントラーズ ノルテスクールチーフコーチ

ノルテスクール
コーチ
小室 真綾
〈指導歴〉鹿島アントラーズスクールコーチ

ノルテスクール
コーチ
川上 綾太
〈指導歴〉鹿島アントラーズスクールコーチ

ノルテスクール
コーチ
川島 鉄平
〈指導歴〉鹿島アントラーズスクールコーチ

ノルテスクール
コーチ
栗原 悠
〈指導歴〉鹿島アントラーズスクールコーチ

ノルテスクール
コーチ
島田 周
〈指導歴〉鹿島アントラーズスクールコーチ

ノルテスクール
事務兼サポートコーチ
高安 良徳
〈指導歴〉鹿島アントラーズスクールコーチ

つくばスクール
チーフコーチ
松本 栄登
〈指導歴〉大宮アルディージャスクールコーチ→鹿島アントラーズスクールコーチ→鹿島アントラーズ つくばスクールチーフコーチ

つくばスクール
サブチーフコーチ
小暮 雄一
〈指導歴〉鹿島アントラーズスクールコーチ→鹿島アントラーズ スクールチーフコーチ→鹿島アントラーズ つくばスクールサブチーフコーチ

つくばスクール
コーチ
君嶋 莉緒
〈指導歴〉鹿島アントラーズスクールコーチ

つくばスクール
コーチ
前田 亮太
〈指導歴〉つくばFC→鹿島アントラーズスクールコーチ

つくばスクール
コーチ
岡田 康平
〈指導歴〉鹿島アントラーズスクールコーチ

つくばスクール
コーチ
杉山 哲
〈指導歴〉東京大学→東京ユナイテッドFC→東京武蔵野ユナイテッドFC→鹿島アントラーズスクールコーチ

つくばスクール
コーチ
江波戸 洸太
〈指導歴〉鹿島アントラーズスクールコーチ

つくばスクール
コーチ
大竹 伸一郎
〈指導歴〉鹿島アントラーズスクールコーチ

マッチデーフェスティバル

サッカーを楽しんで、
Jリーグを見に行こう！

アントラーズの試合開催日に、マッチデーフェスティバルを開催します。ミニゲームやサッカー教室など、さまざまなイベントが盛りだくさん。2024年もより充実させたマッチデーフェスティバルを開催していきますので、多くの皆様のご参加をお待ちしています！

【開催内容】
サッカー大会やサッカー教室など
※当日の参加人数に応じてイベント内容が変更となる場合があります。また、試合日により変更となる場合があります。あらかじめご了承ください。

【参加対象者】
Jリーグを観戦できる子どもたち

【会場】
①卜伝の郷運動公園グラウンド（カシマサッカースタジアム隣）
②アントラーズクラブハウスグラウンド
※試合日により変更になる場合があります。

【申込方法】
アントラーズオフィシャルサイトよりお申し込みください。

開催会場などはオフィシャルサイトでご確認ください。

オフィシャルサイト▶観戦情報
▶キッズイベント
▶マッチデーフェスティバル

🔍 鹿島アントラーズ

スペシャルイベント情報は随時更新しますので、ぜひホームページをご覧ください!!

エスコートキッズ

2024シーズンに募集再開！

スクール生も参加できます！

スターティングメンバーの選手と一緒にピッチへと入場するエスコートキッズ。2024シーズンはSÓCIO・ファンクラブ会員（シーズンチケットホルダー、フリークス会員、ジュニア会員）を対象に、事前申込の抽選制で応募を受け付けています。

お申し込み、各試合の締切日など、詳細は右記二次元コードまたはオフィシャルサイトよりご確認ください。

【お問い合わせ】
鹿島アントラーズコールセンター
support@antlers.co.jp

アントラーズスクール生の参加は、別途スクール生のみに案内しています。

【応募資格】
2024シーズン SÓCIO・ファンクラブ会員（シーズンチケットホルダー、フリークス会員、ジュニア会員）の小学生 ※ご自身がSÓCIO・ファンクラブに入会されていて、対象試合日時点で小学生の方が対象となります。

【申込方法】
以下のフォームよりお申込みください。

【申込締切・当選発表】
オフィシャルサイトのお知らせよりご確認ください。3月〜5月のスケジュールはこちら

※ドメイン指定受信をしている方は「@kashimaantlers.jp」からのメールの受信設定をお願いいたします。
※ご当選された方は、当選メールにてご案内する登録フォームより、参加者情報を登録していただきます。登録期限は試合前日15時までとなりますので、必ずメールをご確認ください。
※情報登録が確認できない場合、当選は自動的に無効となりますので、ご注意ください。

伝説祭 −Legend Festa−

レジェンドたちが直接指導！

アントラーズの〝レジェンド〟たちが直接サッカー指導する「伝説祭 -Legend Festa」。2023年1月に第1回が開催され、これまで4回実施しています。

スペシャルコーチとして、ジーコクラブアドバイザー、OBの名良橋晃、アントラーズだけでなく日本代表や欧州クラブでも活躍した柳沢敦ユース監督、小笠原満男テクニカルアドバイザー、本山雅志アカデミースカウト、中田浩二が参加してきました。

毎回100人を超える子どもたちとふれあい、サッカー教室やサイン会などが実施される本イベントは、今後も開催していきます。詳細はオフィシャルサイトやアカデミー公式X（旧Twitter）でお知らせいたします。

アントラーズスクールに入るには？

1 鹿島アントラーズコールセンターまでご連絡ください。
お名前と体験したいコース（スクール校）をお伝えください。

2 練習に体験参加！運動できる服装とボールを持ってLet's Play!
お持ちでない方にはお貸しします！

3 体験日当日に、入会申込書をお渡しいたします。
ご家族でご相談ください。

4 入会を決めたら、入会申込書に記入していただき鹿島アントラーズコールセンターへご郵送ください。
参加希望月をご記入ください。

5 参加希望月より練習にご参加ください。アントラーズ戦士を目指してトレーニング開始です！

スクールの1日の流れ

いろいろな動きに挑戦しよう

ボールを使ったトレーニング

ゲームで練習の成果を発揮！

最後は用具を片付けよう

スクール生徒随時募集中

みんなで楽しくサッカーしよう！

鹿島アントラーズコールセンター support@antlers.co.jp

ANTLERS ACADEMY
MEDIA
アントラーズアカデミーメディア

鹿島アントラーズアカデミーでは、スクールからユースまでの情報を日々発信しています。

2022年12月から鹿島アントラーズアカデミー公式X（旧Twitter）アカウントの運用開始。各カテゴリーの大会結果やイベント情報をはじめ、「アカデミーサポートクラブ」にご入会いただくと、より深いアカデミー情報をチェックすることができます。また、会費はアカデミーの活動・強化資金として活用させていただきますので、ぜひご入会いただき、アントラーズの未来をともに築きましょう！

鹿島アントラーズアカデミー
@antlers_academy

Jリーグ「鹿島アントラーズ」のアカデミー（育成組織）公式アカウントです。ユース、ジュニアユース（鹿島、つくば、ノルテ）、ジュニア（鹿島、つくば、ノルテ）やスクール（茨城県・千葉県全21か所で展開）、イベントの情報をスタッフが配信していきます。
※Twitterからクラブへのご質問には、原則お答えできません。

🗓 2022年5月からTwitterを利用しています

X アントラーズ アカデミー公式X

各カテゴリーの大会結果や
イベント情報を日々発信！
アカデミー公式Xをフォローしよう！

← フォローは
こちらから！

アカデミーサポートクラブ

会費はアカデミーの活動・強化資金として活用いたします！

年会費
5,000円
（税込）

※SÓCIO、シーズンチケット、フリークス、ジュニアの各カテゴリと掛け持ちでご入会いただけます。

特典1 アントラーズ公式アプリで
アカデミー情報をお届け！
「ACADEMY FREAKS」配信
（年3回デジタル配信）

月刊「FREAKS」のアカデミー版！
2023年4月配信の創刊号を一部公開中！
右下二次元コードよりぜひご覧ください！

特典2 試合ハイライト動画

ユースをはじめとするアカデミー選手たちの雄姿をアントラーズ公式アプリにて配信します。

アカデミー選手の
活動・成長を
ぜひご覧ください

特典3 オンラインコンテンツ

会員限定のオンラインコンテンツをアントラーズ公式アプリにて配信します。
（不定期／年数回を予定）

本山アカデミースカウトが
会員の皆様からの質問にお答えしました！

← お申込は
こちらから

ANTLERS FUTSAL CLUB

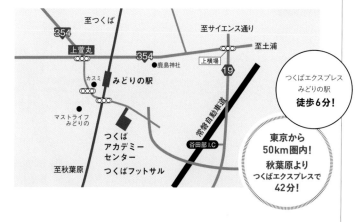

TSUKUBA つくば

11人制のサッカーコート貸し出しも可能‼
つくばで
フットサルを楽しもう！

つくばフットサルは、年齢問わず誰でも楽しめるフットサルクラブです。火曜から金曜の夜20時から開催している個人フットサルが大人気！週末は1DAY大会、小学生のリーグ戦など、貸出利用もOK！ぜひ、皆様のご利用をお待ちしています！

【お申し込み・お問い合わせ】
つくばフットサルクラブ
TEL.090-3537-5927 FAX.029-839-2256
e-mail : info-tsukuba-futsal@antlers.co.jp

🔍 アントラーズつくばフットサル

つくば市みどりの
中央51-1

つくばエクスプレス
みどりの駅
徒歩6分！

東京から
50km圏内！
秋葉原より
つくばエクスプレスで
42分！

鹿島アントラーズ サッカースクール

スクールコース生徒大募集!!

鹿島アントラーズFCでは、トップチームの下部組織として、各年代別にサッカースクールを開校。
1995年からスタートしたサッカースクールも21校となり、一貫した指導体制のもと、毎年優れた選手を育てています。
そして、今年も生徒を募集しますので、ふるってご参加ください。女子の参加もOKです。

練習場所

①	高萩校	高萩市高浜町1-42　高浜スポーツ広場
②	日立校	日立市大みか町6-20　日立製作所大みかグラウンド
③	ひたちなか校	ひたちなか市新光町49番地　ひたちなか市総合運動公園 レクリエーション広場
④	内原校	水戸市内原町1398-1　内原地区運動公園
⑤	つくば校	つくば市みどりの中央51-1　つくばアカデミーセンター
⑥	行方校	行方市島並1257-4　麻生運動場多目的グラウンド
⑦	常総校	常総市上蛇町1720-2　吉野サン・ビレッジサッカー場
⑧	鹿島校	鹿嶋市粟生東山2887番地　鹿島アントラーズクラブハウス内
⑨	神栖校	神栖市矢田部1234　神栖市矢田部サッカー場
⑩	下妻校	下妻市中居指1126 ほっとランド・きぬ 多目的グラウンド
⑪	日立折笠校	日立市折笠町987-1　折笠スポーツ広場
⑫	常陸大宮校	常陸大宮市工業団地25　西部総合公園多目的グラウンド
⑬	旭・銚子校	旭市横根1390-8　しおさいスタジアム旭市サッカー場
⑭	結城校	結城市大字鹿窪1番地　鹿窪総合運動公園
⑮	鉾田校	鉾田市当間2331　鉾田総合運動公園陸上競技場
⑯	土浦校	土浦市藤沢801-1　新治運動公園陸上競技場
⑰	牛久校	牛久市下根町1400　牛久運動公園体育館
⑱	潮来校	潮来市前川　前川運動公園
⑲	守谷校	守谷市野木崎4700　常総運動公園自由広場
⑳	ひたちなか佐和校	ひたちなか市佐和1890　フットパシオひたちなか
㉑	ひたちなか足崎校	ひたちなか市足崎1101-5　KTPスポーツパーク

※各校とも女子の活動も可能です。ふるってご応募ください。
※各校定員オーバーの場合は相談のうえ、参加校等を変更させていただく場合があります。

鹿島アントラーズ
サッカースクール
募集要項はこちら

まずは練習の
体験参加から！

2023年度 ｜ ACADEMY MEMBER LIST

| 学年 | 氏名 |

ジュニアユース・鹿島
小6 細野 誠悟
小6 新田 健悟
小6 清水 希生
小6 渡邊 秀犖
小6 畑 研一
小6 福原 希実
中1 佐藤 昊躍
中1 鴇田 悠眞
中1 瀬尾 桔平
中1 竹澤 未咲
中1 中根 遼太
中1 増渕 煌貴
中1 栗田 遥斗
中1 三崎 斗馬
中1 槐 孝輔
中1 高田 斗真
中1 東城 樹
中1 山崎 駿輔
中1 柳澤 佑安
中1 岩渕 羽流
中1 髙橋 佑次
中1 永山 祐海人
中1 小橋 勇斗
中1 草野 敏輝
中2 宮ヶ端 隼
中2 佐々木 隼
中2 小笠原 央
中2 羽田 将士郎
中2 藤倉 翼
中2 髙橋 幸暉
中2 山中 飛侑
中2 阿部 創介
中2 遠藤 優翔
中2 岩土 そら
中2 鈴木 翔暉
中2 水戸 淳平
中2 石渡 智也
中2 並川 颯馬
中2 瀧澤 周生
中2 髙木 瑛人
中3 福田 竜正
中3 平島 大悟
中3 石井 琉偉

ジュニアユース・ノルテ
小6 橋爪 迦人
小6 横田 有哉
小6 大久保 颯真
小6 石井 崇裕
小6 大貫 旭陽
小6 磯部 陽希
小6 田澤 遼
小6 武子 侑樹
中1 佐藤 大晟
中1 大貫 蒼一郎
中1 馬目 力樹
中1 佐野 幹太
中1 大曽根 虎雅
中1 石田 珍夢
中1 菊池 駈
中1 梶山 櫂生
中1 村山 祐紀
中1 三輪 瞭真
中1 飛田 留唯
中1 金成 陽斗
中1 鈴木 陸
中1 長井 健
中1 伊藤 悠雅
中1 木田 蓮人
中1 内田 陽斗
中1 麻生 蓮來
中1 志賀 悠斗
中1 関田 健人
中1 鈴木 峻優
中2 松下 陽
中2 黒澤 世楽
中2 野辺 好文
中2 長谷川 敦人
中2 大内 秀郎
中2 佐藤 洋仁
中2 菅井 杜真
中2 斉藤 旬平

中3 小枝 源馬
中3 大川 寛翔
中3 瀬出井 柚希
中3 林 勘太
中3 米川 彪音
中3 須釜 朱王
中3 三好 凌月
中3 小松崎 悠仁
中3 佐々木 悠介
中3 奥田 郁哉
中3 大貫 琉偉

ジュニアユース・つくば
小6 福川 琳音
小6 横山 尚希
小6 堀尾 駿一郎
小6 猪瀬 大我
小6 岡 夢竹
中1 中村 圭
中1 舩越 健聖
中1 杉山 翔空
中1 杉山 慶太
中1 柴崎 翔大
中1 柿沼 伶音
中1 湊 正成
中1 シュルツ 健斗
中1 栗栖 湊士
中1 宮田 斗碧
中1 中島 颯琉
中1 倉持 白夜
中1 石川 薫
中1 茂呂 創
中1 清宿 航士朗
中2 尾崎 史龍

中2 桑名 陽大
中2 熊谷 臯聖
中2 佐山 輝
中2 栗田 飛鳥馬
中2 藤田 怜旺
中2 寺尾 祐斗
中2 佐藤 奏太
中2 佐藤 隼平
中2 深川 智寛
中2 石川 泰雅
中3 小林 環
中3 川邊 晴一
中3 加藤 摑夢
中3 黒澤 瑶
中3 寺門 佑盛
中3 斉藤 健吾
中3 池田 勝宗
中3 小澤 悠輝
中3 菊池 朋哉
中3 菊池 瑠斗
中3 河野 隆人
中3 岩谷 瑛太
中3 森川 奏
中3 白土 真在
中3 新井 修平
中3 物井 慈元

中1 土井 空芽
中1 大友 琉空
中1 布袋田 結太
中1 鈴木 幸空
中2 片桐 優仁
中2 古川 将太郎
中2 窪田 悠人
中2 来栖 淳希
中2 熊澤 結人
中2 大槻 海惺
中2 井川 世愛
中2 橋本 陽茉
中2 坂本 敦哉
中2 松原 怜輝
中2 高比良 仁登
中2 三瓶 恵太
中2 西川 啓嗣
中2 山中 碧人
中2 大下 幸誠
中2 秋山 駿
中3 三角 小次朗
中3 篠崎 健人
中3 奥田 陽
中3 牧野 澪音
中3 中村 一平
中3 福田 勇和
中3 川崎 大空
中3 保野 寛太
中3 高木 春翔
中3 芝野 来希
中3 安喰 悠真
中3 髙山 大世
中3 齋田 大武
中3 笹島 拓翔

ジュニア・鹿島
小2 関口 汰都
小2 田中 大翔
小3 田村 光
小3 髙野 馨
小3 岡田 諒介
小3 佐藤 旭
小3 牛木 亮太
小3 金 承勋
小3 長峰 旬利
小3 横田 結
小3 大川 直倫
小3 上田 心星
小3 船山 佑介
小4 齋藤 敦斗
小4 藤本 鳳大朗
小4 椎名 蒔人

小4 安本 怜央
小4 伊藤 陽日希
小4 戸矢崎 蒼弥
小4 宮本 迅
小4 鈴木 應介
小4 荻 仁紀
小4 大貫 哲汰
小4 齋藤 千隼
小4 郡山 朔
小4 増田 輝星
小4 二川 昌忠
小4 椎塚 悠人
小4 笹沼 元之介
小4 渡部 陽翔
小4 玉井 龍稀
小4 本山 梨生
小4 根本 隼翔
小4 林 明日翔
小4 石神 光
小6 仲村 仁杜
小6 川戸 暖真
小6 毛毛恕
小6 岩佐 樹
小6 倉島 優太
小6 福田 統正
小6 田山 瑞樹
小6 礒部 怜夢
小6 金森 直生
小6 古関 莉空
小6 坂牧 蒼真
小6 林 悠陽
小6 根本 皓生
小6 橘 洸希

ジュニア・つくば
小3 三浦 豪
小3 永田 龍樹
小3 根路銘 慶安
小3 中野 諒太
小3 中川 豪
小3 植田 悠仁
小3 小野 翼
小3 安次富 大鐘
小4 栗林 禅一
小4 阿部 樹
小4 保坂 太陽
小4 奥山 佑弥
小4 立脇 清啓
小4 藤井 士道
小4 新國 櫂士
小4 市川 瑛
小4 由良 新
小4 菊地 晃生
小4 大畑 壮生
小5 杉山 塁

小5 増渕 青磨
小5 久保田 琉生
小5 福島 龍叶
小5 平根 遙人
小5 伊藤 煌希
小5 瀧 大蔵
小5 井能 光輝
小5 三次 瑞旺
小5 杉山 璃人
小5 今城 宏太
小5 岡野 光希
小5 宗方 颯人
小5 菅 泰也
小5 坂井 颯葵
小5 勝山 絢太
小6 宗田 伊織
小6 山崎 陣
小6 松本 尊
小6 栗田 遊聞
小6 川上 李緒
小6 有賀 陸
小6 池田 輝龍
小6 加藤 世名
小6 田中 奨真
小6 須藤 拓海
小6 武藤 珖馬
小6 鈴木 悠斗

ジュニア・ノルテ
小2 加藤 朝陽
小2 工藤 剛士
小3 森保 琉佑
小3 五森 隆大郎
小3 川上 十和
小3 廣井 玲煌
小3 久保田 剛士
小3 吉田 颯太郎
小4 木内 奏多
小4 楠瀬 岳
小4 菅野 岳
小4 髙松 叶翔
小4 柴田 悠稀

鹿島校
年少 梅田 季哉
年少 麻生 聖來
年少 大倉 宏翔
年少 所 昂輝
年少 高山 朔士
年少 花近 律
年少 伊藤 睦人
年少 大庭 一葵
年中 岩井 悠真
年中 福原 馴晴
年中 曽根 千誠
年中 山崎 碧海
年中 細谷 侑生
年中 玉澤 怜
年中 飯島 誠人
年中 萩原 美月
年中 加藤 翔哉

年中 福冨 譲太
年中 中村 斗稀
年中 濱野 遼太
年長 池田 七瀬
年長 奈良﨑 大騎
年長 木村 陽夏
年長 平野 巧
年長 篠原 義尚
年長 大久保 晴葵
年長 伊藤 駿希
年長 櫻井 凰賀
年長 髙桑 油彩
年長 金田 湊
年長 有光 駿
年長 佐藤 快翔
年長 小関 堅結
年長 細谷 柊二
年長 朝倉 優
年長 青島 武槍
年長 錦戸 祐貴
年長 坂内 洸太
年長 広木 慈英
年長 金本 來篤
年長 伊藤 雅斗
年長 工藤 悠真
年長 上西 駿

年中 福富 季哉
ファワーズ
義人

年少 岡田 尚樹
小1 石神 旭
小1 藤野 太静
小1 東山 結人
小1 小里 琉
小1 榊 陽向
小1 小池 陽輔
小1 髙柳 愛一輝
小1 大和田 秋優
小1 大川 歩夢
小1 大久保 昂生
小1 工藤 稜斗
小1 吉沼 怜
小1 森川 蹴八
小1 秋山 郁人
小1 鈴木 佑空
小1 石丸 晴斗
小1 野本 櫂生
小1 山口 智暉
小1 田嶋 煌大
小1 黒澤 律
小1 三寺 優翔
小1 岩崎 正
小1 石井 太雄
小1 仲体 心哉
小1 髙品 佑成
小1 野口 真祐斗
小1 孫 浩然
小1 向後 翼
小1 横田 翔己
小1 蔵元 翔
小1 新橋 珠斗
小1 根田 一輝
小1 布施 新太
小1 山田 梛央
小1 小林 蒼
小1 菅谷 栄斗
小1 後藤 勘汰
小1 植地 大成
小1 中山 千鶴
小1 羽田 櫂
小1 香取 柊真
小1 平山 侑正
小1 寺田 京平
小1 若林 和人
小1 矢内 裕大
小1 森川 瀬
小1 石丸 晴斗
小2 根本 大輔
小2 石津 翔太
小2 梅田 歩

鹿島校

小2 礒部 夢生
小2 杉山 旺佑
小2 夏井 玖都
小2 添田 翔和
小2 牧瀬 太良
小2 岡 慶征
小2 田口 蒼士
小2 君和田 煌
小2 加藤 太陽
小2 稲村 拓人
小2 小池 大翔
小2 内山 琉輝也
小2 篠原 晴久
小2 永山 智也
小2 大貫 晴陽
小2 川井 瑞貴
小2 岡本 秀継
小2 小澤 瑞親
小2 斉藤 晴人
小2 髙桑 悠都
小2 小堤 慧
小2 樋野 廉之
小2 鈴木 麻矢
小2 久保田 陽太
小2 佐藤 律輝
小2 長谷川 隼人
小2 井川 湊大
小2 野口 暖
小2 大川 咲志
小2 上田 太陽
小2 久一 佑也
小2 大槻 嶺太
小2 久松 侑真
小2 佐藤 佑星
小2 小田倉 悠真
小2 礒野 由梨
小2 平山 遥麻
小2 大鷲 亜門
小2 朝部 颯介
小2 立花 昌
小2 石川 大誠
小2 礒部 愛梨
小2 村上 賢吉
小2 鷲沢 慧
小2 菊池 志長
小2 笹本 悠磨
小2 宮本 成生
小2 小野瀬 樹希
小2 大槻 蒼惟
小2 中野 旭登
小2 高岡 志帆
小2 薮亀 怜生
小2 石橋 悠斗
小2 斉藤 敬心
小2 宮本 優真
小2 堀口 陽音
小2 山本 瑛太
小2 橋本 翼
小2 小林 慎平
小2 出頭 永都
小2 大倉 颯真
小2 齋藤 侑丸
小2 有光 健
小3 海老原 輝人
小3 櫻井 日葉
小3 小林 悠誠
小3 東峰 煌芽
小3 平野 敦嗣
小3 齋藤 良大
小3 斉藤 直樹
小3 大平 悠緋
小3 田谷 駿
小3 木村 琉樹
小3 出牛 優羽
小3 犬塚 隼太郎
小3 石嵜 慎之助
小3 安藤 航大
小3 飯島 想太
小3 森 虎成
小3 黒澤 遼護
小3 浦田 琉生
小3 小澤 八祐
小3 坂上 知翔
小3 妙中 朔太朗
小3 金馬 瑠空
小3 山田 翔満
小3 阿部 龍臣
小3 大和田 陽馬
小3 井上 慶吾
小3 石橋 重依
小3 井関 豊
小3 笠原 大河
小3 竹蓋 出航
小3 須田 陽平
小3 太田 壱乎
小3 猪又 優樹
小3 伊藤 直晃
小3 小島 遥人
小3 田代 成了
小3 助川 遼
小3 足立 空
小3 山本 晴信
小3 角谷 碧
小3 鈴木 直人
小3 鴨川 すばる
小3 雨貝 隆生
小3 犬塚 空翔
小3 藤崎 稜
小3 栗原 祥真

小3 伊勢 大翔
小4 中根 慎之助
小4 菊池 恵香
小4 鴨川 理来
小4 黒田 寛人
小4 坂本 峻
小4 堀口 徹平
小4 小松﨑 優人
小4 畑尾 健介
小4 神風 雅
小4 岡 創生
小4 大沼 幸樹
小4 額賀 涼太
小4 草野 止
小4 長岡 晃成
小4 辻 雄大
小4 山中 新太
小4 北澤 莞吉
小4 土井 泉里
小4 黒澤 岳
小4 島本 大輝
小4 斉藤 誓心
小4 河口 琉生
小4 沼田 陸
小4 岡 智斗
小4 田村 来人
小4 小田嶋 駿典
小4 塚口 秀虎
小4 渡辺 嘉寿
小4 櫻井 結空
小4 萩原 伊織
小4 石井 楓真
小4 角田 瀬凪
小4 百瀬 圭佑
小4 金子 湊斗
小4 來丸 陽太
小4 畑 篤翔
小4 菊地 慶斗
小4 神田 蒼真
小4 中妻 美緒
小4 根本 幸央
小4 後藤 邑輔
小4 小澤 朝光
小4 篠崎 一希
小4 本宮 大
小4 百瀬 壮佑
小4 岡田 知樹
小4 金城 那星
小4 佐藤 広都
小4 宍戸 昇晃
小4 井上 修佑
小4 紫垣 匠琉
小4 沼田 翔
小4 根本 悠司
小4 山田 留碧
小4 辻 祐希
小4 高柳 諒
小4 谷田川 涼太
小4 岩岡 哲平
小4 大槻 駿介
小4 小野瀬 莉玖
小4 藤城 寧玲
小4 高瀬 柊羽
小4 小野寺 奏太
小4 深澤 奏太
小4 大野 慧音
小4 磯山 裕亮
小4 宮本 悠真
小4 兒玉 一希
小5 髙橋 陽晴
小5 絹張 龍生
小5 石橋 沙季
小5 大内 大雅
小5 桃 拓真
小5 大槻 麻衣
小5 磯山 琥
小5 川崎 蓮央
小5 植木 海太郎
小5 清野 蒼太
小5 越川 泰
小5 青磁 海斗
小5 宮川 拓士
小5 海老澤 蓮人
小5 髙根 悠生
小5 戸塚 瑛亮
小5 鈴木 絢人
小5 浦川 翔伍
小5 茂木 栄心
小5 安藤 海星
小5 石田 陵真
小5 松渕 凉也
小5 姫貝 蓮皇
小5 安藤 幸輝
小5 猪又 志翔
小5 伊藤 俅生
小5 木下 宋太郎
小5 吉田 鷹平
小5 森 緑心
小5 小林 蒼歩
小5 高橋 蕾
小5 永野 龍千
小5 井上 想太
小5 高木 結斗
小5 河辺 怜央翔
小5 榊原 陸矢
小5 高木 大和
小5 茂木 友芽
小5 菅谷 勇斗
小5 小川 優空
小5 本田 琉絆亜
小5 高橋 昊士郎
小5 鎌形 心哉
小5 小野寺 菜々海
小5 鈴木 陽太
小5 平津 慶好
小5 風間 應甫
小5 岡嶋 隼之心

小5 山﨑 叶翔
小5 小林 龍ノ介
小5 鴨川 理来
小5 姉帯 湊都
小5 小見 響也
小6 小田 響斗
小6 山森 穂菜美
小6 伊藤 照馬
小6 渡邉 翔大
小6 薄井 陽輝
小6 八品 岳叶
小6 辺田 瑛馬
小6 鴇田 龍磨
小6 箕輪 岳
小6 宍戸 琥太朗
小6 細田 義翔
小6 宮内 一成
小6 大塚 留唯斗
小6 松尾 竜吾
小6 大石 琉太郎
小6 宮内 嘉大
小6 住谷 悠月
小6 柚木 拓海
小6 大川 久人
小6 大川 真嵩
小6 小堤 一颯
小6 橋本 実織
小6 椎木 啓仁
小6 箕輪 大馳
小6 中込 樹
小6 片野 恵太
小6 石田 蒼
小6 大賀 志翼
小6 田中 瑛大
小6 長内 唯人
小6 今泉 唯人
小6 田口 結也
小6 佐藤 全
小6 宮本 成都
小6 田中 遥大
小6 西田 陽音
小6 駒崎 龍輝
小6 齋藤 竜汰
小6 ムーニー 嶺
小6 斎藤 晟南
小6 米庄 井良
小6 佐藤 颯
小6 堀 貴真
小6 鈴木 誠人
小6 飯塚 悠真
小6 櫻井 太陽
中1 岩岡 哲平
中1 山田 隼土
中2 酒井 悠吏
中2 土子 和人
中2 横田 蒼天
中3 岩岡 一茶
中3 髙橋 亮太
中3 渡邉 隼
中3 藤田 慶也

神栖校

年少 佐久間 琉成
年中 藤本 いろは
年中 檀上 詠汰
年中 岡嶋 晨之心
年長 新井 湊
年長 八本 蒼大
年長 芝田 亮太
年長 齋藤 聖真
年長 齋藤 圭吾
年長 渡辺 康士郎
年長 菅谷 俊輔
小1 天下井 柊太
小1 丸礼 健人
小1 梅木 咲空
小1 越川 斗翔
小1 髙橋 蒼生
小1 田辺 斗葵
小1 祖父江 尊
小1 保立 琉哉
小1 宮内 雄大
小1 松渕 凉也
小2 石毛 大智
小2 宍戸 琉之介
小2 伊藤 海晴
小2 赤井 晴多
小2 岡﨑 楓
小2 潮来 怜
小2 高橋 蓄
小2 高橋 宗志
小3 野口 瑛叶
小3 岡野 稜
小3 勝浦 詢大
小3 堀江 悠真
小3 芝沼 怜央翔
小3 野口 蒼都哉
小3 松村 陸矢
小3 小沼 璃玖斗
小3 崎山 瑛斗
小3 神﨑 琉来
小3 大西 幹斗
小3 赤出川 凉介
小3 菅谷 茜
小3 平津 慶好
小3 伊藤 和志
小3 遠藤 凪都
小2 森津 駿

潮来校

小3 西廣 陵斗
小3 土屋 美嘉
小3 田辺 凌空
小3 泉 晴太
小3 金島 葵依
小3 田邊 真玖
小3 佐々木 晴
小1 片岡 陽馬
小1 林 端央斗
小1 グエンビン ジャパオ
小1 小林 憲侑
小1 弓削 直斗
小1 遠藤 駿
小1 宮沢 湊斗
小1 吉川 優馬
小1 溝口 大生
小2 飯塚 友悠
小2 石村 想斗
小2 藤ヶ﨑 浬
小2 万歳 一輝
小2 髙田 瑛太
小2 斉藤 瑛佑
小2 浅利 優心
小2 井手口 雅春
小2 阿部 凜太朗
小2 植田 樹丸
小2 赤出川 想介
小2 田渡 悠晃
小2 阿部 海聖
小3 岡 叶真
小3 宮内 蓮叶
小3 高梨 煉士
小3 伊藤 輝
小3 前野 拓夢
小3 有馬 大智
小3 平山 桃我
小3 林 洸太朗
小3 山本 琉葵
小3 松村 遼汰
小3 丸本 翼
小3 平野 掌大
小3 上篠 佑真
小3 城之内 瑛斗
小3 沼田 将瑞
小3 嶋田 大維志
小3 山本 悠真
小3 榊原 凜音
小3 遠藤 凛
小3 鎌田 洋平
小3 加藤 心麗
小3 尾野 亮真
小3 小林 凜心
小3 網中 颯
小4 木之内 瑠希
小4 青木 悠真
小4 浦田 陽向太
小4 大﨑 健勝
小4 南 怜佐
小4 関口 朔都
小4 髙橋 暖人
小4 上田 青空
小4 高柳 潤
小4 本戸 勇初
小4 小野 翔貴
小4 林 透生
小4 酒井 輝一
小4 冨田 凰介
小4 江橋 怜矢
小4 米川 大翔
小4 東野 紘大
小4 根崎 柊
小4 高橋 真真
小4 狩谷 元陽
小4 山田 航瑚
小4 旧役 拓海
小4 上原 優弥
小4 金田 輝
小4 川又 朝陽
小4 小橋 由菜
小4 小山 航太朗
小4 遠藤 陵平
小4 机 隼汰
小5 加茂田 稜
小5 川井 蒼介
小5 野原 夕咲
小5 野澤 朱莉
小5 前田 龍毅
小5 髙橋 幸
小5 横田 龍樹
小5 高野 匠
小5 鬼澤 歩夢
小5 上原 優治
小5 髙野倉 結心
小5 粕尾 隆仁
小5 星 虎徹
小6 横田 悠介
小6 勢司 琉偉
小6 勢司 蓮介
小6 宮本 力
小6 青野 結仁
小6 井坂 龍之介
小6 河野 秀羽
小6 柴村 壮司
小6 市毛 啓晴
小6 沼田 吏聖
小6 田山 大空初
小6 大久保 龍人

行方校

年中 安達 玲温
年中 山本 力夢
年中 斉藤 虎生
年中 溝口 夏生
年長 飯田 海
年長 堀田 愛陽
年長 柳川 愛翔
年長 栗股 奏斗
年長 鬼澤 秀弥
年長 関戸 奏音
年長 佐藤 絆輔
年長 樽見 颯来
年長 本澤 龍治
年長 笹本 来煌
年長 會沢 奏汰
年長 立野 景三
小2 宍盛 星河

鉾田校

小3 大輪 虎太郎
年長 小沼 陽太
年長 森 旺介
年長 前川 奏
年長 堀越 颯真
年長 前野 晃玖
小1 前野 陽真
小1 箕輪 羽玖
小1 新橋 奏人
小1 松信 千隼
小1 鈴木 敬大
小1 木皿 真碧
小1 堀 優人
小1 大嵜 旬
小1 永作 夢希
小2 笹本 梗碧
小2 生玉 凱士
小2 小川 蒼天
小2 大森 廉生
小2 小倉 稜太朗
小2 横山 悠人
小2 髙須 琉斗
小2 粉名内 咲空
小2 茂木 春帆
小2 中川 陽葵
小2 小野野 颯蒼
小2 橋本 陸人
小3 姥貝 大河
小3 安達 瑛衣
小3 坂本 瑞晟
小3 岩瀬 賢亮
小3 來住 慶也
小3 大川 拓真
年中 平沼 亜矢翔
年中 大竹 朔玖
小1 江橋 遥真
小1 石蔵 碧人
小1 江橋 玄真
小1 石津 快晟
小3 伊東 琉生
小3 長峯 史翔
小3 宮増 哉翔
小3 鬼沢 海斗
小3 冨田 蓮心
小3 米川 楓
小3 坂本 湊翔
小3 海老原 蒼介
小3 菅谷 希空
小3 伏谷 拓翔
小3 遠峰 拓斗
小3 瀧崎 琉成
小3 江幡 隼太
小3 佐藤 大輝
小3 飯塚 遥大
小3 石津 琉玖
小3 小泉 克裕
小3 本戸 翔貴
小3 浅村 由弦
小3 安達 怜央
小3 井川 蒼介
小3 矢幡 湊太
小3 野澤 朱莉
小3 前田 龍毅
小4 高品 瑶真
小4 大川 昊乃介
小4 嘉塚 凌真
小4 宮本 翼
小4 谷口 大翔
小4 前川 蓮
小4 遠 和真
小4 高橋 奏汰
小4 宗 新太
小4 宮本 倖成
小4 千乃 颯一
小4 辺田 大和
小4 大川 琉唯

日立校

年中 沼田 斗海
年長 佐々木 柊真
年長 萩谷 心汰郎
年長 狐塚 陽仁
年長 根目澤 到茉
年長 渡部 佑哉
年長 佐藤 みなみ
年長 川端 陽斗
年長 今枝 隼翔
小1 小谷野 貴羅
小1 郡司 凰汰
小1 豊田 啓心
小1 佐藤 壮真
小1 櫻岡 叶羽
小1 髙田 朔玖
小1 岩間 大和
小1 岡本 東也
小1 堀江 玄真
小1 杉山 義樹
小2 磯野 眞宏
小2 松本 奏大
小2 石井 煌己
小2 佐藤 建治
小2 今橋 郁人
小2 荒蒔 義将
小2 長谷川 大祐
小2 尾崎 想真
小2 山路 悠人
小2 三代 運
小2 遠山 史人
小2 工藤 颯太
小2 池田 十葵
小2 嵯峨 和幸
小2 松岡 想真
小2 三代 志
小2 野沢 英汰
小2 江尻 奏
小2 鈴木 琉斗
小2 豊田 裕樹
小2 平川 駿斗
小2 鈴木 歩夢
小2 坂本 葵
小2 澤村 虹輝
小2 小林 将信
小2 松澤 直己
小2 鈴木 心夢
小2 坂本 幸一郎
小2 三木 将生
小2 増子 遥大
小2 小林 ひなの
小2 古市 大耀
小2 小茂田 翔大
小2 小野瀬 晴人
小2 河野 遥丞
小2 長野 晃大
小2 奥村 逸斗
小2 皆川 琉羽
小2 生田目 琉碧
小2 小笠原 颯太
小2 高橋 太陽
小2 杉山 文弥
小2 小貫 祐可
小2 伊藤 航佑
小2 須藤 慶大
小2 川越 悠煌
小2 菊池 明日凰
小2 星 虎徹
小1 古橋 音澄
小2 岩井 耀士
小2 渡辺 正太郎
小3 芳野 海生
小3 笠原 悠馬
小4 今野 山音
小4 栗原 星太
小4 宮内 大和
小4 藤森 樹希
小5 篠本 英士
小5 小泉 英汰
小5 井上 恵介
小5 阿部 堅介
小5 三浦 隆誠
小6 石坂 智輝
小6 溝川 蒼一郎

旭・銚子校

年長 伊藤 立樹

日立折笠校

年中 関口 綺蘭

高萩校

小1 鈴木 翔惺
小1 坂本 総二郎
小1 阿美 凪時
小1 井戸沼 知樹
小2 梁木 煌斗
小2 寺門 愛海
小2 岩谷 健吾
小2 吉田 楓人
小2 菊池 圭
小3 増子 楓紘
小3 中野 詞哉
小3 橋本 一誠
小3 平塚 陽介
小3 上村 豪人
小4 鈴木 煌志
小4 鈴木 歩芽
小4 豊田 翔多
小4 鈴木 祥悟
小4 杉山 聖
小5 鈴木 幸一郎
小5 坂本 幸一郎

年中 鈴木 櫂
年中 髙橋 侑叶
年長 関 優花
年長 小林 蒼大
小1 髙橋 蓮己
小1 佐々木 真
小1 杉山 蓮人
小1 柴田 彩良
小1 田登 絢晴
小1 室井 康晴
小1 小泉 勇晴
小1 新倉 然
小1 鈴木 綾人
小1 石橋 侑真
小1 戸祭 新太
小2 深谷 泰雅
小2 齋藤 汰羽
小2 大内 美羽
小2 吉田 侑心
小2 菅野 七愛
小2 関 蒼介
小3 武津 毅公
小3 廣瀬 塁人
小3 植竹 健翔
小3 宮本 審南翔
小3 山口 桜輝
小3 近藤 瑛虎
小3 小橋 龍平
小3 大内 友翔
小3 荒川 結斗
小3 小泉 樹
小3 坂本 一路
小3 近藤 凱良
小3 中島 俊介
小3 櫻岡 一真
小3 大井川 成心
小3 戸祭 太一
小3 鯉渕 来翔
小3 関根 慎介
小3 田所 明馬
小3 塚原 隆晟
小3 益子 蒼輝
小3 中村 琉偉
小3 山川 義隆
小3 角田 星空
小3 沼田 一克
小3 坂本 煌明
小3 日野 龍汰
小3 草野 健太郎
小3 関口 棗人

内原校

年中 永田 藍蓮
年中 佐藤 零恩
年中 市毛 隼彦
年長 染谷 柊斗
年長 先崎 結心
年長 中島 悠吾
年長 打越 海翔
小1 海老沼 皓大
小1 高久 理玖
小1 田村 那月
小1 日向寺 大翔
小1 小林 獅李
小1 深谷 将志
小1 柴沼 侑真
小1 池田 峻真
小1 飯田 紘臥
小1 内藤 礼大
小1 飛田 純ノ介
小1 須藤 翔晴
小1 岡田 兼承

小4 谷津 旺亮
小4 遠藤 正也
小5 勝村 光風
小5 細谷 駿
小5 市村 旺雅
小5 田中 優人
小5 鴨志田 悠人
小5 塙 隆仁
小6 永山 楓真
小6 根本 暖大
小6 白石 蓮
小6 樋口 陽翔
小6 室井 光詩郎
小6 戸祭 新太
小6 伊藤 颯汰
小6 稲葉 和志
小6 鈴木 健士
小6 福冨 絢都

常陸大宮校

年長 園田 泰晴
年長 山﨑 源氣
年長 金田 輝心
小1 栗田 晃羽
小1 宇野 令悟
小2 鈴木 瑛翔
小2 飛田 蒼斗
小2 渡辺 楽心
小3 西野 悠真
小3 青松 翔也
小3 元山 結誠
小3 西野 颯真
小3 高柳 翔
小3 大内 想
小3 細貝 颯太
小3 安藤 翔梧
小3 鈴木 結心
小3 藤田 めい
小3 立原 桃馬
小4 後藤 恭佑
小4 細谷 翔流
小4 渡邊 翔太
小4 後藤 絢翔
小5 圷 真和
小5 栗田 爽礼
小5 市毛 佑
小5 野上 悠真
小5 境 理央人
小5 龍崎 春磨
小6 曾澤 陽向
小6 田代 碧
小6 木内 日々樹
小6 大曽根 倖人
小6 吉川 竜生
小6 渡邊 絢斗
小6 吉成 陽太
小6 堀口 大和
小6 三村 莉子
小6 折笠 一颯
小6 冨山 暖大
小6 倉橋 騎龍
小6 大賀 晴喜
小6 河野 遙希
小6 皆川 遥都
小6 二方 瑛都
小6 後藤 茉菜
小6 鈴木 叶翔
小6 大関 龍仁
小6 柳林 晃清

ひたちなか校

年少 飛田 凪音
年中 瀬谷 葵斗
年中 根本 幸輝
年中 福田 健輔
年中 矢口 嵩馬
年長 根本 蒼季
年長 鬼澤 聖真
年長 飛田 惟吹
年長 椎名 斗亜
年長 福井 風汰
年長 武藤 立隼
年長 田本 悠莉
年長 垣田 悠生
小1 鈴木 樂
小1 打越 心晴
小1 菊池 愛翔
小1 黒澤 秋良
小1 根本 アイ
小1 三村 凰介
小1 大曽根 怜
小1 森川 椿
小1 矢口 颯大
小1 鈴木 心眞
小1 小松崎 匠
小2 斎藤 颯斗
小2 小沼 宏翔
小2 小室 詩
小2 宮本 渓太郎
小2 大賀 壱翔
小2 市毛 慎之介
小2 吉田 凜仁
小2 遠藤 結菜
小2 野口 英汰
小2 藤本 匡真
小2 河野 夢生
小2 溝渕 綾真

小2 大竹 優成
小2 黒澤 春人
小2 大谷 斗真
小3 菊池 蒼
小3 園部 悠雅
小3 高野 怜
小3 石田 隼磨
小3 河端 篤人
小3 赤塚 恵太
小3 佐藤 璃人
小3 金沢 優祐
小3 廣木 悠真
小3 小木 陽葵
小3 永井 颯真
小3 山内 悠暉
小3 関口 大貴
小3 根本 麗暖
小3 河田 悠馬
小3 高野 祥真
小4 飛田 陽都
小4 遠藤 翔大
小4 定仙 葵唯
小4 石田 季妃
小4 塩畑 咲來
小4 枝 太耀
小4 藤咲 虹太郎
小4 堀江 蒼空
小4 引地 虹
小4 大貫 暖真
小4 橋本 心彩
小4 河野 柚希
小4 川原 莉歩
小4 島田 佐保子
小4 根本 陽仁
小4 藤本 悠真
小4 斉藤 琉成
小4 人見 晃平
小4 落合 颯翔
小5 高野 葵翔
小5 横須賀 永空
小5 星野 蒼斗
小5 尾崎 海仁
小5 平塚 琳久
小5 鈴木 凱仁
小5 小野 ひかり
小5 田谷 一真
小5 赤塚 壮介
小5 木名瀬 蓮
小5 髙畑 玲央
小5 大関 悠太
小5 飯島 一真
小5 村上 祐仁
小5 根本 巧
小5 打越 結人
小5 軍司 煌成
小5 市毛 福丸
小5 吉村 結奈
小5 君塚 友優
小5 神代 篤人
小5 島崎 綾太
小5 中村 晃大
小5 畑中 優希
小5 工藤 颯斗
小6 川上 大和
小6 石川 航大
小6 富田 圭祐
小6 大槻 創史
小6 坂本 和奏
小6 石川 聡悟
小6 四ノ宮 陸斗
小6 丸山 奏人
小6 櫻井 陽
小6 川上 颯一朗
小6 齋藤 智輝
小6 大内 慈稀
小6 猿渡 蓮
小6 後藤 湊人
小6 清水 大智
小6 蛭川 鈴太
小6 照沼 遥斗
小6 佐々木 晴音
小6 櫻井 日登
小6 佐藤 光眞

ひたちなか佐和校

年少 菅井 櫂伍
年少 阿部 晃成
年少 松本 悠詩
年少 額賀 幹太
年少 安 壮志朗
年少 近藤 汰成
年中 秋葉 叶歩
年中 清水 奏良
年中 岡山 凌大
年中 林 孝嶺
年中 三宅 桜叶
年中 白岩 大知
年中 五来 健太
年長 高畑 鳳希
年長 浦山 宗太
年長 西 櫂生
年長 水庭 叶翔
年長 小林 南斗
年長 額賀 新太
年長 鈴木 律輝
年長 小林 珀斗
年長 本田 啓吾
年長 安 航梓朗
年長 藤田 脩杜
年長 金子 颯希
年長 鈴木 央翔
年長 萩庭 伸哉
年長 清水 元喜
年長 渡部 悠人
年長 石川 匠海
年長 平塚 圭介
年長 杉山 響希
小1 寺門 空詩
小1 佐川 絢将
小1 秋山 陸斗
小1 白井 結仁
小1 宮崎 倫碧
小1 林 孝太朗
小1 平塚 愛
小1 駒井 涼之介
小1 山田 翔太
小1 坂本 成
小1 鴫原 奏太
小1 倉田 敦大
小2 荒木 陽
小2 加藤 史祐
小2 矢野 偉琉
小2 小野寺 巧
小2 清水 陸翔
小2 鈴木 渉大
小2 田村 聡真
小2 白石 蒼空
小2 大久保 潤

ひたちなか足崎校

年中 塚田 瑛心
年長 青木 涼
小1 大内 悠誠
小1 市毛 航太
小1 大内 尊
小1 塚田 雄心
小1 内田 光嗣
小2 鈴木 誠椰
小4 坂本 悠晄
小5 澤畠 大雅
小5 海老澤 優人
小6 福井 斗陽
小6 市毛 大志
小6 久我 明日馬
小6 髙畑 朝飛

つくば校

年少 エルハヤック ザラ
年少 張 峻海
年少 佐浦 匠
年少 萩原 奏
年少 矢田部 彩世
年少 小島 大宙
年少 熊谷 聡人
年少 板垣 佑
年少 佐藤 敦樹
年少 佐藤 康生
年少 國分 晴太
年少 坂入 心菜
年中 大塚 航大
年中 青山 匠
年中 相田 匡太郎
年中 橋本 英采
年中 牧田 晴琉
年中 作田 悠真
年中 福島 世挪
年中 雨宮 蒼郁
年中 遠藤 朱今花
年中 髙橋 令
年中 堀江 叶空
年中 上田原 快
年中 髙橋 遼真
年中 阿部 勇吾
年中 大原 楂真
年中 三代 新
年中 富田 一生
年中 岩田 響
年中 小貫 碧士
年中 福田 隼大
年中 篠原 澄恩
年中 結束 弦斗巴
年中 髙野 大智
年中 小川 なでしこ
年中 鈴木 暮斗
年中 新井 奏真
年中 佐野 波玖
年中 福島 青空
年長 五位渕 佑
年長 長谷川 桐士
年長 川島 旭
年長 中嶋 啓斗
年長 川原 健誠
年長 松本 峻佑
年長 下澤 璃旺
年長 渡辺 蒼士郎
年長 酒寄 海翔
年長 津田 昊輝
年長 立津 陽大
年長 吉田 樹生
年長 飯村 律
年長 菅原 慧人
年長 ブライス
ジェイデン
年長 東郷 洸介
年長 菅沼 瑛介
年長 宇野 陽貴
年長 折井 獅凰
年長 松井 芽吹
年長 吉谷 柚希
年長 西田 陸人
年長 根本 遥
年長 林田 尚大
年長 日木 麦波
年長 土井 優大賀
年長 伊藤 陽仁
年長 真酒谷 俊介
年長 髙橋 樹
年長 佐伯 篤飛
年長 坂井 陽
年長 滝川 碧人
年長 野澤 潤
年長 原 凛大朗
年長 横畠 旭
年長 川崎 仁太朗
年長 石橋 樹
年長 安部 賢一郎
年長 間中 陽大
年長 真武 蓮
年長 川上 心結
年長 三浦 凛
年長 板垣 澪奈
年長 坂本 康輔
年長 髙橋 壮志
年長 栗原 礼苑
年長 太田 樹
年長 堂園 勇成
年長 ジャーニュ
モール
年長 森本 瑛翔
小1 奈須 麻優花
小1 福山 太翔
小1 畠山 瑛太
小1 森嶋 修
小1 明珍 克恒
小1 坂入 匠
小1 鈴木 朝陽
小1 中村 篤人
小1 遠藤 夢々花
小1 ジャーニュ
モハメド
小1 福田 蒼太
小1 阿部 煌星
小1 渡邊 湊人
小1 岡沢 瑛人
小1 池田 玲央
小1 髙橋 結人
小1 今井 結真
小1 中田 継人
小1 小林 大記
小1 野垣内 奏真
小1 仲地 義晴
小1 中野 敬太
小1 山下 瞬輝
小1 長濱 樹希
小1 阿部 陵星
小1 森本 啓太
小1 永作 心
小1 石川 弥知
小1 坂野 一心
小1 小田 海翔
小1 早瀬 珀空
小1 添田 優音
小1 神田 遥輝
小1 中谷 優作
小1 上田原 利旺
小1 佐藤 青央
小1 福田 惇人
小1 飯田 周一
小1 井能 颯杜
小1 幸野 隼大
小1 吉田 絢香
小1 熊谷 慧人
小1 瀧野 奏良
小1 横地 結人
小1 村上 湧理
小1 田内 佑磨
小1 諏訪 青葉
小1 佐藤 雄生
小1 荻 柊翔
小1 小川 絆次朗
小1 遠藤 祐人
小1 諏訪 絢大
小1 内薗 悠
小1 小野 陽翔
小1 波田野 月
小1 福山 陽翔
小1 野村 寿信
小1 但野 珠侑
小1 秋田 渭多
小1 関根 佳汰
小1 山之内 隼都
小1 松崎 春人
小1 藤井 創士
小1 長谷川 真之
小1 片寄 紘桃
小1 緒方 瑛一
小1 スクモダ 潤
小1 小原 到
小1 小澤 直生
小1 登坂 慧
小1 杉浦 夢侑
小1 権丈 拓
小1 都築 新
小1 山下 航聖
小1 加瀬 広大
小1 関根 碧人
小1 杉沼 蒼翔
小1 篠塚 瑛太
小1 鈴木 瑛太
小2 河村 奏良
小2 小川 聖月
小2 品川 啓太
小2 深山 結翔
小2 土井 孝大朗
小2 榎本 磨幌
小2 今泉 青衣
小2 松本 英士
小2 中村 泰輔
小2 髙橋 旺葉
小2 吉村 柊亮
小2 利根川 航佑
小2 髙野 晴大
小2 齋藤 勇翔
小2 川村 夏輝
小2 新垣 清快
小2 河野 隼聖
小2 東郷 大翔
小2 柴 柊太
小2 阿部 貴将
小2 多田 寅之助
小2 中村 碧人
小2 筒井 崇介
小2 西田 圭佑
小2 跡部 正博
小2 加藤 怜
小2 大友 琉人
小2 堀岡 夢叶
小2 遠藤 昭人
小2 飯塚 昂太
小2 ハミルトン 魁
小2 小室 瑠生
小2 北島 廻
小2 小泉 舜
小2 田頭 恵晴
小2 滝澤 孝太郎
小2 大西 勇策
小2 浅利 水葵
小2 白木 友翔
小2 黒田 廉斗
小2 山本 陽日俐
小2 小田 榱太郎
小2 富澤 巧翔
小2 迫田 悠一
小2 大久保 春輝
小2 松岡 勇希
小2 佐野 永人
小2 橋本 瑞生
小2 内田 暖春
小2 茂田 基宏
小2 高野 瑛大
小2 髙野 遥斗
小2 土井 悠慎
小2 高田 琉誠
小2 來栖 幸之心
小2 中島 颯真
小2 佐藤 樹
小2 佐々木 直臣
小2 神田 楓太
小2 長谷川 楓
小2 佐野 正眞
小2 飯泉 七海
小2 内堀 謙
小2 山口 遥斗
小2 小熊 辰司
小2 齊藤 玄真
小2 石井 怜央
小2 齋藤 風翔
小2 樋山 康太
小2 塩崎 勇人
小2 髙橋 繭里
小2 薄井 柊英
小2 福富 理人
小2 菅沼 壮介
小2 神達 一心
小2 鈴木 柊亜
小2 別府 駿斗
小2 根本 蒼士
小2 波田野 明斗夢
小2 金田 千明
小2 猪瀬 翔太郎
小2 田中 博翔
小2 下總 翔大
小2 飯田 修司
小2 柳町 景太
小2 矢口 蓮
小2 渡邊 草太
小2 宮下 静輝
小2 太田 瑛貴
小2 金子 晃汰
小2 小髙 律久
小2 細井 清真
小2 川上 結仁
小2 佐藤 陸
小2 長谷川 功真
小2 安藤 創
小2 渡邊 蓮皇
小2 助川 祥理
小2 堀越 柊
小2 矢野 友晴
小2 日向寺 琉衣
小2 益田 真之介
小2 中島 善登
小2 鎌田 悠聖
小2 永瀬 陽智
小2 山崎 愛翔
小2 堂園 勇吹
小2 森本 結翔
小2 神保 丈丸
小3 吉田 愛梨
小3 伊藤 悠一郎
小3 酒井 大地
小3 川崎 蓮士
小3 中島 力樹
小3 永澤 慶信
小3 富樫 悠紀
小3 川口 颯志
小3 佐藤 優芽
小3 野崎 敏史
小3 菊地 楓
小3 藤澤 奏太朗
小3 横山 瑠泉
小3 田中 隆翔
小3 橋浦 理人
小3 マヤ レオ
小3 中村 惟人
小3 寺沼 怜来
小3 齋藤 流輝
小3 岡沢 晴人
小3 髙橋 陽向翔
小3 渋江 青澄
小3 木村 美龍
小3 小原 こはる
小3 宮永 暁人
小3 鈴木 湊人
小3 金原 健真
小3 額賀 大雅
小3 小澤 侑生
小3 佐藤 陽光
小3 堤 蓮心
小3 白井 皇次郎
小3 長谷川 晴紀
小3 高山 啓汰
小3 大沼 歩夢
小3 福岡 蓮
小3 横畠 匠
小3 深谷 凜翔
小3 山口 賢之助
小3 樽井 奏介
小3 平田 駿介
小3 長嶋 拓馬
小3 山口 恵三
小3 安藤 琥珀
小3 新井 祐真
小3 軽部 有記
小3 柴尾 悠生
小3 山本 歩武
小3 秦 知貴
小3 篠崎 秀匡
小3 本橋 優志
小3 石田 丈士
小3 山田 悠真
小3 染谷 克毅
小3 岩谷 アーリア
小3 山中 柊人
小3 瀧野 咲良
小3 井上 陽太
小3 藤木 大翔
小3 山口 春樹
小3 千田 智也
小3 塩澤 篤斐
小3 船橋 幸紘
小3 濱内 陸
小3 宮内 陽翔
小3 出島 颯人
小3 塩原 健生
小3 藤田 優心
小4 中山 翔稀
小4 榎本 理人
小4 小野 裕翔
小4 平野 智基
小4 小菅 翔一朗
小4 廣瀬 絆永
小4 西田 光佑
小4 佐野 健人
小4 渡辺 一都
小4 土屋 蒼真
小4 渡辺 泰生
小4 杉本 朔太郎
小4 森 淳人
小4 豊島 大成
小4 三上 咲季
小4 才田 楓
小4 岩崎 唯人
小4 石川 駿
小4 小野 蓮士
小4 堀 丞
小4 山口 星流
小4 川田 悠介
小4 星野 友哉
小4 髙橋 満臣
小4 濱中 秀伍
小4 渋谷 歩睦
小4 大沼 蒼真
小4 海野 瑞葉
小4 津村 蒼
小4 川村 悠大
小4 寺嶋 咲斗
小4 垣原 幸星
小4 菊地 陽気
小4 篠塚 聖羅
小4 日裏 雄真
小4 飯塚 大知
小4 笠原 颯太
小4 金子 瑛汰
小4 川井 龍生
小4 近藤 晴崇
小4 浅野 駿太
小4 黒田 凱斗
小4 藤原 充基
小4 石塚 秋夢
小4 亀谷 篤紀
小4 村野 樹貴
小4 松山 優斗
小4 会田 龍之丞
小4 品川 蓮樹
小4 佐藤 龍雅
小4 森 風心
小4 伊藤 勇翔
小4 猪瀬 百恵
小4 羽富 悠一朗
小4 遠藤 碧汰
小4 大友 琉生
小4 臼杵 蓮人
小4 中山 快翔
小4 中村 策太郎
小4 早川 幸義
小4 登坂 瑛杜
小4 佐藤 湊
小4 小早川 圭
小4 田川 灯里
小4 神保 力丸
小4 永井 律
小4 アセロ
シラビ
小5 飯沼 瞭輝
小5 立花 咲有
小5 倭 快斗
小5 森山 裕絆
小5 廣瀬 雄也
小5 田頭 恵旺
小5 山口 翔三
小5 中村 凛太朗
小5 永田 湊祐
小5 田所 遼大
小5 吉谷 柊音
小5 菅原 陽向
小5 三坂 大智
小5 盛 颯太
小5 カジョンシリニ
テイヨット
ナッティー
小5 長谷川 新
小5 康 瑛太
小5 本山 玄大
小5 廣江 宗汰
小5 横堀 寿稀
小5 髙橋 蒼太
小5 池田 想太
小5 小嶋 風透
小5 近藤 源
小5 錦織 七斗
小5 森本 利玖
小5 荻 晴輝
小5 塩崎 結菜
小5 川畑 恵汰
小5 石川 瑞樹
小5 武藤 弘樹
小5 髙見 祐正
小5 大本 朝陽
小5 濱口 大晟
小5 スクモダ 亮
小5 浅利 悠月
小5 谷島 圭真
小5 島田 悠太
小5 井原 大和
小5 山藤 寧真
小5 髙野 俊介
小5 尾形
マテウス リュウ
小5 染井 大楽
小5 鶴井 健
小5 理崎 暖人
小5 丹治 結希
小5 齋賀 渡
小5 吉田 有李
小5 那須川 桂
小5 篠崎 辰匡
小5 マヤ ジュアン
小5 畠山 修多
小5 廣瀬 卓永
小5 立岩 凌空
小5 小川 茉々子
小5 岩井 陽南汰
小5 渡邊 瑛太
小5 鈴木 真
小5 中川 陽菜
小5 相良 飛羽
小5 中山 恵太
小5 加藤 遥眞
小5 小川 隆太
小5 仁平 遥也
小5 松本 圭太
小5 大木 春馬
小5 奈須 琥太朗
小5 柴嵜 晴己
小5 野村 泰信
小5 井上 奏太
小5 ブライス
ジャスティン
小5 成島 俊平
小5 内田 桃月
小5 佐橋 大輝
小5 谷川 寛太郎
小5 安田 莉麻
小5 長谷川 宗佑
小5 髙橋 莉渚
小5 坂本 雄信
小5 根橋 宗太郎
小5 野澤 秀翔
小5 鈴木 悠斗
小5 今川 結斗
小6 黒田 陸堵
小6 吉原 玄騎
小6 杉渕 蒼宙
小6 中村 舜
小6 宮崎 和也
小6 桐生 奏和
小6 河島 咲人
小6 幸野 快大
小6 都丸 真成斗
小6 萩元 悠叶
小6 鹿嶋 我功
小6 鈴木 陽満
小6 内田 葵惺
小6 村上 楓
小6 内山 敦斗
小6 髙橋 佑季
小6 山本 光輝
小6 沼尻 一真
小6 檜山 諒太
小6 山田 莉央
小6 ハミルトン 駿
小6 田瀬 遥大
小6 広瀬 叶夢
小6 井坂 羽琉
小6 高橋 透真
小6 小林 一冴
小6 増田 瑞樹
小6 塙 翔斗
小6 張替 暖都
小6 窪田 絢太
小6 軽部 龍翔
小6 山本 一輝
小6 國井 空虹
小6 大森 楓
小6 堀 陽
小6 北爪 翔也
小6 春山 俐玖
小6 飯塚 大地
小6 岩崎 隼人
小6 千葉 遥琥
小6 髙野 夏樹
中1 大泉 歩夢
中1 川波 悠真
中2 古橋 武大
中2 ムニズイ
ヴァタビトル ユリ
中2 栗山 悟
中2 鈴木 航
中2 田中 悠都光
中2 ブルホノフ
ウルグベック
中3 安彦 怜央那
中3 大根 颯馬
中3 後藤 優月
中3 小池 晴
中3 森田 ギレルミ
中3 磯野 雄智
中3 佐藤 匠
大人コース 鈴木 崇将
大人コース 後藤 保雄
大人コース 藤井 正俊
大人コース 林 祐典
大人コース 山越 公裕
大人コース 塚原 裕大
大人コース 今井 紘樹
大人コース 佐々木 颯
大人コース 堀切 弘司
大人コース 武藤 怜
大人コース 松本 英男
大人コース 石戸 一宏
大人コース 佐藤 悠一
大人コース 橋本 和貴
大人コース 東 康史
大人コース 田中 克彦
大人コース 金田 明憲
大人コース 大江 淳悟
大人コース 仲田 正樹
大人コース 倉持 陸
大人コース 川橋 周
大人コース 浅野 耕平
大人コース 小川 誠一
大人コース 樫村 美帆

土浦校

小1 大塚 湊士
小1 田口 明斗
小1 中嶋 結人
小1 末永 大生
小1 井川 丈慈
小2 柳澤 修太
小2 青木 涼馬
小2 岡田 真奈実
小2 佐久間 俐桜
小2 笹川 泰雅
小2 高杉 駿輔
小3 眞家 昴瑠
小3 海老澤 碧
小3 渡邊 大晴
小3 永瀬 翔
小3 田中 颯亮
小3 沖山 湊
小3 小泉 隼人
小3 井上 暉翔
小3 津田 蒼人
小4 宮部 楓麻
小4 福富 蓮斗
小4 藤村 翔吾
小4 宮本 泰良
小4 小室 璃空
小4 高丸 航介
小4 市川 陽士
小5 平田 愛斗
小5 野口 維斗
小5 末永 篤生
小5 小松崎 凌央
小5 石塚 大虎
小5 眞家 瑠士
小5 沖山 優翔
小5 鈴木 聖翔
小6 山口 慎斗
小6 下向 ゆず
小6 大平 直希
小6 岡田 悠生
小6 本田 陽奏
小6 長谷川 郁弥
小6 平松 弓弦
小6 萩原 惟心
小6 塚本 大輝
小6 白石 恢那
小6 横瀬 大和
小6 高杉 敏矢
小6 井上 怜皇
小6 田中 仁史

下妻校

年長 山中 陽太
年長 須藤 奏斗
小1 鈴木 瑛心
小1 門井 瑞幸
小2 齊藤 諒
小2 秋森 奏佑
小2 塚田 隼成
小2 赤城 旺亮
小2 松嵜 琉星
小2 堀江 羚央
小3 野尻 知志
小3 杉山 翔摩
小3 南 嘉人
小3 栗原 有生
小3 中村 遥馬
小3 根本 空来
小4 栗原 瑛太
小4 栗原 想太
小5 塚田 春陽
小5 大野 晴陽
小5 野尻 大貴
小5 永田 湊都
小5 後藤 悠真
小5 武藤 瑛士
小5 稲葉 蓮杜
小5 赤城 遥仁
小6 佐口 琉栄

常総校

年中 加山 椰
年長 金子 ときわ
年長 秋田 悠晴
小1 玉田 大智
小1 中村 櫂翔
小1 松崎 陽斗
小1 鈴木 秀侑
小1 中村 奏翔
小1 渡辺 朝陽
小2 小島 謙吾
小2 久松 京悦
小2 大里 洸翔
小2 中村 春陽
小3 佐藤 大馳
小3 稲葉 龍
小3 相馬 成琉
小3 齊藤 樂
小3 小嶋 拓翔
小3 中山 叶統
小3 齊藤 優真
小3 中島 璃久
小3 山口 那義
小3 中井田 幸之助
小3 菊池 奏太
小3 岡田 啓
小3 鎌田 悠成
小3 秋場 聡太
小3 寺田 遼李
小3 安藤 楽
小4 三瓶 健太
小4 袋山 絢斗
小4 松本 ほのか
小4 家田 陸翔
小4 村上 幹太
小4 前島 凜太朗
小4 荒木 啓登
小4 中村 唯人
小4 高田 悠人
小4 野手 伸次郎
小4 初見 宏太
小4 髙橋 柊斗
小4 生井 遥人
小4 太田 夏輝
小5 長妻 淳太
小5 神郡 逢紘
小5 広瀬 一瑠
小5 本間 我來
小5 本間 璃來
小5 大好 唯心
小5 金子 晃太郎
小5 小林 那央
小5 岡田 唯聖
小5 坂 正充
小6 室町 柚来
小6 小関 唯希
小6 飯田 健太
小6 飯田 海音
小6 上川 光
小6 宮本 せりな
小6 高原 虎太郎
小6 生井 飛羽
小6 横山 夢翔
小6 廣瀬 葵
小6 中川 結大
小6 橋本 新
小6 岩瀬 維杜
小6 塚本 昂
小6 沼尻 大樂

結城校

年長 宇都木 理玖
小1 平宮 優詩
小1 江連 巧真
小1 宮本 蒼陽
小1 角田 虎二郎
小1 柳田 悠善
小1 奈良 悠玖
小1 村山 昊汰
小1 荒木 健吾
小2 舘崎 康介
小2 星野 遼
小2 稲葉 瑛音
小2 宮本 蒼翔
小3 赤坂 悠樹
小3 鶴見 咲満
小3 田中 陸登
小3 人見 陽光
小3 小林 悠樹
小3 平宮 結羽
小3 大﨑 亮馬
小4 内藤 士温
小4 小林 アトゥム
小4 田中 遥翔
小4 小島 唯希
小4 杵鞭 悠真
小4 髙橋 友統
小4 星山 悠翔
小4 グナティラカ
ヨシロ
小5 小谷野 晴幸
小5 清水 陽崇
小5 大森 涼太
小5 上野 達稀
小5 中川 蓮斗
小5 山本 龍ノ助
小5 忍田 瑞樹
小5 斎藤 芯
小5 本郷 蒼
小5 小松 篤弘

牛久校

年中 高橋 健
年中 梅田 一希
年長 宮永 怜
年長 中山 竣介
小1 篠山 愛留斗
小1 北原 智悠
小2 櫻井 優真
小2 武田 優大
小2 小野 蒼太
小2 野坂 凌祐
小3 四十八願 慎介
小3 新井 蒼空
小4 田中 蒼一朗
小4 小湊 悠翔
小4 岡野 晃大
小4 谷合 壱颯
小4 高間 喜士郎
小4 髙橋 誠大
小5 佐々木 新
小5 髙橋 寛大
小5 斎藤 大馳
小6 槇坂 颯太
小6 鈴木 奏志郎

守谷校

年中 山向 将太郎
年中 阿部 絢吹
年長 松浦 京椋
年長 羽鳥 陽咲
年長 中 泰良
年長 羽石 汰祐
小1 本多 輝気
小1 羽石 絢汰
小2 椎名 映都
小2 小室 航太郎
小2 阿部 響希
小2 大嶽 翼
小2 大阪 希心
小2 羽鳥 結栞
小2 小柴 陸
小2 山向 恵太郎
小2 鄭 岬樹
小3 夏井 佑翔
小3 奥村 蓮人
小3 渡邊 颯介
小3 小澤 光
小4 大原 正太郎
小4 小田川 悠生
小4 野澤 春
小4 橋本 准
小4 小熊 英太
小4 北薗 俊祐
小4 荒井 孝太
小4 前嶋 潤
小5 千葉 陽大
小5 大野 泰河
小5 大曽根 あやの
小5 大曽根 ひなの
小5 髙橋 大馳
小5 飯沼 信義

SOCIO 会員名簿

・2024年1月31日現在
・会員名は順不同。敬称は省略させていただきます

- (医)怜真会 中山医院
- (一財)ACCS
- (公財)茨城県サッカー協会
- (有)エス・ピー・キューブ
- (有)エムアンドワイ
- (有)カーライフ野口
- (有)ギブアンドギブ
- (有)ジェイアンドアイ
- (有)ノーリツ学園
- (有)フジ電気設備
- (有)フラワー八広
- (有)プロ・リペア
- (有)ユナイテッドハーツ
- (有)茨城まごころ介護サービス
- (有)岡野秀花園
- (有)下山農場
- (有)山本興業 代表取締役 山本民雄
- (有)鹿島オリナミ
- (有)小松工業
- (有)小沢重機興業
- (有)小野製作所
- (有)菅谷ファーム
- (有)誠和運輸
- (有)赤嶺電研企画
- (有)大山商事
- (有)大森自動車ガラス
- (有)中村畜産
- (有)塙コーティング
- (有)板垣造建業
- (有)飯塚設計
- (有)飯田グリーン
- (有)箕輪建設
- (有)友部生花店
- (有)旅館ほりぐち
- (株)AKM
- (株)MGソリューション
- (株)NIPPO
- (株)NSσ鹿島
- (株)PLATZ
- (株)SCニート
- (株)ZEONIC
- (株)アスドリーム
- (株)アンカー
- (株)いしづ
- (株)イワショウ
- (株)ウミノ
- (株)エコイノベーション
- (株)オカミ
- (株)かねきう
- (株)カワイスチール
- (株)かしわ
- (株)ケアメディカル
- (株)サトー運輸
- (株)サンワ興業
- (株)スマイルライフ
- (株)セキネオン
- (株)ティーアイエフ
- (株)デザインアンド Iデベロップメント
- (株)ナカゾノ
- (株)ニッケンエンジ
- (株)ノーベルエレクトロン
- (株)ハピネスアンドデイ
- (株)フィルド食品
- (株)ミヤザキ
- (株)ミヤビ企画
- (株)ヨシケン
- (株)磯礎山商事
- (株)岡本工業
- (株)下川設計
- (株)会津商会
- (株)菊池精器製作所
- (株)吉田工業
- (株)宮内製作所
- (株)高橋組鹿島支店
- (株)高正建設
- (株)高田工業所 鹿島事業所
- (株)鴻池組 鹿島工事事業所
- (株)松本瓦工業
- (株)芳工業
- (株)和機工
- (株)鹿島ガーデン
- (株)鹿島コムカイ
- (株)鹿島フード
- (株)鹿島美装
- (株)匠デザイン工房
- (株)義商事
- (株)小野工芸社
- (株)新堀産業
- (株)栖サウンド
- (株)阜ハウジング
- (株)大亜建設工業
- (株)大洗SEA WORKS
- (株)大塚不動産
- (株)大洋
- (株)大洋工事
- (株)中川運送
- (株)辻田造園建設
- (株)渡辺総建
- (株)内田技建
- (株)北星電気
- (株)溝組
- (株)和城産業
- (株)萬道総業
- 8年目里奈
- A・YONEKAWA
- A.Nakanishi
- Akemi Nakayama
- Antlers_aichi
- Benz812
- Chika..
- COMORUMO
- COZI
- Emi.K
- EX2
- Fujima測量設計事務所
- FUJINO YUJI
- Fujio Otsuka
- FUNAKING
- Haruka.T
- HIROMI☆
- HOMARE.Y
- IK-HOME
- IZUMI
- K.KAWASUMI
- K.SHIBATA
- K.SHUNSUKE
- KAZU
- Kosuke Hyuga
- KUMI SAITO
- M・YONEKAWA

- M.AOKI
- M.Osaka
- M72
- maaya
- Makiko.M
- makko7
- Mao.T
- Meg.s
- MIEKO
- miiimi
- MiYaton
- MOCAMARI
- MOTOYUKI & MASAKO FAMILY
- N.AOKI
- NOBNKO
- NOZOMI
- OSATO.co.,ltd
- pome18
- Pちゃん
- Raok!
- Rio.T
- Ru!
- ryo_co
- Saku
- SAKURA
- Shao
- Shigeharu Sato
- SHOMA MIYATA
- Show Sato
- SHUNTO
- TAKERU SUZUKI
- The JINGUJI
- TOMO,TAKA,MIKI
- TOMO7
- TOMOKO HASEBE
- tomoto
- toshi14ant
- UXぽんちゃん
- Y.SHIGEMITSU
- Yoshitaka Yashiro
- YUKI
- YUKIKO.K
- ZIZICO新丸子
- あきやま あおと
- あきやま ひなた
- アクアス(株)
- アシード(株)
- アシード(株)つくば支店
- アドバンスクリエイト(株)
- アントまま
- インターナショナル ゴルフマネージメント(株)
- ウィンド・パワー・エンジニアリング
- ウィンド・パワー・グループ
- うさみ園
- エフエムかしま市民放送(株)
- えるも
- オートガレージオオタ
- おお槻農園@百笑懸命
- おゝべ工業所
- オヨヨ
- カーセブン神栖店
- カオガシオオ
- かしたか
- かしなな
- カシマココくん
- カズヒロ
- かねたいづみ
- かみみ消化器内視鏡クリニック
- きみっちゃん
- くまのろう
- ケアーズ鹿嶋店
- けんいち
- こう
- ごちクル
- こっちゃん
- ゴルシのトレーナー
- ころころ
- さとくん
- シーパック(株)
- すずくん
- ダイニング おおさき
- タケゴラ
- ち〜ちゃん
- チーム鈴木 AKARI 21
- チーム鈴木 MINORI 46
- チーム鈴木 春姫&翔馬
- つくばのケーブルテレビ ACCS
- テックスエンジテクノサービス(株)
- でんき館かとう
- トヨタカローラ新茨城(株)
- とんかつきたき
- なおちゃん
- ななちゃん
- ナマイザワ カツミ
- にんた
- ぬらり
- のぼるちゃん
- はなパパ
- はなママ
- はぴのすけ
- ハヤシ タヌコ
- ハヤシ ヒナリ
- はやしまき
- ひ〜ちゃん
- ひ〜ちゃん
- ビジネスホテルアネックス
- ビジネスホテル 潮来ステーションホテル
- ひなたん
- ファインテック茨城(株)
- ふるはしゆみ
- ふれあいサロン オアシス館
- ホテルジャーニィーロード
- ぽんぽんコロン
- まつおかクリニック
- マルマイン
- まるまゆ
- ミツギ歯科医院
- みなちゃん
- みなみ
- みにおん
- むぎ
- むきち
- めえたろ
- めねぎ
- もびよん
- ヤナギだし
- ヤマステック(株)

- よっさん
- よっしー
- ルネサスグループ 労働組合連合会副 珂北支部
- レイコ
- レックス労働再生株
- 阿部
- 阿部幸太郎
- 安 春奈
- 安 隆一郎
- 安井 玲典
- 安川 麻衣
- 安川 麻里枝
- 安藤 幸子
- 安藤 由利子
- 安藤 良一
- 安部 大輔
- 安育 優里
- 伊東 秀悟
- 伊東 亜津子
- 伊藤 喜代子
- 伊藤 晃一
- 伊藤 淳
- 伊藤 智章
- 伊藤 博之
- 伊藤 文子
- 伊藤 房子
- 伊藤 由美
- 伊豆 直樹
- 伊豆 杏子
- (医)ハイデ そうだ耳鼻咽喉科クリニック
- 医療法人 淳誠会
- 医療法人 くらのクリニック
- 医療法人社団 あやべ内科医院
- 医療法人 社団三位会
- 医療法人 明治会西大宮病院
- 井関 泰夫
- 井坂 久男
- 井坂 圭吾
- 井坂 真美
- 井坂 真涼
- 井上 順子
- 井上 富夫
- 磯部 裕子
- 磯野 信也
- 一谷 浩之
- 稲川 博司
- 稲川 美枝子
- 稲葉 敬介
- 宇佐見 健一
- 宇佐見 淳子
- 宇野 達也
- 羽山 尚幸
- 羽生 浩司
- 雨貝 守
- 鵜澤 広司
- 影山 和弘
- 影山 彩
- 栄盛 工業(株)
- 永井 孝
- 越地 直人
- 園部 晴代
- 園部 早智
- 奥山 功
- 奥村 正雄
- 奥村 文男
- 横井 尚美
- 横山 茂
- 横田 みき
- 横島 幸三郎
- 横島 巨力
- 横島 智栄
- 横尾 健司
- 岡島 彩布
- 岡部 隆志
- 岡野 秀明
- 岡野 知一
- 岡野 邦一
- 岡澤 浩太郎
- 荻沼 良一
- 荻野 佳織
- 加賀田 正憲
- 加瀬 謙治
- 加瀬 利行
- 加藤 一道
- 加藤 久貴
- 加藤 孝一
- 加藤 幸保
- 加藤 美樹
- 海老澤 孝
- 皆藤 礼也
- 柿本 邦宏
- 笠間 昭宏
- 関 佳枝
- 関 義明
- 関 修司
- 関口 梨紗
- 関口 敏史
- 関根 將年
- 関根 知子
- 関鉄観光バス(株)
- 関東動物病院(株)
- 丸岡 隆征
- 丸山 全昭和運輸(株)
- 岩瀬 南美
- 岩瀬 美江
- 岩代 和之
- 貴達 成大
- 貴達 泰文
- 鬼沢 宣行
- 鬼澤 美保子
- 菊地 正太郎
- 菊地地 美智子
- 吉川 慶子
- 吉川 正邦
- 吉川 早映子
- 吉田 義夫
- 吉田 将也

- 吉田 和之
- 吉峰 美紀
- 久保田 百合子
- 久野 啓二
- 久野 和子
- 久野博生 富士子
- 宮下 謙一郎
- 宮坂 昌幸
- 宮浩 浩司
- 宮作歯科医院
- 宮川 真一
- 宮中グリーンホーム
- 宮田 くるみ
- 宮内 孝浩
- 宮本 裕嗣
- 宮澤 修二
- 喬木商事(株)
- 境澤 都成
- 橋本 喜洋
- 橋本 真紀枝
- 橋本 正実
- 橋本 陽子
- 玉井 延和
- 玉森 奈緒子
- 玉本 栄子
- 玉本 真一朗
- 桐原 美奈
- 錦織会計事務所
- 近藤 恵一
- 金子 まゆ子
- 金沢 優
- 金田 嘉人
- 金澤 紀枝
- 金澤 政夫
- 窪田 亮輔
- 熊岡 航
- 熊岡 亮
- 熊谷 真也
- 栗原 栄治
- 栗原 善行
- 栗原 将樹
- 桑原 直美
- 桑原 良彦
- 君塚 富美江
- 君塚 和夫
- 郡司 佳子
- 穴井 徹男
- 穴井 民子
- 兼原 千賀
- 堅田 和則
- 遣気 寿
- 原田 梨沙
- 古橋 拓弥
- 古川 美紀
- 戸塚 一彰
- 戸塚 真由美
- 後藤 祥栄
- 後藤 朋子
- 後藤 健一郎
- 向後 和正
- 江幡 一男
- 江畑 香
- 江畑 正史
- 甲斐 千希
- 紅蓮闘魂
- 荒井 大雄
- 高橋 修作
- 高橋 敏治
- 高須 勇希
- 高宮 秀夫
- 高須 産業(株)
- 高川 美春
- 高田 裕子
- 高柳 ひろみ
- 高柳 真里
- 高柳 直衣
- 高柳 和行
- 鴻池運輸(株)
- 合同会社 ARK
- 黒崎播磨(株)
- 黒須 功
- 黒須 剛
- 黒澤 憲一
- 黒澤 直樹
- 黒澤 菜月
- 今 直人
- 今井 美明
- 今井 孝司
- 今嶋 純世
- 今泉 孝
- 今泉 雄貴
- 根本 一男
- 根本 健太郎
- 根本 宣之
- 根本 智晶
- 佐々木 義隆
- 佐々木 巳代
- 佐久間 幸子
- 佐久間 睦子
- 佐川 洋年
- 佐藤 綾香
- 佐藤 亮太
- 佐藤 克己
- 佐藤 滋則
- 佐藤 俊吾
- 佐藤 正昭
- 佐藤 裕明
- 佐藤 輝幸
- 斎藤 滉樹
- 細谷 真理子
- 坂井 とし子
- 坂井 雅明
- 坂井 建一郎
- 坂坂 晴成
- 坂本 太明
- 坂本 純一
- 坂本 英之
- 坂本供給センター
- 榊一 命
- 榊原 真弓
- 桜井 孝明

- 三ツ股 淳一
- 三上 真紀
- 三上 直樹
- 三浦 恵
- 三浦 秀樹
- 三浦 哲也
- 三村 実
- 三村 智子
- 三徳運輸(株)
- 三保谷 芽生
- 三保谷 淳子
- 三保谷 敏
- 山下 みゆき
- 山九(株)鹿島支店
- 山口 裕子
- 山崎 貴大
- 山崎 桂史
- 山田 晩実
- 山田 直紀
- 山二興業(株)
- 山本 恵美子
- 山本 隆
- 山野 晃二郎
- 山崎 均
- 山崎 伸一
- 山﨑 琴美
- 四ツ井 彩未
- 四ツ井 千郷
- 市ノ瀬 邦彦
- 市川 知治
- 市川 裕之
- 市毛 進
- 市毛 雄大
- 志賀祐介
- 寺岡 哲男
- 持田 眞喜男
- 鹿行A.R.Q.C
- 鹿島アントラーズ
- 鹿島サイロ(株)
- 鹿島ハイツ スポーツプラザ
- 鹿島空調(株)
- 鹿島実業(株)
- 鹿島酒類流通事業 協同組合
- 鹿島食品(株)
- 鹿島神宮
- 鹿島埠頭(株)
- 鹿島市観光協会
- 鹿島市商工会
- 室井 忠則
- 篠原 隆之
- 篠崎 旭
- 柴田 裕子
- 柴田 裕志
- 社会福祉法人 神和会
- 紗織
- 若生 幸宏
- 若生 直美 紗季
- 手塚 車輛工業(株)
- 宗田 千歩
- 宗方 大空
- 秋田 和海
- 住友電設(株)
- 出羽 翠糸
- 出口 学
- 春日クリニック
- 旬の彩 桜香
- 勝股さとみ
- 小磯 千佳子
- 小園江商事
- 小笠原 栄司
- 小貫 裕美子
- 小橋 俊一
- 小橋 妙子
- 小見 恵美子
- 小高 淳
- 小室 俊文
- 小室 定男
- 小松原 富士男
- 小松原 和江
- 小松崎 亜紗美
- 小松崎 渉
- 小松崎 佐和子
- 小松崎 福之
- 小沼 とし子
- 小沼 悟
- 小沼建設(株)
- 小川 裕二郎
- 小川 幸夫
- 小泉 雄貴
- 小泉 功
- 小泉 智朗
- 小泉 明男
- 小倉 研一
- 小沢 秀典
- 小池 宗一
- 小池 伸子
- 小島 徳一
- 小美玉の兄貴
- 小野 健太
- 小野 雅彦
- 小野 雅子
- 小野澤 祐太
- 小林 孝章
- 小林 暖奈
- 小林 美紀
- 小林 靖周
- 小林 理恵子
- 小林 酒造場
- 小林 祥大
- 昭男
- 松井 美奈子
- 松崎 宏
- 松崎 江利
- 松崎 ブリカ
- 松本 正人
- 松本 英之
- 松本 宗
- 松本 昌幸
- 松本知司子
- 沼田建築設計事務所

- 上原 里智男
- 上山 寿恵
- 上山 直樹
- 上牧 真一
- 上野 駿奈
- 上野 裕志
- 常次 克志
- 常南運送(株)
- 常磐システム
- 常陽トータル サービス(株)
- 植木 泰徳
- 信龍 祥子
- 信龍 信子
- 新井 綾馬
- 新堀恵子
- 新荘 佳奈
- 新荘 直紀
- 森井 王哉
- 森井 行雄
- 森川 綾子
- 森田 高歩
- 森田 節子
- 森田 敦
- 森實 亜矢子
- 真瀬 健嘉
- 真木 映志
- 神宮寺 孝之
- 神部 健治
- 神田 希子
- 神田 晴午
- 人見丈右衛門
- 須藤 慶斗
- 須藤 毅
- 舘田 哲也
- 水谷 香穂
- 瑞穂 工業(株)
- 杉本 宗平
- 杉本 純子
- 杉野 明梅
- 菅原 美香
- 成田国際空港(株)
- 厚生会
- 星野 剛
- 星野 大輔
- 星野 明
- 星野 和美
- 清水 郁夫
- 清水 教江
- 清水 貴弘
- 清水 俊男
- 清水 純一
- 清水 千代子
- 清水 大空
- 生田目 真喜子
- 西山 武尊
- 青山 直樹
- 青塚電気工事(株)
- 青木 かを里
- 青木 雅弘
- 青木 由美
- 青柳 佳代子
- 青柳 兼之
- 青柳 繁
- 斉藤 紀美
- 斉藤 正晃
- 税理士法人 あるた
- 税理士法人 タックス・イバラキ
- 税理士法人岩本会計
- 税理士法人出口会計 事務所
- 石井 貴憲
- 石井 貴博
- 石井 雅之
- 石井 勝二
- 石川 政幸
- 石川 典子
- 石川 博司
- 石川 文子
- 石川 雄大・蒼紘・綺哉
- 石津建材(株)
- 石塚 仁
- 石田 明子
- 石毛 卓
- 赤井 えりな
- 千春
- 千代田 エンジニアリング(有)
- 千田 泰一
- 千葉 賢康
- 千葉 有紗
- 川越 麻衣子
- 川口 尊三
- 川崎 光孝
- 川上 恭子
- 川杉 美里奈
- 川杉 達也
- 川島 康博
- 川又 宗宏
- 泉 輝夫
- 泉谷 正美
- 泉谷 尉史
- 浅香 寿彦
- 浅野 光世
- 浅野 和彦
- 前田道路(株) 北関東支店
- 曽根 宜代
- 曽根 大樹
- 曽根 雄大
- 倉田 尊美
- 早川 園子
- 相原 京子
- 相馬 智人
- 草尾 昂弘
- 霜田 真吏
- 霜田 靖幸
- 増子 政恵
- 村上 どふ ふさえ
- 村上 美文

- 村上 諒陛
- 村田 展章
- 村島 英嗣
- 多田 孝
- 太田 敏雄
- 太田 誠一
- 太豊通商(株)
- 代田 芳美
- 大越 佳央里
- 大屋 晶幸
- 大久丸
- 大久保 克己
- 大久保 正幸
- 大久保 聡子
- 大久保陽子
- 大高 典浩
- 大阪信金工業(株)
- 大崎 一寿
- 大崎 弘美
- 大山 真理
- 大山 隆弘
- 大沼 琴美
- 大沼 隆
- 大森 研一郎
- 大森 隆
- 大川 恭寛
- 大川 恒彦
- 大川 晃
- 大川 登世
- 大川 雅春
- 大曽根 祐子
- 大蔵 鵬
- 大蔵 歩
- 大滝 祐啓
- 大塚 善啓
- 大島 明美
- 大島 真喜子
- 大楠 航一郎
- 大米 博
- 大陽日酸 東関東(株)
- 大里畜産
- (畑野一樹)
- 大輪優
- 大和ハウジング(株)
- 大和製鉄
- 大﨑 敬子
- 大﨑 弘之
- 大﨑 由実子
- 瀧澤 佳央里
- 棚井 富貴子
- 池谷 由美子
- 池田 貞治
- 竹内 弘代
- 中央電気工事(株)
- 中根 央
- 中根 啓子
- 中山 美樹
- 中山設備工業(株)
- 中川 ゆかり
- 中川 商事(株)
- 中村 光彦
- 中村クリーニング
- 中田 義彦
- 中田 智大
- 猪股 憲一
- 猪又 清美
- 湖東工機
- 町田 光一
- 町野 瑛美
- 町野 幸市
- 銚子信用金庫
- 長 光枝
- 長 秀和
- 長谷川 美恵子
- 長谷川 洋子
- 長谷川 隆久
- 長塚 哲也
- 津川 真一
- 津島 園子
- 椿 紀子
- 椿 洋
- 坪田 優子
- 堤 重奈
- 定松園
- 蹄 樹里
- 笛木 亜衣
- 笛木 大資
- 天ぷら割烹 てんや
- 田畑 佳一
- 田崎 雅広
- 田崎 美也子
- 田山 宏
- 田谷ぷー子
- 田中 愛子
- 田中 沙永子
- 田中 淳子
- 田中 穂積
- 田仲 航平
- 田仲 政宏
- 田塚 佐久
- 田島 由香香
- 島田 由美香
- 田島 晶雄
- 風間 貴仁
- 風間 博博
- 福井大学医学部病院 臨床工学技士
- 福田 敬子
- 福田 陸一
- 福島 紀子
- 福島 昌恵
- 福冨 俸希
- 平山 勇治
- 平山 治国工業(株)
- 平川 花蓮
- 平野 利光
- 並木 寿
- 片岡 幸卿
- 片岡 玲依奈
- 片平 達也
- 弁護士久保和之
- 宝田 良輔
- 豊岡 かおる・春代
- 豊崎 一夫

- 豊崎 眞知子
- 鳳テック(株)
- 坊ヶ田知大
- 望月ぶんちゃんと てんちゃん
- 北田 加代子
- 北田 健
- 堀 貴洋
- 堀江 浩二
- 堀江 史江
- 堀江 茂雄
- 本間 慶記
- 本間 明子
- 本間 雄祐
- 本田 義弘
- 本田 誠
- 本田 裕司
- 本田 裕美
- 本田 知之
- 箕輪 淳子
- 箕輪リース(株)
- 明治安田生命 保険相互会社
- 明日香電設(株)
- 鳴海 七重
- 綿引 由理
- 茂洋 和菜奈
- 木下 哲文
- 木所 憲一
- 木所 泰子
- 木川 善一
- 木村 幹夫
- 木村 宏幸
- 木村 晃
- 木村 理恵
- 木村 真希
- 木幡 幸一郎
- 木之下 涼
- 門下 健太郎
- 野村 将
- 野村 宗航
- 野田 宗統
- 矢島 愛祐
- 矢口 敦子
- 薬師寺 みき
- 柳田 文子
- 由優・四乃葉
- 落合 千鶴
- 嵐の湯 X mineral ＝HOT SPRING
- 立花 美奈子
- 林 まる
- 鈴木 毅
- 鈴木 周一
- 鈴木 大嗣
- 鈴木 大剛
- 鈴木 智統
- 鈴木 南斗
- 鈴木 優花
- 鈴木 優香
- 鈴木 和美
- 六左衛門 バニラ店長
- 和泉 千奈津
- 和泉 美智子
- 和泉 勇希
- 和田 晴史
- 廣瀬 義子
- 廣瀬 優子
- 廣瀬 優樹
- 廣川 俊史
- 廣田 雅史
- 戎亥 弘明
- 櫻井 一宏
- 櫻井 寿
- 櫻井 美紀
- 櫻井 和也
- 濱鹿
- 齋藤 純子
- 絆Nexus
- 蘆澤 正弘
- 颯汰
- 齊藤 周
- 髙橋 巧
- 髙橋 則彦
- 髙山 義行
- 髙山 真由美
- 郡司電気 管理事務所
- (有)三浦建工
- 渡辺 伶
- 川島 常利
- 水島 希
- 水島 秀尚
- 佐々木 千代子
- 蛯名 義成
- 保戸塚 章
- 奥村 美由紀
- 五十嵐 浩一
- 飯塚 美月
- 赤間 智子
- しょうま、けんしん、なおまさ

YEAR BOOK 2024
PLAYERS

選手のあんなネタやこんなネタがもりだくさん!

1 早川友基
TOMOKI HAYAKAWA

1外国籍選手と2人で食事に行く。英語が話せる選手が第1候補かな **2**インテリアを充実させる **3**ヨーロッパ旅行 **5**飯倉大樹選手(横浜FM) **6**F1 **7**おいしいご飯を食べる、買い物をする **9**経営、英語の勉強ができる動画 **10**ブルーノ・マーズの曲 **11**卵焼き **12**しょうが焼き **14**まずは形から入る **17**毎日、幸輝くんと笑っています **18**(クォン)スンテさんの引退セレモニー **19**明治大サッカー部の栗田大輔監督から言われた「常に自分に矢印を向ける」 **21**大学4年間。自己犠牲の精神など人間性の部分で成長できた **22**家族に良い生活をさせる **23**深いコミュニケーションを取れる **24**松本遥翔。気が合います **26**トモくん **27**公園 **28**外に出る **29**軽くて、蹴りやすいもの **30**目のトレーニング

2 安西幸輝
KOKI ANZAI

1キャンプ。実はまだ1回もキャンプをやったことがないので、今年は挑戦してみたい! キャンプ好きのヒデ(須貝選手)や隼斗くん(仲間選手)と一緒に行ってみたいです **2**麻雀 **3**ヨーロッパ旅行。セリエA(イタリア)、プレミアリーグ(イングランド)、リーグアン(フランス)の試合を観戦しました。イタリアでは久しぶりに(鎌田)大地(ラツィオ)と会っていろいろな話をし、刺激を受けました **5**内田篤人 **7**地元の友だちと会うこと **8**漫画『ONE PIECE』 **10**清水翔太など **11**卵焼き **14**勢いでしょう! **22**この世界中から戦争がなくなってほしいです **23**良いプレーをすると「ブラボー!」と言って褒めてくれるところ **26**コウキ **29**軽さ **30**「勝てますように……」と祈ります

5 関川郁万
IKUMA SEKIGAWA

1ゴルフ! ベストは85です **3**昨年に続いてハワイに行きました **4**国立の名古屋戦 **5**源くん(昌子選手)、植田くんですね **6**WBCを見ておもしろかったので、今年は野球を見に行きたい **9**うまい人のゴルフの動画 **10**たき火の音。YouTubeでたき火の映像をつけて、音を聴きながらリラックスしています **11**ご飯! あ、おかずか。ふりかけさえあればいけます **12**すき焼き **13**「男祭り」かな、やっぱり**14**形から入ること。道具を買っただけでは終わらないです **17**小泉慶くんと、広瀬陸斗くんから言われた「お前ならもう大丈夫」という言葉 **22**優勝したい! **23**いろんな国の言語が話せて、頭がいいなと思います **24**船橋、師岡、佳祐(津久井選手)

7 アレクサンダル チャヴリッチ
ALEKSANDAR CAVRIC

1日本食を食べてみたい。すでに寿司、すき焼き、焼き肉、そばは食べました。おいしかった **2**新居の家具選び。屋根が瓦の家を見て、自分もそういった家に住めると思っていたのですが、新居は違うので少しだけ残念でした **6**映画。ノンフィクションの作品を見ます **7**家族と過ごす時間 **10**日本でマッサージ店に行ったのですが、そこで流れていたヒーリングミュージック。あの曲は癒されます **11**セルビアの郷土料理であるサルマ。よく母親が作ってくれた思い出の一品で、牛肉とキャベツを煮込んだ料理です **12**サルマ **15**試合の前は毎回、ピザを食べます **20**両親 **22**今後ドラゴンボールを集めるかもしれないので願いは秘密です **26**幼いころはチャヴラ。15歳のころの監督がチャッキーと呼び始めました

8 土居聖真
SHOMA DOI

1父方、母方の祖母2人と年末から始めた手紙交換。電話だけでは自分の思いを伝え切れない部分があるし、日常の出来事を書いて送る程度だけど、それが月一の楽しみになっています **5**メッシ。自分ではたどり着けないと思うけど、目指しているフットボーラーの究極が彼 **8**娘に読み聞かせている絵本 **9**マナーゴルフ系 **12**白ご飯。塩おにぎり **13**紫外線対策などの美容系 **14**継続力 **15**ないことがゲン担ぎ **22**サッカー寿命を延ばしてほしい **23**明るくポジティブなところ **24**優磨(鈴木選手)と垣田以外 **25**昨年から挑戦している金髪を今年も続ける **27**新聞配達屋さん。毎月使い終わった日本代表のカレンダーをもらって部屋に貼っていた **29**ボールの感触が足に伝わるくらい、皮の柔らかいものが好き

10 柴崎 岳
GAKU SHIBASAKI

1自分のできることを全てやり尽くしたとき、チームがタイトルを獲れるかどうかに挑戦したい **5**誰かに憧れることはほとんどない **7**サウナ。スペインにはあまりサウナがなかった **10**あまり音楽は聴かない **11**卵焼き **12**そば **14**何も考えないこと **16**犬(オス2匹)が自分に甘えてきたとき **20**仮面ライダー **22**何もするな **23**気さくなところ。選手との距離が近いです **27**児童館。うちの親が遅くまで仕事をしていたので、友だちと一緒に本を読んだり、体育館や広場で遊んだりしていました **29**素材がレザーであること。ちょっと時代に合わないかもしれないけれど、レザーは自分にとって履き心地が一番いいので。あとはかかとの高さ、足幅、ステッチの本数。インソールも大事

Q

1今年、挑戦したいこと **2**マイブーム **3**今オフの思い出は? **4**2023年、最も印象に残った"アレ"は? **5**憧れるのをやめたいけどやめられない存在は? **6**「観る将」ならぬ、観て楽しいものは?(スポーツ、エンタメなど) **7**ストレス解消法は? **8**好きな本または漫画は? **9**YouTubeでどんな動画を見ますか? **10**リラックスするときに流したいおすすめの曲を教えてください **11**絶対に入れてほしいお弁当のおかずは? **12**おすすめの地元の料理は?(日本人ならば和食、外国籍ならばその国の料理) **13**2023年に「男祭り」「Dear Ladies」開催。メインビジュアルを務めたいイベントは? **14**新しいことを始めるときに、何が大事だと思いますか? **15**ゲン担ぎがあれば教えてください **16**最近、ときめいた瞬間は? **17**最近、笑ったこと **18**最近、泣いたこと **19**心に残る、あの一言といえば、誰からのどんな言葉? **20**幼少期に好きだったヒーロー(戦隊系、仮面ライダー、ロボット系など)は? **21**2024スローガンは「かける」。掛け算されたと感じるほど飛躍した経験といえば? **22**今年は辰年。ドラゴンボールのシェンロンが突然出現。どんな願いをかなえてもらう? **23**ランコ ポポヴィッチ監督の好きなところ(明るい性格、ヒゲ、名前など)は? **24**自分の軍団を作るとしたら入れたいチームメートとその理由を教えてください **25**2024年、挑戦したい髪形は? **26**子供のころの「あだ名」を教えてください **27**学校帰りによく立ち寄っていた場所は? **28**落ち込んでいるときの気分転換法は? **29**スパイクのこだわりは? **30**試合前に必ずすること

13 知念 慶 KEI CHINEN

1足を速くする 2スキンケア。嫁から洗顔の仕方を指導され、意識し始めたら変わってきた感じがする 3家族でハワイに行ったこと 6格闘技。特にRIZIN 7YouTubeを観る 8漫画『SLAM DUNK』9ゴルフ、格闘技、釣り 10Def Tech『My Way』11ブロッコリー 12やっぱりゴーヤチャンプルー 13「男祭り」でしょう！14気持ち 15勝負パンツを履く 16毎日、嫁にときめいています 172歳の次女にちょっかいを出したら「一人で遊べば」と言われた 20仮面ライダー 21高校時代も大学時代も無名だったけど、運よく川崎Fに入ることができ、人生が大きく変わった 22お金がいっぱいほしい 23笑顔 24樋口雄太 25ロン毛 27駄菓子屋 28家族と出かける 29デザイン 30アップ前にトイレに行く

14 樋口雄太 YUTA HIGUCHI

1子育て 2コーヒー 5高橋義希 6サッカー選手のYouTube 7買い物と旅行 8心配事の9割は起こらない（枡野俊明）10僕が一番欲しかったもの（JAY'ED）11唐揚げ 15勢い 16試合前にスマホで家族の写真を見ること 17長男が浴槽でウンチをしちゃったこと 18家族系のTikTok動画はうるっときます 19鳥栖時代、高橋義希さんからの「やり続けていれば、その人の評価は必ず変わってくるから。同じ姿勢で、目の前のことをやり続ける」20仮面ライダークウガ 21プロ2年目、鳥栖で試合に出られるようになったとき 22家族が安全で健康に過ごすこと 23ポジティブな声かけをしてくれること 24仲間隼斗 28いろんな人と、とにかくしゃべる 29フィット感。天然皮革がいい

15 藤井智也 TOMOYA FUJII

1海釣り 2サウナ。何も考えない無の時間がいいんですよね 3高知にカツオとかおいしいものを食べに行きました 9家族の日常を見るホームビデオみたいな動画。ほっこりして好きです 10ミスチルの『終わりなき旅』。小学校のときに車で聴いた記憶で好きな曲です 13スタグルをメインにして、地元のおいしいものを紹介してほしい 14考えすぎないこと 18『あの花が咲く丘で、君とまた出会えたら。』という映画を観たのですが、感情移入して久々に涙が出そうになりました 22一生、年を取らない体にしてほしい 23ミスってあやしい空気になったときに、逆に「ブラボー」って言ってくれるので助かる 27マンションとマンションの狭い空間に、秘密基地を作って遊んでました 30梅ののど飴をなめる

16 須貝英大 HIDEHIRO SUGAI

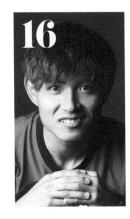

1日本各地に行くこと 2旅行、カメラでの写真撮影、キャンプ 3新婚旅行（イタリアとフランス）。特にフィレンツェの街並みがきれいでした 7出かけること 8『ONE PIECE』と池井戸潤さんの作品『ESPOIR TRIBE-エスポワール・トライブ』10平井大さんや藤井風さん、清水翔太さんの落ち着いた感じの曲 11唐揚げ 12お寿司 14とりあえずやってみること 16妻のウエディングドレス姿を見たとき（照）18妻の両親に結婚あいさつをした後 20『百獣戦隊ガオレンジャー』『忍風戦隊ハリケンジャー』22今季はいい結果を出せますように……23めちゃくちゃ「ブラボー！」って褒めてくれるところ 25髪色をシルバーにしてみたい 26ヒデ 27駄菓子店 28出かけること 29履き心地 30よく食べて、よく寝る

25 佐野海舟 KAISHU SANO

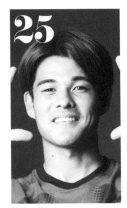

1読書 2お香 42023リーグ開幕戦。鹿島で、J1で、全部含めて初めて 5お父さん。考え方がかけ離れすぎているところ 6お笑い。YouTubeもですが、テレビはめちゃくちゃ見てます。何も考えなくてよくなる。好きな芸人は千鳥 7まずストレスをためない。キャンプに行ったり、温泉に行ったり 8『アオアシ』9今の若い人たちが見るような登録者数が多いチャンネルは大体見てます 11卵焼き 12お寿司 14見返りを求めすぎない。とりあえずやってみて理想を求めすぎない 15試合前にライブ映像を見る。今はSixTONESのライブ 16犬 17犬 19本田圭佑「成功にとらわれるな、成長にとらわれろ。」21健康でありますように 23愛がある 24作るというより従う（現垣田軍団）25ちょっとハイトーン 26勝海舟 28落ち込み切る

26 須藤直輝 NAOKI SUTOH

1韓国語、コーヒーの勉強 2コーヒー 7車の中で爆音で歌うこと、実家の犬猫と戯れること 8松浦弥太郎さんの作品 9『ココリコ遠藤のヘンなカタチ』『中田敦彦のYouTube大学』。あと都市伝説系 10CHOUJIさん、韻シスト、久石譲さんの曲 11『それいけ！アンパンマンポテト』と卵焼き 12すき焼き 16友だちの愛犬を見たとき 18曲を聴いていて自然と涙が出ちゃいます……19中学時代の先生からいただいた言葉。「否定してくれる人を大事にしなさい」「置かれた場所で咲きなさい」20『仮面ライダー電王』『魔法戦隊マジレンジャー』22みんなが楽しく、健康に生きられる世界にしてください！23初対面のときから選手全員の顔と名前を覚えてくれていたところ 25短髪 27秘密基地

27 松村優太 YUTA MATSUMURA

1パリ五輪、御朱印集め 2神社巡り 6バレーボール 7服や靴の爆買い 8『SAKAMOTO DAYS』9『Lazy Lie Crazy【レイクレ】』10back number『チェックのワンピース』11卵焼き 12お寿司 13キッズ向けのイベント 14自分がそれを続けられるかどうかを考えること 16サインを求めに来てくれた子どもたちの澄んだ瞳を見たとき 17元日に急に荒木選手（FC東京）から電話がかかってきて、ただ一言「あけおめ」って言われて笑いました 19昨年の夏、すごく悩んでいたときに岩政前監督から言われた「あともうちょっとだよ」。自分の心を落ち着かせてくれた一言でした 20『きかんしゃトーマス』23たくさんハグしてくれるところ 27中学時代、よくお総菜屋さんでコロッケを食べて帰っていました 29軽さ

28 溝口修平 SHUHEI MIZOGUCHI

1二十歳になったので適度にお酒を飲めるようになりたい 2旅行 3沖縄でのトレーニング 7風呂場や車内で歌うこと 10back numberの曲 11卵焼き 12うなぎ 14忘れる前に行動すること 15鹿島神宮に行くこと 17毎日笑っています 19ノルテジュニアユースのときの天野圭介監督が言っていた「コツコツが勝つコツ」20『仮面ライダー電王』21一度、中学時代まで戻り、そこからサッカーをやっていない自分の人生も経験させてください！23熱いところ！24津久井と2種登録の2人（徳田選手と松本選手）。たぶん入りたくないでしょうけれど（苦笑）25どうせやらないだろうけれど、金髪（笑）26ミゾ 29NIKE。あとインソールを特注しています 30エネルギー補給として炭水化物を食べること

YEAR BOOK 2024 PLAYERS Q&A

29 梶川裕嗣 YUJI KAJIKAWA

❸12月にTWICEのライブ(@バンテリンドーム)に行ったこと。子どもたちを実家に預けて、嫁と2人で行きました ❹TWICEのライブ。ONCE(TWICEのファンの呼称)なので当然です ❺イケル・カシージャス(元スペイン代表) ❻TWICE ❼寝る ❽漫画『ONE PIECE』 ❾TWICEのライブ動画 ❿TWICEの曲。全部良いので、メドレーで聴いてください ⓬すき焼き ⓮メンタル ⓰これもTWICEのライブ…ときめきを超えて、鳥肌が立ちました(笑) ⓱息子の成長を見ると、自然と笑顔になります ⓴アンパンマン ㉒鹿嶋の良い物件を見つけてもらう ㉓よく褒めてくれる ㉔軍団はもうできあがっているので、むしろ自分が軍団に入りたい ㉖カジ ㉘寝る ㉙フィット感

30 名古新太郎 SHINTARO NAGO

❶今年はいろいろな神社を巡りたいですね。千葉はけっこう行ったので、もう少し広げて御朱印をもらいに行きたいです ❷変わらず、風呂に入っているときは本を読んでいます。最近は湘南で一緒にプレーしていた梅崎司さんの本を読みました。小説だったら東野圭吾さんの本をよく読みます ❸大分旅行。おいしいフグを食べてきました ❻お笑い全般が好き。トーク番組でも何でも見ます ❾格闘家がやっている動画 ⓫おじの時計が形見なので。その時計に、試合前に一言語りかけます ⓱バラエティー番組を見たらだいたい笑ってます ㉒世界平和 ㉓すごく、ポジティブなところ ㉕髪色は少し落ち着かせようと思っています

31 山田大樹 TAIKI YAMADA

❶ゴルフのベストスコアを更新する ❷ゴルフ ❼たくさん食べて、たくさん寝る ❾芸能人のゴルフ動画。特に遠藤章造さん(ココリコ)が好き ⓫卵焼き ⓬すき焼き ⓮ブレない心 ⓳「常に謙虚であれ」。高校の担任の先生から言われました ⓴アンパンマン ㉑アカデミー時代の「アメとムチ」の指導が大きかったと思います ㉒どれだけ激しいプレーをしてもケガをしない体にしてもらう ㉓毎日コミュニケーションを取ってくれるところ ㉔まずは柴崎(岳)選手に入ってもらいます ㉕金髪 ㉖ヤマちゃん ㉗学校近くの神社 ㉘ヒップホップを聴く ㉙人工皮革。雨の日に皮が伸びるのが嫌なので ㉚髪をセットして、香水をつけて、音楽(大体ヒップホップ)をガンガン聴く

32 濃野公人 KIMITO NONO

❶運転免許の取得 ❷Netflixで韓流ドラマを見ること ❺大津高校の平岡和徳先生 ❼たくさん寝ること ❽『進撃の巨人』 ❾『マキヒカ』 ❿ウインナー ⓬たこ焼き、お好み焼き ⓮「まずはやってみてから後悔しよう」と思うこと ⓯大学時代は試合前日にしょうが焼きを必ず食べていました ⓰韓流ドラマを見たとき ⓲インカレで負けたとき ⓳「苦しいときに笑えるか」「もうダメだ、の先にいるすごい自分を意識しろ」。どちらも平岡先生からいただいた言葉です ⓴『イナズマイレブン』の円堂守 ㉒ケガや病気のない体にしてください! ㉓適確でわかりやすい指示をしてくれるところ ㉕人生で初めて髪の毛を染めてみたいです ㉖キミちゃん ㉗東京庵 ㉘ぐっすり眠ること ㉙軽さとフィット感、天然皮革

33 仲間隼斗 HAYATO NAKAMA

❶俯瞰(ふかん)的に見ること ❷犬と猫 ❹オフにメキシコで初めてプロレスを観たこと ❺車についての動画や情報を見ること ❼犬と猫を含めた家族との時間 ❽宮本武蔵についての本 ⓬和食じゃないけど、タコス ⓱安西幸輝がいれば毎日笑います ⓴忍者戦隊カクレンジャーのケイン・コスギさん ㉒タイトルは自力で獲得するので、死ぬときに家族と一緒にずっと消えたい ㉓情熱的なところ。伝えたいことを明確に、選手の心に届くように話してくれる ㉘ファミリーと過ごす ㉙人工皮革が好き。切り返したときに皮が伸びないのでキュッ、キュッと動ける感覚があるのがいい ㉚することを決めない。その日のコンディションに合わせて、自分の中で「これをしたほうがいい」と考える

34 舩橋 佑 YU FUNABASHI

❶福岡旅行 ❷ヒップホップ ❸地元の友だちとフットサル大会に出たこと ❺柴崎岳くん ❻格闘技 ❿清水翔太『Fallin』、back number『チェックのワンピース』 ⓫ミートボール ⓮続けること ⓯ピッチに入るときは必ず礼をする ⓰オフに地元の友だちと遊んだとき、久々に会った女の子が綺麗(きれい)になっていて、ときめきました(笑) ⓱溝口修平にしょうもないマジックを見せられたこと ⓲兄貴の結婚式 ⓳実家に帰ったときに親から言われた「腐らないで頑張れ」 ⓴『ドラゴンボール』の孫悟空 ㉒カシマスタジアムで決勝ゴールを決めたい ㉔師岡柊生、溝口修平、須藤直輝 ㉖ふなっしー ㉘師岡お兄ちゃんと一緒にいる ㉚朝に海辺をジョギングする

36 師岡柊生 SHU MOROOKA

❶ゴルフ ❷最近は昼寝をすること ❺憧れというか、ネイマール選手の動画をずっと見ています ❼おいしいものを食べること ❽ありません。文字を見るのがあまり好きではないので ❾『しもふりチューブ』 ⓫ウインナー、イチゴ ⓬冷やし中華 ⓮ありません。そんなに目立ちたくないので…… ⓰母と話していて、考え方が似ていると感じたとき ⓳日本航空高校時代にケガをしていたとき、仲田和正監督からかけられた「焦らず治して帰ってこい」という一言 ㉒もっとサッカーがうまくなりたいです! ㉓熱いところ ㉔山田選手。デカくて強そうなので、ボディーガードとして ㉕似合えばどんな髪形でもいいです ㉘おいしいものを食べること ㉙NIKE。自分の足に合っているスパイク

37 垣田裕暉 YUKI KAKITA

❶優勝することと2桁ゴール ❷ゴルフ ❺父親 ❽はじめの一歩 ❾チャンネルがーどまん ⓫肉系が好きなのでしょうが焼き ⓬だし巻き卵 ⓭イケメンコンテスト ⓮楽しいか楽しくないか ⓰犬を見てかわいかったとき ⓱オフに大学生の弟の運転で家族みんなでコンビニへ行ったんです。車を止めるのに車2台の間のスペースを見て「ここでいいか」と。そこに止めると思ったら、通り過ぎて車のないほうへ。おばちゃんが「そっちかい!」と突っ込んで、みんなで大笑いでした ⓳熊さん(熊谷浩二元ユース監督、現八戸GM)からの「真っすぐに生きろ」 ㉓めっちゃコミュニケーションを取ってくれて、すごく話しやすいです ㉔佐野、藤井の2人で十分足りてます ㉖イケメン ㉙渋いプレーをするので渋いスパイク

Q ❶今年、挑戦したいこと ❷マイブーム ❸今オフの思い出は? ❹2023年、最も印象に残った"アレ" ❺憧れるのをやめたいけどやめられない存在は? ❻「観る将」ならぬ、観て楽しいものは?(スポーツ、エンタメなど) ❼ストレス解消法は? ❽好きな本または漫画は? ❾YouTubeでどんな動画を見ますか? ❿リラックスするときに流したいおすすめの曲を教えてください ⓫絶対に入れてほしいお弁当のおかずは? ⓬おすすめの地元の料理は?(日本人ならば和食、外国籍ならばその国の料理) ⓭2023年に「男祭り」「Dear Ladies」開催。メインビジュアルを務めたいイベントは? ⓮新しいことを始めるときに、何が大事だと思いますか? ⓯ゲン担ぎがあれば教えてください ⓰最近、ときめいた瞬間は? ⓱最近、笑ったこと ⓲最近、泣いたこと ⓳心に残る、あの一言といえば、誰からのどんな言葉? ⓴幼少期に好きだったヒーローは?(戦隊系、仮面ライダー、ロボット系など) ㉑2024スローガンは「かける」。掛け算されたと感じるほど飛躍した経験といえば? ㉒今年は辰年。ドラゴンボールのシェンロンが突然出現。どんな願いをかなえてもらう? ㉓ランコ ポポヴィッチ監督の好きなところ(明るい性格、ヒゲ、名前など)? ㉔自分の軍団を作るとしたら入れたいチームメートとその理由を教えてください ㉕2024年、挑戦したい髪形は? ㉖子供のころの「あだ名」を教えてください ㉗学校帰りによく立ち寄っていた場所は? ㉘落ち込んでいるときの気分転換法は? ㉙スパイクのこだわり ㉚試合前に必ずすること

38 パク ウィジョン
PARK EUI JEONG

❶日本各地を回ってみたい ❸いろんな友だちに会ったこと ❺父。サッカー選手だったらスンテさん ❽小説が好き。日本のも韓国のも読めます ❾流れてきたのを見る ❿静かな音楽 ⓬チーズポックン ⓮怖がらない ⓲高校生以来、泣いたことがない。高校時代に決勝で勝って優勝したときに泣いた ⓴スパイダーマン ㉒ケガをしませんように ㉓最初から選手一人ひとりとコミュニケーションを取ること ㉔グループにするのはあまり好きじゃないけど、もし入れるなら須藤選手 ㉘音楽を聴く ㉙履いたときに足が楽なことが一番

39 津久井佳祐
KEISUKE TSUKUI

❶本格的にゴルフを始めたい ❷マリオカート ❸昌平高校を応援するために選手権に行ったこと ❺昌子源くん ❻野球 ❼音楽を聴く、海に行く ❽漫画『SLAM DUNK』 ❾筋トレ系 ❿清水翔太『Tokyo』 ⓫アスパラベーコン ⓬お寿司 ⓮やりたいと思ったらすぐにやってみる ⓰家族に食事をおごったら、高3と中2の妹が「おいしい!」と喜んでくれたこと ⓱若手でマリオカートをしているときのあおり合い ⓲映画『あの花が咲く丘で、君とまた出会えたら。』を観て泣きました ⓴アンパンマン ㉒空を飛びたい ㉓「ゲンキ〜?」と聞いてくれること ㉔須藤くん、佑くん(舩橋選手)、聖真くん(土居選手) ㉖ツクくん ㉙紐をきつく結ばない ㉚こっそり手のひらに「人」と3つ書いて飲み込む

40 鈴木優磨
YUMA SUZUKI

❶ゴルフ ❸日本国内をあちこち巡って、とても楽しかった。ノリとか人の温かさみたいな部分は、関西っていいなと思いました ❺本田圭佑さん ❼ゴルフ ❾世界のヨコサワを見る ❿最近は、川崎鷹也さんの『元気を出して』 ⓫唐揚げ ⓬イケイケ焼肉 ⓭ニュー男祭り(笑)。新しいメンツをどんどん増やして ⓮失敗を恐れない ⓯ありすぎて、言えない(笑) ⓱パレジの語学力のなさ ⓳誠実・献身・尊重 ⓴ドラゴンボール ㉒優勝 ㉓ポポさんの笑顔 ㉕特にない。金髪を継続 ㉗駄菓子屋 ㉘旅行。シーズン中も近場で景色のいいところに行っていました。海と山なら、山のほうが好き ㉙真っ黒。今はこの型の黒がなくなってしまったので、同じ型のものを知り合いに染めてもらっています

YEAR BOOK 2024
PLAYERS Q&A

41 徳田 誉
HOMARE TOKUDA

❶サッカーだとトップチームで試合に出ること。私生活ではしっかり高校を卒業する(笑) ❷ドラマ『アンナチュラル』 ❸島根のおばあちゃんの家に行ったこと ❺ファンペルシー(元オランダ代表) ❽野球 漫画『GIANT KILLING』 ❾サッカーの動画 ❿ONE OK ROCKの曲 ⓫ウインナー ⓬刺し身。特にハマチが好きです ⓮人がやらないことを自ら進んでやる ⓱ユースの同級生のみんなで焼き肉を食べに行ったとき、ずっと笑っていました ⓳ケガが続いたときに父親から言われた「人間万事塞翁が馬」 ㉒かっこいい服がほしい ㉓常にポジティブな言葉をかけてくれるところ ㉖トク ㉗近くの公園 ㉘映画やドラマを観て、気持ちを切り替える

42 松本遥翔
HARUTO MATSUMOTO

❶フィジカル強化 ❷韓国ドラマ。今は『マイ・デーモン』を観ています ❸おばあちゃんの家に行って、お年玉をもらったこと ❻韓国ドラマ ❼サッカーをする ❾ニートと居候とたかさき ⓫曲じゃないけど、たき火の音を聴くのがオススメです ⓫生ハム ⓬とんかつ ⓮まずは一歩踏み出す ⓯試合前、胸に手を置いて気持ちをリラックスさせる ⓰韓国ドラマを観て、ときめいています ⓱須藤直輝くんと地元話をして盛り上がりました ⓴クリスティアーノ・ロナウド ㉒お金持ちになりたい ㉓優しい顔 ㉔まずは徳田誉を入れて、埼玉出身の須藤直輝くんと津久井佳祐くんにも入ってもらいます ㉕高校を卒業したら髪を染めたい ㉗カワチ ㉘人と話す ㉙人とかぶらないモデルを履く

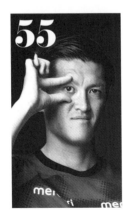

55 植田直通
NAOMICHI UEDA

❶子どもと遊ぶこと ❹家族で地元に帰ったこと ❺アントラーズOBの皆さん ❼家族と出かける ❽ケンシロウによろしく(ジャスミン・ギュ) ❿WANIMAさんの曲 ⓫肉でしょ ⓬寿司 ⓭男祭り ⓮勢い ⓰息子がどんどん新しい言葉を覚えていくこと ⓱子どもの行動 ⓳大津高校時代、平岡和徳監督の「一技二万回」 ㉑「飛躍した」と思ったことがない ㉒家族がケガや病気なく、幸せに過ごせること ㉓フレンドリーなところ ㉕人生で一度は金髪にしてみたい。でも、年齢を考えると怖い ㉗駄菓子屋 ㉘トミカやプラレールが好きな息子と遊ぶこと ㉙こだわりはないけど、足が締めつけられるのは嫌い ㉚前転

77 ギリェルメ パレジ
GUILHERME PAREDE

❶日本語をいっぱい学び、同時に日本の文化を学びたい ❷シリーズものドラマを見ることと読書。自己啓発につながる本を読むのが好きです ❻卓球。実際、自分も卓球をやるのでチームメートと勝負してみたい ❼お祈り。自分の生活を省みて自分自身のことを考える。 ❿ゴスペル ⓫フライドポテト、お肉、トマト系のサラダ ⓬シュラスコ ⓱通訳がふざけてくるので、いつも爆笑している ⓲日本に来るときに空港で家族と別れたとき ⓳妻が言っていた「いつも自分を信じていれば、必ず願いや夢はかなう」という言葉 ⓴パワーレンジャー。日本の戦隊ものだと思うのですが、子どものときにいつも見ていました ㉒僕の夢は自分でかなえてきたので、みんなが幸せに暮らせること

Q ❶今年、挑戦したいこと ❷マイブーム ❸今オフの思い出は? ❹2023年、最も印象に残った"アレ"は? ❺憧れるのをやめられないけどやめられない存在は? ❻「観る将」ならぬ、観て楽しいものは?(スポーツ、エンタメなど) ❼ストレス解消法は? ❽絶対に入れてほしいお弁当のおかずは? ⓬おすすめの地元の料理は?(日本人ならば和食、外国籍ならばその国の料理) ⓭2023年に「男祭り」「Dear Ladies」開催。メインビジュアルを務めたいイベントは? ⓮新しいことを始めるときに、何が大事だと思いますか? ⓯ゲン担ぎがあれば教えてください ⓰最近、ときめいた瞬間は? ⓱最近、笑ったこと ⓲最近、泣いたこと ⓳心に残る、あの一言といえば、誰からのどんな言葉? ⓴幼少期に好きだったヒーロー(戦隊系、仮面ライダー、ロボット系など)は? ㉑2024スローガンは「かける」。掛け算されたと感じるほど飛躍した経験といえば? ㉒今年は辰年。ドラゴンボールのシェンロンが突然出現。どんな願いをかなえてもらう? ㉓ランコ ポポヴィッチ監督の好きなところ(明るい性格、ヒゲ、名前など)は? ㉔自分の軍団を作るとしたら入れたいチームメートとその理由を教えてください ㉕2024年、挑戦したい髪形は? ㉖子供のころの「あだ名」を教えてください ㉗学校帰りによく立ち寄っていた場所は? ㉘落ち込んでいるときの気分転換法は? ㉙スパイクのこだわり ㉚試合前に必ずすること

2023 RESULTS

鹿島アントラーズ 2023シーズン 全試合結果

2023 明治安田生命 J1リーグ

背番号		1	2	3	5	8	10	13	14	15	16	17	18	19	20	20	21	22	24	25	26	27	28	29	30	31	32	33	34	35	36	37	38	39	40	41	42	55
選手名		クォン スンテ	安西 幸輝	昌子 源	関川 郁万	土居 聖真	荒木 遼太郎	知念 慶	樋口 雄太	藤井 智也	須貝 英大	アルトゥール カイキ	染野 唯月	エレケ	キム ミンテ	柴崎 岳	ディエゴ ピトゥカ	広瀬 陸斗	小川 優介	佐野 海舟	須藤 直輝	松村 優太	溝口 修平	早川 友基	名古 新太郎	沖 悠哉	常本 佳吾	仲間 隼斗	舩橋 佑	中村 亮太朗	師岡 柊生	垣田 裕暉	パク ウィジョン	津久井 佳祐	鈴木 優磨	徳田 誉	松本 遥翔	植田 直通
出場試合数		0	31	21	30	24	13	21	33	22	8	13	5	2	0	3	31	27	0	27	0	20	5	34	14	0	16	27	8	3	4	29	0	0	33	0	0	34
出場時間（分）		0	2,650	644	2,510	784	447	1,115	2,603	931	417	274	119	29	0	102	2,651	1,505	0	2,152	0	761	309	3,060	660	0	959	1,355	55	50	128	1,400	0	0	2,825	0	0	3,060
得点		0	0	0	2	2	0	5	3	1	0	2	0	0	0	0	3	0	0	1	0	2	0	0	1	0	0	0	0	0	0	14	0	0	2	0	0	0
警告		0	2	3	2	1	1	0	2	1	1	1	0	0	0	0	9	2	0	6	0	0	0	0	2	1	0	5	0	0	0	2	0	0	5	0	0	1
一発退場		0	1	0	0	0	0	1	0	0	0	0	0	0	0	0	0	0	0	0	0	0	0	0	0	0	0	0	0	0	0	0	0	0	0	0	0	0
1試合2警告		0	0	0	0	0	0	0	0	0	0	0	0	0	0	0	1	0	0	1	0	0	0	0	0	0	0	0	0	0	0	0	0	0	0	0	0	0

節	結果	スコア	対戦	場所	試合日		クォン スンテ	安西 幸輝	昌子 源	関川 郁万	土居 聖真	荒木 遼太郎	知念 慶	樋口 雄太	藤井 智也	須貝 英大	アルトゥール カイキ	染野 唯月	エレケ	キム ミンテ	柴崎 岳	ディエゴ ピトゥカ	広瀬 陸斗	小川 優介	佐野 海舟	須藤 直輝	松村 優太	溝口 修平	早川 友基	名古 新太郎	沖 悠哉	常本 佳吾	仲間 隼斗	舩橋 佑	中村 亮太朗	師岡 柊生	垣田 裕暉	パク ウィジョン	津久井 佳祐	鈴木 優磨	徳田 誉	松本 遥翔	植田 直通
1	○	2-0	京都	サンガS	2023/02/18		—	○	—	○	▲28	SUB	▽81 1	62C	▽73	—	▲9	—	—	—	—	○1	SUB	—	○	—	▲17	—	○	—	SUB	—	○	—	—	—	▲9	—	—	▽81C	—	—	—
2	●	1-2	川崎F	カシマ	2023/02/25		—	○	—	○	SUB	◆21S	▽68	○	▽58	—	—	—	—	—	—	○	SUB	—	○	—	▲32	—	○	—	—	—	▲22	—	—	—	▲4	—	—	▽86	—	—	—
3	○	3-1	横浜FC	ニッパツ	2023/03/04		—	○	—	○	▲21	—	▽79	▽69	▽79 1	—	▲11 1	▲11	—	SUB	—	▲1	○	—	▽79	—	—	—	○	—	—	—	▲11	—	—	—	▽89 1	—	—	○	—	—	—
4	△	0-0	福岡	カシマ	2023/03/12		—	▽86	○	SUB	▲4	—	▽76	▽86	▽68	—	▲14	—	—	—	—	▲4	○	—	▽53 CCS	—	▲22	—	○	—	—	—	○	—	—	—	▲4	—	—	▽86	—	—	—
5	●	1-2	横浜FM	日産S	2023/03/18		—	○C	○	SUB	▽58	▲32	▽64	○	▽58	—	▲26	▲3	—	—	—	▽89 CCS	—	—	○	—	▲32	—	○	—	SUB	▽87	—	—	▲26	—	—	—	—	—	○ 1C	—	—	—
6	●	1-2	広島	カシマ	2023/04/01		—	○	○	○	▽65	—	▽86 1	▽86	▽71	—	—	—	—	—	—	SUB	—	—	○	—	▲19	—	○	—	—	—	▲4	—	▲4	—	▲25	—	—	○	—	—	—
7	●	0-1	柏	三協F柏	2023/04/09		—	○C	SUB	▲36	▲54	○	▲45	▽68	—	—	—	—	—	—	▽45	▲45	—	—	○	—	SUB	▽45	○	—	—	—	▲22	▲16	—	—	▽74	—	—	○	—	—	—
8	●	1-5	神戸	カシマ	2023/04/15		—	▽70	▲36C	○	▲70	○	○	▲36	—	—	SUB	—	—	—	▽75	▽54	—	—	▽54	▲20	—	—	○	—	—	—	▲20	—	▲15	—	○1	—	—	—	—	—	—
9	○	2-0	新潟	デンカS	2023/04/23		—	○	▲1	○	—	SUB	▲38	○	▲28	—	—	—	—	—	—	○	—	—	○	—	—	—	○	▽62	SUB	—	○C	SUB	—	SUB	▽89 1	—	—	▽52 1C	—	—	—
10	○	4-0	G大阪	カシマ	2023/04/29		—	○	▲2	○	▲20 2	—	▲17	▽88	▲20	—	—	—	—	—	—	○	—	—	○	—	—	—	○	▽70	SUB	—	▽70 1	SUB	—	SUB	▽88	—	—	○ 73 1	—	—	—
11	○	1-0	札幌	札幌ド	2023/05/03		—	○	▲7	○	▲4	—	▲45	▽89	—	—	SUB	—	—	—	—	○C	—	—	○	—	—	—	○	▲31	—	—	▽59C	SUB	▽59	▲1	—	▲45	—	—	▽83 1	—	—	—
12	○	1-0	C大阪	ヨドコウ	2023/05/07		—	○	▲1	○1	▽59	SUB	▲25	○	—	—	▲45	—	—	—	—	▽45C	—	—	○	—	—	—	○	▲31	SUB	▲45	▽45	—	—	—	▲65	—	—	○ 89	—	—	—
13	○	2-0	名古屋	国立	2023/05/14		—	○	SUB	○	▲26 1	—	○	○	—	—	▲17	—	—	—	—	○C	▽57	—	▲33C	—	▽64	SUB	○	▲33	▽57	—	▽64	—	—	—	▽73 1	—	—	○	—	—	—
14	△	1-1	FC東京	カシマ	2023/05/20		—	○	SUB	○	▲34	—	▲26	▽75	—	—	▲15	—	—	—	—	▽75	—	—	▲34	—	—	—	○	▽56	SUB	▲15	▽56	—	—	—	▽64 1	—	—	○	—	—	—
15	△	2-2	鳥栖	駅スタ	2023/05/27		—	○	SUB	○	▲23	—	○	○C	—	—	▲23	▲13	—	—	—	▽77	▽77	—	▲32C	—	—	—	○	▽67 1	SUB	▲13	▽58	—	—	—	▽67	—	—	○	—	—	—
16	△	0-0	浦和	埼玉	2023/06/04		—	○	SUB	○	▲31	—	○	▽73	▲3	—	▲17	—	—	—	—	○C	▽73	—	▲34C	—	—	—	○	▽87	—	▽59	SUB	▲17	▲31C	—	▽59	—	—	○	—	—	—
17	○	1-0	湘南	カシマ	2023/06/11		—	▽45	▲24	SUB	▲20	—	○1	▲45	—	—	▲45	—	◆47	—	—	▽66	○	—	—	—	—	—	○	▽45	SUB	○	▽45	SUB	—	—	▽23	—	—	○	—	—	—
18	●	1-2	G大阪	パナスタ	2023/06/24		—	▽70	SUB	○	▽62	▲45C	○	▲45	—	—	▲45	—	▽45	▲20	—	▽45	○	—	—	—	▲28	SUB	○	▲45	▽45	—	—	—	—	—	—	—	—	○ 1C	—	—	—
19	△	0-0	京都	カシマ	2023/07/01		—	▽74	▲16	○	▲32	▽58	○	▲26	—	—	—	—	SUB	—	—	▲16	○	—	—	—	▽64	—	○	▲32	SUB	▽74	▽58	—	—	—	○	—	—	○	—	—	—
20	△	1-1	広島	Eスタ	2023/07/08		—	○	▲18	○	▽72 1	▽51	▲18	—	▽72	▲21	—	—	—	—	—	▲39	—	—	○	—	—	—	○	▽51	SUB	SUB	▽68	—	—	—	▲39	—	—	○	—	—	—
21	○	3-1	FC東京	味スタ	2023/07/16		—	▽89S	SUB	○	▲1	▲20	—	▽70	—	—	—	—	—	—	—	○1	○	—	—	—	▲20	—	○	—	—	—	▽70 1	▲1	—	◆14	▽75 1C	—	—	▽89 1	—	—	—
22	○	3-0	札幌	カシマ	2023/08/06		SUB	—	▲11	○	▽79C	—	▲11	—	○1	▲36	○	—	—	—	—	○	—	—	▲27	▽79	—	—	SUB	—	—	—	▽54C	▲11	—	—	▽63	—	—	▽79 1	—	—	○1
23	●	0-1	名古屋	豊田ス	2023/08/13		—	○C	○	○	▽82	—	▲23	▲35	▽67	▲8C	▲45	—	—	—	—	○C	—	—	▲23	▽45	—	—	○	▽67	—	—	—	▽55	—	—	○	—	—	○	—	—	—
24	○	2-1	鳥栖	カシマ	2023/08/19		—	○	▲1C	▲89C	—	—	▲33 1	▽89 1	▲33	—	—	—	—	—	—	○	▲9	—	▽81	—	—	—	○	▽57	▲1	—	▽57	—	—	—	○	—	—	○	—	—	—
25	○	2-0	新潟	カシマ	2023/08/26		—	○	SUB	○	—	—	▲28	▽78	▲26	—	▲12	—	—	—	—	▽66	—	—	▲24	—	—	—	○	▽62	▲12	—	▽62 1	SUB	—	—	▽78 1C	—	—	○	—	—	—
26	△	2-2	湘南	レモンS	2023/09/02		—	○	▲6	○	—	—	▽69	—	▲21	▲45	▲34 1	—	—	—	—	▽45	—	—	▲34	▽84	—	—	○	▽56C	—	—	▽56	—	—	—	▽56	—	—	○	—	—	—
27	○	1-0	C大阪	カシマ	2023/09/16		—	▽86	▲4	○	▲4	—	—	▽86	—	▲13C	▲18C	—	—	SUB	—	▲18	▽25S	▽77	—	—	▽72	—	○	—	—	—	—	—	—	—	▽72C	—	—	○1	—	—	—
28	●	1-2	横浜FM	カシマ	2023/09/24		—	○	▲33	○	—	—	▽81	—	▲20	▲33	—	—	—	▽70	—	▽70C	—	—	▲20	SUB	—	—	○	▲20	SUB	—	▽57C	—	▽57	—	—	—	—	○ 1C	—	—	—
29	△	0-0	福岡	ベススタ	2023/09/30		—	○	▲16	▽74	SUB	—	▽45	▽74	▽60	▲35	—	—	—	—	—	▽55	—	—	▲16	SUB	—	—	○	▲30	—	—	▲45	—	—	—	○	—	—	○	—	—	—
30	●	1-3	神戸	国立	2023/10/21		—	○	▲45	▲45	SUB	▲4	▽68	—	▽76	▽45	—	—	—	—	▽45	▲15	—	—	○	—	—	—	○	▲45	—	—	▲45	—	▲22	—	○	—	—	○	—	—	—
31	△	0-0	浦和	カシマ	2023/10/28		—	▽74	SUB	▲21	SUB	—	○	—	▽69	—	—	—	—	—	—	▽69	—	—	▲36	—	—	—	○	SUB	—	—	▽54	▲16	—	▲16	▽74	—	—	○	—	—	—
32	△	1-1	柏	カシマ	2023/11/11		—	○	▲46	▲44	▲29	—	▲29	▽89	▽81	—	—	—	—	—	—	▲45	—	—	○	—	—	—	○	▲45	—	—	▽61 1	▲11	—	—	▽61	—	—	○	—	—	—
33	●	0-3	川崎F	等々力	2023/11/24		—	○	▲45	▲45	▲11	—	▽65	▲36	▽79	—	—	—	—	—	—	▲11	○	—	○	—	—	—	○C	SUB	SUB	—	▽79	—	—	—	▲25	—	—	○	—	—	—
34	○	2-1	横浜FC	カシマ	2023/12/03		—	SUB	▽76	▲5	○	▲14	▲7	—	SUB	—	—	—	—	—	—	▲14	○	—	▽85C	—	—	—	○	—	—	—	▲14	—	—	—	▽76	—	—	○1	—	—	▽83 1

○：フル出場　▽：途中交代　▲：途中出場　◆：途中出場・途中交代　SUB：ベンチ入り　—：ベンチ外

2023明治安田生命J1リーグ 順位推移（日付順）

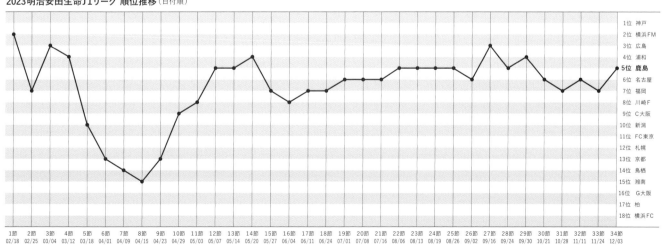

1位 神戸
2位 横浜FM
3位 広島
4位 浦和
5位 鹿島
6位 名古屋
7位 福岡
8位 川崎F
9位 C大阪
10位 新潟
11位 FC東京
12位 札幌
13位 京都
14位 鳥栖
15位 湘南
16位 G大阪
17位 柏
18位 横浜FC

1節 02/18	2節 02/25	3節 03/04	4節 03/12	5節 03/18	6節 04/01	7節 04/09	8節 04/15	9節 04/23	10節 04/29	11節 05/03	12節 05/07	13節 05/14	14節 05/20	15節 05/27	16節 06/04	17節 06/11	18節 06/24	19節 07/01	20節 07/08	21節 07/16	22節 08/06	23節 08/13	24節 08/19	25節 08/26	26節 09/02	27節 09/16	28節 09/24	29節 09/30	30節 10/21	31節 10/28	32節 11/11	33節 11/24	34節 12/03

2023 Jリーグ YBC ルヴァンカップ

背番号	1	2	3	5	8	10	13	14	15	16	17	18	19	20	20	21	22	24	25	26	27	28	29	30	31	32	33	34	35	36	37	38	39	40	41	42	55
選手名	クォン スンテ	安西幸輝	昌子源	関川郁万	土居聖真	荒木遼太郎	知念慶	樋口雄大	藤井智也	須貝英大	アルトゥール カイキ	染野唯月	エレケ	キムミンテ	柴崎岳	ディエゴ ピトゥカ	広瀬陸斗	小川優介	佐野海舟	須藤直輝	松村優太	溝口修平	早川友基	名古新太郎	沖悠哉	常本佳吾	仲間隼斗	舩橋佑	中村亮太朗	師岡柊生	垣田裕暉	パク ウィジョン	津久井佳祐	鈴木優磨	徳田誉	松本遥翔	植田直通
出場試合数	0	7	4	6	7	5	4	3	5	1	4	3	0	4	1	5	7	0	7	0	5	5	2	2	6	3	6	2	3	4	4	0	0	7	0	0	6
出場時間(分)	0	444	275	487	231	351	185	158	253	1	273	169	0	276	75	477	402	0	532	0	323	341	210	112	540	224	315	113	238	171	195	0	0	387	0	0	492
得点	0	0	0	0	0	1	0	0	0	0	0	2	1	0	0	0	0	0	0	0	2	0	0	0	2	0	0	0	2	0	0	0	0	0	0	0	0
警告	0	0	0	2	0	0	0	0	0	0	0	0	0	0	0	1	0	0	2	0	0	0	0	0	0	0	1	0	1	1	0	0	0	0	0	0	0
一発退場	0	0	0	0	0	0	0	0	0	0	0	0	0	0	0	0	0	0	0	0	0	0	0	0	0	0	0	0	0	0	0	0	0	0	0	0	0
1試合2警告	0	0	0	0	0	0	0	0	0	0	0	0	0	0	0	0	0	0	0	0	0	0	0	0	0	0	0	0	0	0	0	0	0	0	0	0	0

節	結果	スコア	対戦	場所	試合日	1	2	3	5	8	10	13	14	15	16	17	18	19	20	20	21	22	24	25	26	27	28	29	30	31	32	33	34	35	36	37	38	39	40	41	42	55
グループステージ第1節	△	1-1	柏	三協F柏	2023/03/08	―	▲20	―	○C	▲28	▽75	―	―	―	―	▽62	○	―	―	―	○	―	―	▲20	―	▽62	▽70	SUB	○C	―	▲28	―	▽70	▲15	SUB	―	―	―	―	―	―	○
グループステージ第2節	●	0-1	新潟	デンカS	2023/03/26	―	▽87	○	SUB	▲14	▽60	―	▲3	▽76	―	―	―	―	―	―	○C	▲30	―	○	―	―	―	―	―	SUB	―	○	▽60C	▲30	―	―	―	―	▲3	―	―	○
グループステージ第3節	○	1-0	福岡	カシマ	2023/04/05	―	▲25	―	○	▲6	▽84 1	▲18	SUB	―	―	―	―	―	▲6	―	○	▽84	―	―	―	▽65	SUB	―	―	―	▽72	▽65	―	―	―	―	―	▲25	―	―	―	―
グループステージ第4節	●	1-2	福岡	ベススタ	2023/04/19	―	○	―	▲7C	―	▲22	―	▲33	―	―	○ 1	―	―	―	―	―	▽83	SUB	▲22	―	―	―	―	―	―	▽68	▽68	―	▽57	▽68	―	―	―	▲22	―	―	SUB
グループステージ第5節	○	1-0	柏	カシマ	2023/05/24	―	▲12	▽74	▽74	―	―	―	―	▽64	―	○	▲16	―	○C	―	―	―	―	▲26	▽78	SUB	SUB	―	―	―	▽78	―	―	▲16	―	―	―	―	▲12
グループステージ第6節	○	2-0	新潟	カシマ	2023/06/18	―	○	SUB	▽58	▽58	―	○	▲32	―	―	▽63 1	―	―	―	○	▲16	―	▲32	―	―	―	SUB	―	▽74	▽58 1	―	▲27	―	―	―	▲32
プライムステージ準々決勝第1戦	△	1-1	名古屋	豊田ス	2023/09/06	―	○	▲5	▲31	―	―	―	―	SUB	▲1	▲31	―	―	―	―	▽89	▲45 1	―	―	SUB	―	▽59	▽45	―	▽59	―	―	▽85
プライムステージ準々決勝第2戦	■	1-2	名古屋	カシマ	2023/09/10	―	○	SUB	―	▲20	―	▲55	▽65	▲48	―	―	▲75	▽118 1	▲2	―	―	▽100	▲45	―	―	SUB	―	▽72 1C

○：フル出場　▽：途中交代　▲：途中出場　◆：途中出場・途中交代　SUB：ベンチ入り　―：ベンチ外

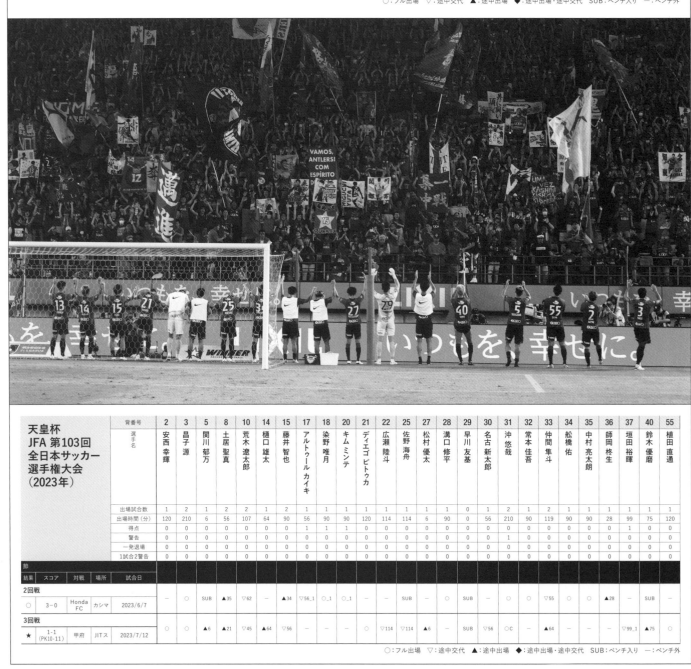

天皇杯 JFA 第103回 全日本サッカー選手権大会（2023年）

背番号	2	3	5	8	10	14	15	17	18	20	21	22	25	27	28	29	30	31	32	33	34	35	36	37	40	55
選手名	安西幸輝	昌子源	関川郁万	土居聖真	荒木遼太郎	樋口雄大	藤井智也	アルトゥール カイキ	染野唯月	キムミンテ	ディエゴ ピトゥカ	広瀬陸斗	佐野海舟	松村優太	溝口修平	早川友基	名古新太郎	沖悠哉	常本佳吾	仲間隼斗	舩橋佑	中村亮太朗	師岡柊生	垣田裕暉	鈴木優磨	植田直通
出場試合数	1	2	1	2	2	1	2	1	1	1	1	1	1	1	1	0	1	2	1	2	1	1	1	1	1	1
出場時間(分)	120	210	6	56	107	64	90	56	90	90	120	114	114	6	90	0	56	210	90	119	90	90	28	99	75	120
得点	0	0	0	0	0	0	0	0	1	0	0	0	0	0	0	0	0	0	0	0	0	0	0	0	1	0
警告	0	0	0	0	0	0	0	0	0	0	0	0	0	0	0	0	0	1	0	0	0	0	0	0	0	0
一発退場	0	0	0	0	0	0	0	0	0	0	0	0	0	0	0	0	0	0	0	0	0	0	0	0	0	0
1試合2警告	0	0	0	0	0	0	0	0	0	0	0	0	0	0	0	0	0	0	0	0	0	0	0	0	0	0

節	結果	スコア	対戦	場所	試合日	2	3	5	8	10	14	15	17	18	20	21	22	25	27	28	29	30	31	32	33	34	35	36	37	40	55
2回戦	○	3-0	Honda FC	カシマ	2023/6/7	―	○	SUB	▲35	▽62	―	▲34	▽56 1	○_1	○_1	―	―	SUB	―	SUB	―	SUB	―	―	○	―	▽55	―	▲28	―	SUB
3回戦	★	1-1 (PK10-11)	甲府	JITス	2023/7/12	○	○	▲6	▽21	▽45	―	▽64	▽56	―	―	○	▽114	▲114	▲6	―	―	SUB	▽56	○C	▲64	―	―	―	▽99_1	▲75

○：フル出場　▽：途中交代　▲：途中出場　◆：途中出場・途中交代　SUB：ベンチ入り　―：ベンチ外

2023 RESULTS

鹿島アントラーズ
2023シーズン
全試合結果

いばらきサッカーフェスティバル2023

2月12日(日) 14:04キックオフ ケーズデンキスタジアム水戸
【入場者数】9,849人【天候】晴時々曇、中風、気温15.9℃、湿度20.0%【ピッチ】全面良芝

水戸ホーリーホック	2	1-0 / 1-0	0	鹿島アントラーズ

【得点者】26分 武田英寿、57分 村田航一

5	シュート	14
15	GK	5
4	CK	5
13	直接FK	12
6	間接FK	0
2	(オフサイド)	0
0	PK	0

【主審】御厨貴文【副審】平間亮、千葉直史【第4の審判員】野堀桂佑
監督：濱崎芳己
SUB：GK㉚春名竜聖

2023明治安田生命J1リーグ 第1節

2月18日(土) 14:03キックオフ サンガスタジアム by KYOCERA
【入場者数】15,988人【天候】曇、無風、気温9.2℃、湿度71.0%【ピッチ】全面良芝

京都サンガF.C.	0	0-2 / 0-0	2	鹿島アントラーズ

【得点者】8分 ディエゴ ピトゥカ、34分 知念慶

5	シュート	8
8	GK	5
4	CK	3
16	直接FK	16
2	間接FK	1
2	(オフサイド)	0
0	PK	0

【主審】谷本涼【副審】三原純、坂本晋悟【第4の審判員】馬場規【VAR/AVAR】清水勇人、中井敏博
監督：曺貴裁
SUB：GK㉑ヴァルネル ハーン、MF❽荒木大吾

2023明治安田生命J1リーグ 第2節

2月25日(土) 16:03キックオフ 県立カシマサッカースタジアム
【入場者数】28,608人【天候】曇のち雨、弱風、気温9.7℃、湿度64.0%【ピッチ】全面良芝

鹿島アントラーズ	1	1-0 / 0-2	2	川崎フロンターレ

【得点者】5分 知念慶 / 89分 山田新、90+11分 家長昭博

5	シュート	12
7	GK	5
3	CK	3
9	直接FK	17
2	間接FK	1
1	(オフサイド)	0
0	PK	0

【主審】西村雄一【副審】五十嵐泰之、道山悟至【第4の審判員】田尻智計【VAR/AVAR】上田益也、中井敏博
監督：岩政大樹
SUB：GK㉛沖悠哉、DF㉒広瀬陸斗、MF❽土居聖真

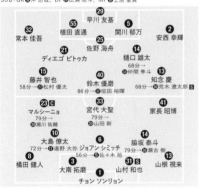

2023明治安田生命J1リーグ 第3節

3月4日(土) 14:03キックオフ ニッパツ三ツ沢球技場
【入場者数】10,637人【天候】晴、弱風、気温17.4℃、湿度20.0%【ピッチ】全面良芝

横浜FC	1	1-2 / 0-1	3	鹿島アントラーズ

【得点者】24分 小川航基 / 9分 藤井智也、38分 鈴木優磨、90+6分 アルトゥール カイキ

3	シュート	16
10	GK	9
3	CK	3
10	直接FK	13
7	間接FK	1
7	(オフサイド)	0
0	PK	0

【主審】飯田淳平【副審】西橋勲、鈴木規志【第4の審判員】竹田明弘【VAR/AVAR】中村太、饗城巧
監督：四方田修平
SUB：GK㉛市川暉記、DF㉗吉野恭平

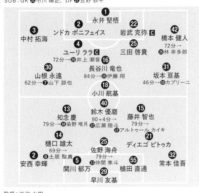

2023JリーグYBCルヴァンカップ グループステージ 第1節

3月8日(水) 19:00キックオフ 三協フロンテア柏スタジアム
【入場者数】6,674人【天候】晴、弱風、気温14.4℃、湿度54.0%【ピッチ】全面良芝

柏レイソル	1	0-1 / 1-0	1	鹿島アントラーズ

【得点者】90分 細谷真大 / 22分 松村優太

7	シュート	9
6	GK	6
4	CK	3
20	直接FK	13
1	間接FK	1
1	(オフサイド)	0
0	PK	0

【主審】岡部拓人【副審】饗城巧、坊薗真琴【第4の審判員】松澤慶和
監督：ネルシーニョ
SUB：GK㊱松本健太、DF㉞土屋巧、DF⑯岩下航

2023明治安田生命J1リーグ 第4節

3月12日(日) 15:03キックオフ 県立カシマサッカースタジアム
【入場者数】20,097人【天候】晴、弱風、気温13.4℃、湿度53.0%【ピッチ】全面良芝

鹿島アントラーズ	0	0-0 / 0-0	0	アビスパ福岡

10	シュート	4
5	GK	13
4	CK	3
22	直接FK	11
0	間接FK	2
1	(オフサイド)	0
0	PK	0

【主審】山本雄大【副審】赤阪修、岩崎創一【第4の審判員】塚越由貴【VAR/AVAR】榎本一慶、五十嵐泰之
監督：岩政大樹
SUB：GK㉛沖悠哉、DF❺関川郁万

2023明治安田生命J1リーグ 第5節

3月18日(土) 14:03キックオフ 日産スタジアム
【入場者数】28,478人【天候】雨、弱風、気温8.6℃、湿度90.0%【ピッチ】全面良芝

横浜F・マリノス	2	0-0 / 2-1	1	鹿島アントラーズ

【得点者】56分 松原健、62分 OWN GOAL / 68分 鈴木優磨

10	シュート	9
7	GK	5
2	CK	1
13	直接FK	4
0	間接FK	2
4	(オフサイド)	1
0	PK	0

【主審】谷本涼【副審】渡辺康太、唐紙学志【第4の審判員】木川田博信【VAR/AVAR】小屋幸栄、西山貴生
監督：ケヴィン マスカット
SUB：GK㉑オビ パウエル オビンナ、DF❺エドゥアルド、MF⑩藤田譲瑠チマ

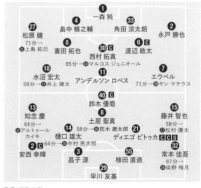

2023Jリーグ YBCルヴァンカップ グループステージ 第2節

3月26日(日) 14:03キックオフ デンカビッグスワンスタジアム
【入場者数】12,294人【天候】雨、無風、気温11.2℃、湿度90.0%【ピッチ】全面良芝

アルビレックス新潟	1	0-0 / 1-0	0	鹿島アントラーズ

【得点者】			
52分 秋山 裕紀	9	シュート	13
	5	GK	9
	2	CK	11
	7	直接FK	9
	2	間接FK	5
	0	(オフサイド)	1
	0	PK	0

【主審】山下 良美【副審】森川 浩次、阿部 将茂
【第4の審判員】佐藤 誠和

監督：松橋 力蔵
SUB：GK㉑瀬口 拓弥、DF❷新井 直人

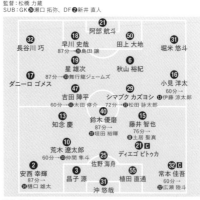

監督：岩政 大樹
SUB：GK㉙早川 友基、DF❺関川 郁万

2023明治安田生命J1リーグ 第6節

4月1日(土) 15:03キックオフ 県立カシマサッカースタジアム
【入場者数】15,414人【天候】晴、弱風、気温17.5℃、湿度38.0%【ピッチ】全面良芝

鹿島アントラーズ	1	0-0 / 1-2	2	サンフレッチェ広島

【得点者】				【得点者】
69分 知念 慶	8	シュート	7	86分 ドウグラス ヴィエイラ
	5	GK	4	88分 ドウグラス ヴィエイラ
	3	CK	4	
	15	直接FK	13	
	1	間接FK	1	
		(オフサイド)		
	0	PK	0	

【主審】福島 孝一郎【副審】日比野 真、梅田 智起
【第4の審判員】鶴岡 泰樹【VAR/AVAR】西村 雄一、中野 卓

監督：岩政 大樹
SUB：GK㉙沖 悠哉、DF❺関川 郁万、DF❷広瀬 陸斗

監督：ミヒャエル スキッベ
SUB：GK㉓川浪 吾郎、DF⑮山崎 大地、MF❻青山 敏弘

2023Jリーグ YBCルヴァンカップ グループステージ 第3節

4月5日(水) 19:03キックオフ 県立カシマサッカースタジアム
【入場者数】5,571人【天候】曇、弱風、気温17.5℃、湿度51.0%【ピッチ】全面良芝

鹿島アントラーズ	1	0-0 / 1-0	0	アビスパ福岡

【得点者】			
32分 荒木 遼太郎	15	シュート	13
	10	GK	15
	12	CK	4
	8	直接FK	9
		間接FK	1
		(オフサイド)	
		PK	0

【主審】清水 勇人【副審】赤阪 修、船橋 昭次
【第4の審判員】俵 元希

監督：岩政 大樹
SUB：GK㉙早川 友基、MF⑭樋口 雄太

監督：長谷部 茂利
SUB：GK㉑山ノ井 拓己、DF⑯小田 逸稀

2023明治安田生命J1リーグ 第7節

4月9日(日) 19:03キックオフ 三協フロンテア柏スタジアム
【入場者数】11,421人【天候】晴、無風、気温13.2℃、湿度44.0%【ピッチ】全面良芝

柏レイソル	1	1-0 / 0-0	0	鹿島アントラーズ

【得点者】			
32分 細谷 真大	4	シュート	11
	18	GK	6
	5	CK	4
	9	直接FK	12
	2	間接FK	2
	1	(オフサイド)	1
		PK	0

【主審】中村 太【副審】熊谷 幸剛、岩田 浩義
【第4の審判員】桜井 大介【VAR/AVAR】先立 圭吾、西橋 勲

監督：ネルシーニョ
SUB：GK㉑佐々木 雅士、DF⑳田中 隼人、DF㉓岩下 航、MF㉒山田 康太、FW❾武藤 雄樹

監督：岩政 大樹
SUB：GK㉙沖 悠哉、DF❺関川 郁万

2023明治安田生命J1リーグ 第8節

4月15日(土) 16:03キックオフ 県立カシマサッカースタジアム
【入場者数】15,311人【天候】雨、弱風、気温14.4℃、湿度90.0%【ピッチ】全面良芝

鹿島アントラーズ	1	0-2 / 1-3	5	ヴィッセル神戸

【得点者】				【得点者】
61分 鈴木 優磨	7	シュート	14	24分 大迫 勇也
	9	GK	8	45+2分 武藤 嘉紀
	12	CK	10	48分 大迫 勇也
	1	直接FK	7	72分 佐々木 大樹
	1	間接FK	1	85分 武藤 嘉紀
	1	(オフサイド)	0	
	0	PK	0	

【主審】池内 明彦【副審】三原 純、西尾 英朗
【第4の審判員】篠藤 巧【VAR/AVAR】岡部 拓人、熊谷 幸剛

監督：岩政 大樹
SUB：GK㉙沖 悠哉、MF⑰アルトゥール カイキ

監督：吉田 孝行
SUB：GK㉙坪井 湧也、MF❽アンドレス イニエスタ、FW㉑川崎 修平

2023Jリーグ YBCルヴァンカップ グループステージ 第4節

4月19日(水) 19:03キックオフ ベスト電器スタジアム
【入場者数】3,520人【天候】曇、弱風、気温23.3℃、湿度67.0%【ピッチ】全面良芝

アビスパ福岡	2	1-1 / 1-0	1	鹿島アントラーズ

【得点者】				【得点者】
14分 城後 寿	5	シュート	4	31分 アルトゥール カイキ
90+3分 ウェリントン	10	GK	8	
	0	CK	8	
	12	直接FK	10	
	2	間接FK	1	
	1	(オフサイド)	0	
	0	PK	0	

【主審】上田 益也【副審】和角 敏之、穴井 千雅
【第4の審判員】津野 洋平

監督：長谷部 茂利
SUB：GK㉑山ノ井 拓己、DF㉑三國 ケネディエブス

監督：岩政 大樹
SUB：GK㉙早川 友基、DF⑤植田 直通

2023明治安田生命J1リーグ 第9節

4月23日(日) 14:03キックオフ デンカビッグスワンスタジアム
【入場者数】23,920人【天候】晴、無風、気温14.2℃、湿度38.0%【ピッチ】全面良芝

アルビレックス新潟	0	0-2 / 0-0	2	鹿島アントラーズ

【得点者】				【得点者】
	11	シュート	9	3分 鈴木 優磨
	5	GK	3	26分 垣田 裕暉
	3	CK	5	
	18	直接FK	13	
	1	間接FK	1	
		(オフサイド)		
	0	PK	0	

【主審】山本 雄大【副審】田中 利幸、梅田 智起
【第4の審判員】佐藤 誠和【VAR/AVAR】御厨 貴文、五十嵐 泰之

監督：松橋 力蔵
SUB：GK①阿部 航斗、DF⑱早川 史哉、MF⑬星 雄次

監督：岩政 大樹
SUB：GK㉙沖 悠哉、MF⑬荒木 遼太郎、MF㉞舩橋 佑、FW㉟師岡 柊生

2023明治安田生命J1リーグ 第10節
4月29日(土・祝) 19:03キックオフ 県立カシマサッカースタジアム
【入場者数】20,525人【天候】曇、弱風、気温19.1℃、湿度68.0%【ピッチ】全面良芝

鹿島アントラーズ	4	4-0 0-0	0	ガンバ大阪

【得点者】		シュート		
48分 仲間隼斗	10	GK	16	
64分 鈴木優磨	3	CK	5	
86分 土居聖真	12	直接FK	10	
87分 土居聖真	1	間接FK	5	
		(オフサイド)	1	
		PK		

【主審】今村義朗【副審】渡辺康太、唐紙学志
【第4の審判員】田尻智計【VAR/AVAR】荒木友輔、堀越雅弘
監督:ダニエル ポヤトス
SUB:GK❶東口順昭、DF❸半田陸、MF❹石毛秀樹

監督:岩政 大樹
SUB:GK❷沖 悠哉、FW❸師岡柊生

2023明治安田生命J1リーグ 第11節
5月3日(水・祝) 14:03キックオフ 札幌ドーム
【入場者数】19,038人【天候】屋内、無風、気温23.6℃、湿度41.0%【ピッチ】全面良芝

北海道コンサドーレ札幌	0	0-1 0-0	1	鹿島アントラーズ

		シュート		【得点者】
4	14	GK	16	21分 鈴木優磨
	3	CK	4	
	16	直接FK	7	
	7	間接FK	1	
	1	(オフサイド)	2	
		PK		

【主審】岡部拓人【副審】赤阪修、坂本晋悟
【第4の審判員】数原武志【VAR/AVAR】山本雄大、高山啓義
監督:ペトロヴィッチ
SUB:GK㉑松原修平、DF❸馬場晴也、MF㊵スパチョーク

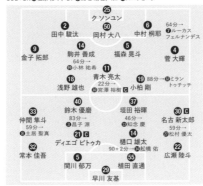

監督:岩政 大樹
SUB:GK❶沖 悠哉、MF⑰アルトゥール カイキ

2023明治安田生命J1リーグ 第12節
5月7日(日) 14:03キックオフ ヨドコウ桜スタジアム
【入場者数】12,676人【天候】雨、無風、気温20.8℃、湿度90.0%【ピッチ】全面良芝

セレッソ大阪	0	0-1 0-0	1	鹿島アントラーズ

		シュート		【得点者】
3	10	GK	6	67分 関川郁万
	6	CK	1	
	12	直接FK	12	
	5	間接FK	2	
	1	(オフサイド)	1	
		PK		

【主審】中村太【副審】巽城巧、眞鍋久大
【第4の審判員】竹長泰彦【VAR/AVAR】大坪博和、岡宏道
監督:小菊昭雄
SUB:GK❶ヤン ハンビン、DF㉕西尾隆矢

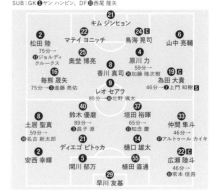

監督:岩政 大樹
SUB:GK㉛沖 悠哉、MF⑩荒木遼太郎

2023明治安田生命J1リーグ 第13節
5月14日(日) 13:35キックオフ 国立競技場
【入場者数】56,020人【天候】曇、無風、気温18.5℃、湿度39.0%【ピッチ】全面良芝

鹿島アントラーズ	2	1-0 1-0	0	名古屋グランパス

【得点者】		シュート		
29分 鈴木優磨	7	GK	7	
84分 知念慶	7	CK	17	
	8	直接FK	10	
	2	間接FK	3	
	2	(オフサイド)	2	
		PK		

【主審】木村博之【副審】熊谷幸剛、塚田智宏
【第4の審判員】阿部将茂【VAR/AVAR】西村雄一、西橋勲
監督:岩政 大樹
SUB:GK㉛沖 悠哉、DF❸昌子源

監督:長谷川 健太
SUB:GK⑯武田洋平、DF㉔河面旺成

2023明治安田生命J1リーグ 第14節
5月20日(土) 15:03キックオフ 県立カシマサッカースタジアム
【入場者数】17,589人【天候】曇、弱風、気温18.5℃、湿度62.0%【ピッチ】全面良芝

鹿島アントラーズ	1	1-1 0-0	1	FC東京

【得点者】		シュート		【得点者】
6分 垣田裕暉	7	GK	7	28分 ディエゴ オリヴェイラ
	4	CK	4	
	3	直接FK	12	
	19	間接FK	4	
	2	(オフサイド)	5	
		PK		

【主審】谷本涼【副審】浜本祐介、中野卓
【第4の審判員】平間亮【VAR/AVAR】飯田淳平、村井良輔
監督:岩政 大樹
SUB:GK㉛沖 悠哉、DF❸昌子源

監督:アルベル
SUB:GK❶野澤大志ブランドン、DF㊹エンリケ トレヴィザン、MF⑯青木拓矢

2023JリーグYBCルヴァンカップ グループステージ 第5節
5月24日(水) 19:10キックオフ 県立カシマサッカースタジアム
【入場者数】6,134人【天候】晴、弱風、気温16.5℃、湿度58.0%【ピッチ】全面良芝

鹿島アントラーズ	1	0-0 1-0	0	柏レイソル

【得点者】		シュート		
68分 アルトゥール カイキ	14	GK	10	
	5	CK	12	
	16	直接FK	4	
	0	間接FK	2	
	1	(オフサイド)	0	
		PK		

【主審】西村雄一【副審】大川直也、木川田博信
【第4の審判員】竹田和雄
監督:岩政 大樹
SUB:GK㉙早川友基、MF㉚名古新太郎

監督:井原 正巳
SUB:GK㉛守田達弥、DF㊿立田悠悟

2023明治安田生命J1リーグ 第15節
5月27日(土) 17:04キックオフ 駅前不動産スタジアム
【入場者数】9,272人【天候】晴、弱風、気温28.3℃、湿度34.0%【ピッチ】全面良芝

サガン鳥栖	2	1-1 1-1	2	鹿島アントラーズ

【得点者】		シュート		【得点者】
27分 森谷賢太郎	7	GK	9	34分 名古新太郎
70分 小野裕二	13	CK	15	90+1分 鈴木優磨
	14	直接FK	10	
	4	間接FK	6	
	1	(オフサイド)	1	
	1	PK	0	

【主審】山本雄大【副審】唐紙学志、松井健太郎
【第4の審判員】大塚晴弘【VAR/AVAR】吉田哲朗、中野卓
監督:川井 健太
SUB:GK⑯内山圭、MF❺島川俊郎、FW㊵樺山諒乃介

監督:岩政 大樹
SUB:GK㉛沖 悠哉、DF❸昌子源

2023明治安田生命J1リーグ 第16節
6月4日(日) 17:04キックオフ 埼玉スタジアム2002
【入場者数】45,575人【天候】晴、弱風、気温25.0℃、湿度60.0%【ピッチ】全面良芝

浦和レッズ	0	0-0 0-0	0	鹿島アントラーズ

		シュート		
	7	GK	9	
	8	CK	10	
	10	直接FK	16	
	5	間接FK	1	
	1	(オフサイド)	2	
		PK		

【主審】アンドリュー マドレイ【副審】渡辺康太、八木あかね
【第4の審判員】梅田智起【VAR/AVAR】谷本涼、武部陽介
監督:マチェイ スコルジャ
SUB:GK㉛鈴木彩艶、DF❹岩波拓也

監督:岩政 大樹
SUB:GK㉛沖 悠哉、DF❸昌子源

天皇杯 JFA 第103回全日本サッカー選手権大会 2回戦
6月7日(水) 19:03キックオフ 県立カシマサッカースタジアム
【入場者数】3,837人【天候】晴、無風、気温21.7℃、湿度44.0%【ピッチ】全面良芝

鹿島アントラーズ 3 - 0 Honda FC

【得点者】			
13分 キム ミンテ	12	シュート	5
36分 アルトゥール カイキ	5	GK	11
68分 染野唯月	7	CK	4
	6	直接FK	9
	2	間接FK	2
	2	(オフサイド)	0
	0	PK	0

【主審】山下 良美【副審】堀越 雅弘、長谷川 雅
【第4の審判員】住吉 圭介
監督：岩政 大樹
SUB：GK①早川 友基、DF⑤関川 郁万、MF⑦佐野 海舟、FW⑯鈴木 優磨

2023明治安田生命J1リーグ 第17節
6月11日(日) 18:03キックオフ 県立カシマサッカースタジアム
【入場者数】13,169人【天候】霧、弱風、気温21.0℃、湿度88.0%【ピッチ】全面良芝

鹿島アントラーズ 1 - 0 湘南ベルマーレ
(1-0 / 0-0)

【得点者】			
43分 樋口 雄太	7	シュート	5
	8	GK	10
	8	CK	5
	21	直接FK	14
	0	間接FK	3
	1	(オフサイド)	0
	0	PK	0

【主審】上田 益也【副審】中野 卓、黄嶋 久大
【第4の審判員】阿部 将茂【VAR/AVAR】柿沼 亨、五十嵐 泰之
監督：岩政 大樹
SUB：GK⑯沖 悠哉、MF⑧土居 聖真

2023JリーグYBCルヴァンカップ グループステージ 第6節
6月18日(日) 18:03キックオフ 県立カシマサッカースタジアム
【入場者数】9,652人【天候】晴、無風、気温27.2℃、湿度51.0%【ピッチ】全面良芝

鹿島アントラーズ 2 - 0 アルビレックス新潟
(2-0 / 0-0)

【得点者】			
3分 仲間 隼斗	10	シュート	15
12分 染野唯月	13	GK	9
	5	CK	7
	11	直接FK	11
	0	間接FK	1
	2	(オフサイド)	1
	0	PK	0

【主審】池内 明彦【副審】鷺城 巧、赤阪 修
【第4の審判員】先立 圭吾
監督：岩政 大樹
SUB：GK①早川 友基、DF③昌子 源

2023明治安田生命J1リーグ 第18節
6月24日(土) 19:03キックオフ パナソニック スタジアム 吹田
【入場者数】22,483人【天候】曇、無風、気温27.6℃、湿度63.0%【ピッチ】全面良芝

ガンバ大阪 2 - 1 鹿島アントラーズ
(2-0 / 0-1)

【得点者】			【得点者】
15分 黒川 圭介	8	シュート	7
34分 ダワン	9	GK	8
	4	CK	6
	10	直接FK	12
	0	間接FK	3
	1	(オフサイド)	0
	1	PK	0	88分 植田 直通

【主審】中村 太【副審】三原 純、日比野 真
【第4の審判員】武田 光晴【VAR/AVAR】福島 孝一郎、浜本 祐介
監督：ダニエル ポヤトス
SUB：GK㉕谷 晃生、DF㉓高尾 瑠、MF⑭福田 湧矢

監督：岩政 大樹
SUB：GK㉛沖 悠哉、DF③昌子 源

2023明治安田生命J1リーグ 第19節
7月1日(土) 18:03キックオフ 県立カシマサッカースタジアム
【入場者数】16,353人【天候】曇一時雨、無風、気温26.3℃、湿度83.0%【ピッチ】全面良芝

鹿島アントラーズ 0 - 0 京都サンガF.C.
(0-0 / 0-0)

	13	シュート	9
	9	GK	16
	5	CK	5
	12	直接FK	18
	1	間接FK	3
	3	(オフサイド)	3
	0	PK	0

【主審】荒木 友輔【副審】野村 修、岩崎 創一
【第4の審判員】淺田 武士【VAR/AVAR】大坪 博和、大川 直也
監督：岩政 大樹
SUB：GK㉛沖 悠哉、FW⑲エレケ

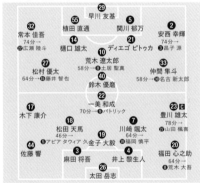

監督：曹 貴裁
SUB：GK⑰マイケル ウッド、MF㉕谷内田 哲平

2023明治安田生命J1リーグ 第20節
7月8日(土) 18:33キックオフ エディオンスタジアム広島
【入場者数】8,361人【天候】雨、弱風、気温23.7℃、湿度90.0%【ピッチ】全面良芝

サンフレッチェ広島 1 - 1 鹿島アントラーズ
(0-1 / 1-0)

【得点者】			【得点者】
55分 エゼキエウ	16	シュート	13
	9	GK	6
	8	CK	5
	8	直接FK	17
	2	間接FK	1
	5	(オフサイド)	2
	0	PK	0	55分 関川 郁万

【主審】笠原 寛貴【副審】西尾 英朗、岩田 浩義
【第4の審判員】西村 幹也【VAR/AVAR】谷本 涼、森川 浩次
ヘッドコーチ：迫井 深也
SUB：GK①川浪 吾郎、MF㉘柴崎 晃誠、MF⑲中島 洋太朗、FW㉟中川 育
監督：岩政 大樹
SUB：GK⑯沖 悠哉、DF㉜常本 佳吾

天皇杯 JFA 第103回全日本サッカー選手権大会 3回戦
7月12日(水) 19:05キックオフ JITリサイクルインク スタジアム
【入場者数】6,301人【天候】雨のち曇、中風、気温27.3℃、湿度49.0%【ピッチ】全面良芝

鹿島アントラーズ 1 - 1 ヴァンフォーレ甲府
前半0-0 後半1-1
延長前半0-0 延長後半0-0
10 PK 11

【得点者】			【得点者】
62分 垣田 裕暉	13	シュート	13
	6	GK	11
	10	CK	5
	8	直接FK	17
	1	間接FK	4
	4	(オフサイド)	4
	0	PK	0	51分 野澤 陸

【主審】木村 博之【副審】堀越 雅弘、塚田 健太
【第4の審判員】俵 元希
監督：岩政 大樹
SUB：GK㉛早川 友基
監督：篠田 善之
SUB：GK①山内 康太

2023明治安田生命J1リーグ 第21節
7月16日(日) 19:03キックオフ 味の素スタジアム
【入場者数】37,014人【天候】晴、無風、気温32.5℃、湿度60.0%【ピッチ】全面良芝

FC東京 1 - 3 鹿島アントラーズ
(1-2 / 0-1)

【得点者】			【得点者】
9分 ディエゴ オリヴェイラ	5	シュート	11
	6	GK	5	23分 鈴木 優磨
	3	CK	5	45分 垣田 裕暉
	14	直接FK	10	54分 ディエゴ ピトゥカ
	1	間接FK	1	
	2	(オフサイド)	0	
	0	PK	0	

【主審】池内 明彦【副審】大川 直也、森川 浩次
【第4の審判員】田中 玲匡【VAR/AVAR】榎本 一慶、吉田 哲朗
監督：ピーター クラモフスキー
SUB：GK㊶野澤 大志ブランドン、MF⑳寺山 翼、FW⑨野澤 零温
監督：岩政 大樹
SUB：GK⑯沖 悠哉、DF③昌子 源

2023明治安田生命J1リーグ 第22節

8月6日(日) 18:03キックオフ 県立カシマサッカースタジアム
【入場者数】17,503人【天候】晴、弱風、気温28.8℃、湿度65.0%【ピッチ】全面良芝

| 鹿島アントラーズ | 3 | 2-0
1-0 | 0 | 北海道コンサドーレ札幌 |

【得点者】
1分 樋口 雄太
15分 植田 直通
67分 鈴木 優磨

16	シュート	12	
16	GK	11	
9	CK	7	
8	直接FK	8	
0	間接FK	0	
0	(オフサイド)	0	
0	PK	0	

【主審】小屋 幸栄【副審】西橋 勲、堀越 雅弘
【第4の審判員】上原 直人【VAR/AVAR】中村 太、五十嵐 泰之

SUB:GK❶クォン スンテ MF㉚名古 新太郎

監督:岩政 大樹

監督:ペトロヴィッチ
SUB:GK㉑松原 修平、DF㉖岡田 大和

2023明治安田生命J1リーグ 第23節

8月13日(日) 18:03キックオフ 豊田スタジアム
【入場者数】38,642人【天候】雨のち曇、弱風、湿度60.0%【ピッチ】全面良芝

| 名古屋グランパス | 1 | 1-0
0-0 | 0 | 鹿島アントラーズ |

【得点者】
37分 野上 結貴

8	シュート	10	
13	GK	10	
3	CK	5	
8	直接FK	14	
1	間接FK	0	
1	(オフサイド)	0	
0	PK	0	

【主審】今村 義朗【副審】三原 純、村井 良輔
【第4の審判員】須谷 雄三【VAR/AVAR】中村 太、森川 浩次

監督:長谷川 健太
SUB:GK⑯武田 洋平、DF⑤丸山 祐市、MF⑥久保 藤次郎

監督:岩政 大樹
SUB:GK❶沖 悠哉、DF❸昌子 源

2023明治安田生命J1リーグ 第24節

8月19日(土) 18:03キックオフ 県立カシマサッカースタジアム
【入場者数】19,693人【天候】晴、弱風、気温28.2℃、湿度62.0%【ピッチ】全面良芝

| 鹿島アントラーズ | 2 | 1-0
1-1 | 1 | サガン鳥栖 |

【得点者】
26分 樋口 雄太
80分 知念 慶

【得点者】
66分 楢原 慶輝

13	シュート	9	
9	GK	5	
4	CK	6	
15	直接FK	14	
2	間接FK	4	
2	(オフサイド)	4	
0	PK	0	

【主審】谷本 涼【副審】淺田 武士、岩崎 創一
【第4の審判員】竹田 明弘【VAR/AVAR】西村 雄一、熊谷 幸剛

監督:岩政 大樹
SUB:GK❶沖 悠哉、MF⑩荒木 遼太郎

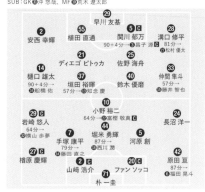

監督:川井 健太
SUB:GK㉙岡本 昌弘、MF⑲森谷 賢太郎

2023明治安田生命J1リーグ 第25節

8月26日(土) 18:03キックオフ 県立カシマサッカースタジアム
【入場者数】18,895人【天候】晴、弱風、気温28.2℃、湿度64.0%【ピッチ】全面良芝

| 鹿島アントラーズ | 2 | 2-0
0-0 | 0 | アルビレックス新潟 |

【得点者】
9分 垣田 裕暉
30分 鈴木 優磨

9	シュート	6	
9	GK	6	
12	CK	3	
4	直接FK	10	
4	間接FK	3	
4	(オフサイド)	1	
0	PK	0	

【主審】御厨 貴文【副審】武田 光晴、松井 健太郎
【第4の審判員】高山 啓義【VAR/AVAR】池内 明彦、田中 玲匡

監督:岩政 大樹
SUB:GK㉚パク ウィジョン、DF❸昌子 源

監督:松橋 力蔵
SUB:GK㉑阿部 航斗、DF❷新井 直人、DF㉟千葉 和彦

2023明治安田生命J1リーグ 第26節

9月2日(土) 19:03キックオフ レモンガススタジアム平塚
【入場者数】11,089人【天候】曇、弱風、気温28.2℃、湿度77.0%【ピッチ】全面良芝

| 湘南ベルマーレ | 2 | 2-1
0-1 | 2 | 鹿島アントラーズ |

【得点者】
35分 大橋 祐紀
43分 鈴木 章斗

【得点者】
佐野 海舟
90+2分 アルトゥール カイキ

7	シュート	11	
7	GK	6	
5	CK	8	
6	直接FK	15	
4	間接FK	2	
1	(オフサイド)	1	
0	PK	0	

【主審】清水 勇人【副審】西尾 英朗、塚田 智宏
【第4の審判員】岩împ 浩義【VAR/AVAR】中村 太、窪田 陽輔

監督:山口 智
SUB:GK❶立川 小太郎、DF⑤石原 広教

監督:岩政 大樹
SUB:GK❶沖 悠哉、MF㉞船橋 佑

2023JリーグYBCルヴァンカップ プライムステージ準々決勝 第1戦

9月6日(水) 19:33キックオフ 豊田スタジアム
【入場者数】8,089人【天候】曇、無風、気温26.1℃、湿度75.0%【ピッチ】全面良芝

| 名古屋グランパス | 1 | 0-0
1-1 | 1 | 鹿島アントラーズ |

【得点者】
90+4分 久保 藤次郎

【得点者】
49分 松村 優太

6	シュート	7	
15	GK	10	
3	CK	6	
8	直接FK	15	
2	間接FK	2	
2	(オフサイド)	1	
0	PK	0	

【主審】山本 雄大【副審】鏡城 巧、穴井 千雅
【第4の審判員】清水 修平【VAR/AVAR】飯田 淳平、柿沼 亨

監督:長谷川 健太
SUB:GK⑯武田 洋平、DF❸丸山 祐市、MF㉖吉田 温紀、

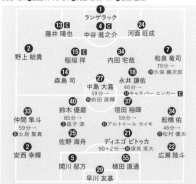

監督:岩政 大樹
SUB:GK❶沖 悠哉、MF⑮藤井 智也

2023JリーグYBCルヴァンカップ プライムステージ準々決勝 第2戦

9月10日(日) 18:03キックオフ 県立カシマサッカースタジアム
【入場者数】14,310人【天候】晴、弱風、気温27.9℃、湿度73.0%【ピッチ】全面良芝

| 鹿島アントラーズ | 1 | 前半 0-1 後半 1-0
延長前半 0-0 延長後半 0-1 | 2 | 名古屋グランパス |

【得点者】
51分 仲間 隼斗

【得点者】
17分 中島 大嘉
119分 吉田 温紀

17	シュート	8	
7	GK	7	
19	CK	4	
5	直接FK	14	
1	間接FK	2	
1	(オフサイド)	0	
0	PK	0	

【主審】西村 雄一【副審】日比野 真、岩崎 創一
【第4の審判員】長峯 滉希【VAR/AVAR】木村 博之、三原 純

監督:岩政 大樹
SUB:GK❶沖 悠哉、DF❸昌子 源

監督:長谷部 茂利
SUB:GK⑯武田 洋平

2023明治安田生命J1リーグ 第27節

9月16日（土）18：03キックオフ 県立カシマサッカースタジアム
【入場者数】18,380人【天候】晴、弱風、気温27.9℃、湿度73.0%【ピッチ】全面良芝

鹿島アントラーズ	1	1-0 0-0	0	セレッソ大阪

【得点者】
13分 鈴木 優磨

6	シュート	13
12	GK	11
5	CK	10
14	直接FK	11
3	間接FK	4
6	（オフサイド）	4
0	PK	0

【主審】岡部 拓人【副審】三原 純、塩津 祐介
【第4の審判員】八木 あかね【VAR/AVAR】川俣 秀、日比野 真

監督：岩政 大樹
SUB：GK❶沖 悠哉、FW⑲エレケ

監督：小菊 昭雄
SUB：GK❸清水 圭介、MF⑰鈴木 徳真、MF㉚阪田 澪哉

2023明治安田生命J1リーグ 第28節

9月24日（日）15：04キックオフ 県立カシマサッカースタジアム
【入場者数】27,463人【天候】晴、弱風、気温24.5℃、湿度51.0%【ピッチ】全面良芝

鹿島アントラーズ	1	1-1 0-1	2	横浜F・マリノス

【得点者】
15分 鈴木 優磨

5	シュート	10
5	GK	10
5	CK	5
16	直接FK	15
0	間接FK	0
4	（オフサイド）	4
0	PK	0

34分 アンデルソン ロペス
50分 アンデルソン ロペス

【主審】中村 太【副審】大塚 晴弘、松井 健太郎
【第4の審判員】高山 啓義【VAR/AVAR】今村 義朗、五十嵐 泰之

監督：岩政 大樹
SUB：GK❶沖 悠哉、DF❸昌子 源

監督：ケヴィン マスカット
SUB：GK㉑飯倉 大樹、DF⑲實藤 友紀

2023明治安田生命J1リーグ 第29節

9月30日（土）15：03キックオフ ベスト電器スタジアム
【入場者数】9,467人【天候】曇、弱風、気温26.4℃、湿度33.0%【ピッチ】全面良芝

アビスパ福岡	0	0-0 0-0	0	鹿島アントラーズ

7	シュート	5
9	GK	12
5	CK	3
7	直接FK	11
0	間接FK	2
2	（オフサイド）	1
0	PK	0

【主審】松尾 一【副審】武田 光晴、坂本 晋悟
【第4の審判員】池田 一洋【VAR/AVAR】笠原 寛貴、高崎 航地

監督：長谷部 茂利
SUB：GK⑯永石 拓海、FW⑳城後 寿

監督：岩政 大樹
SUB：GK❶沖 悠哉、MF⑧土居 聖真

2023明治安田生命J1リーグ 第30節

10月21日（土）14：03キックオフ 国立競技場
【入場者数】53,444人【天候】晴、弱風、気温25.2℃、湿度20.0%【ピッチ】全面良芝

ヴィッセル神戸	3	2-0 1-1	1	鹿島アントラーズ

【得点者】
16分 佐々木 大樹
45分 井出 遥也
83分 佐々木 大樹

18	シュート	6
7	GK	12
8	CK	3
9	直接FK	11
2	間接FK	1
1	（オフサイド）	1
0	PK	0

【得点者】
90+1分 松村 優太

【主審】福島 孝一郎【副審】野村 修、村井 良輔
【第4の審判員】御厨 貴文【VAR/AVAR】西村 雄一、三原 純

監督：吉田 孝行
SUB：GK㉘坪井 湧也、MF⑭汰木 康也、MF㉚新井 瑞希、MF⑦ファン マタ

監督：岩政 大樹
SUB：GK❶沖 悠哉、MF❽土居 聖真

2023明治安田生命J1リーグ 第31節

10月28日（土）14：03キックオフ 県立カシマサッカースタジアム
【入場者数】29,305人【天候】晴、弱風、気温19.4℃、湿度54.0%【ピッチ】全面良芝

鹿島アントラーズ	0	0-0 0-0	0	浦和レッズ

7	シュート	9
9	GK	5
4	CK	4
12	直接FK	18
2	間接FK	1
1	（オフサイド）	0
0	PK	0

【主審】木村 博之【副審】浜本 祐介、大川 直也
【第4の審判員】須谷 雄三【VAR/AVAR】上田 益也、清水 修平

監督：岩政 大樹
SUB：GK❶沖 悠哉、DF❸昌子 源、MF㉟荒木 遼太郎

監督：マチェイ スコルジャ
SUB：GK⑯牲川 歩晃、DF❹岩波 拓也、MF㉗柴戸 海

2023明治安田生命J1リーグ 第32節

11月11日（土）15：03キックオフ 県立カシマサッカースタジアム
【入場者数】19,860人【天候】曇、弱風、気温14.5℃、湿度37.0%【ピッチ】全面良芝

鹿島アントラーズ	1	1-0 0-1	1	柏レイソル

【得点者】
87分 ディエゴ ピトゥカ

11	シュート	10
7	GK	5
5	CK	2
15	直接FK	13
2	間接FK	2
4	（オフサイド）	1
0	PK	0

【得点者】
77分 細谷 真大

【主審】谷本 涼【副審】淺田 武士、赤阪 修
【第4の審判員】瀬田 貴仁【VAR/AVAR】小屋 幸栄、森川 浩次

監督：岩政 大樹
SUB：GK❶沖 悠哉、DF⑲須貝 英大

監督：井原 正巳
SUB：GK㉑佐々木 雅士、DF㉕立田 悠悟

2023明治安田生命J1リーグ 第33節

11月24日（金）19：03キックオフ 等々力陸上競技場
【入場者数】20,887人【天候】晴、中風、気温16.4℃、湿度29.0%【ピッチ】全面良芝

川崎フロンターレ	3	1-0 2-0	0	鹿島アントラーズ

【得点者】
34分 レアンドロ ダミアン
63分 レアンドロ ダミアン
84分 脇坂 泰斗

7	シュート	5
16	GK	3
8	CK	6
14	直接FK	18
0	間接FK	2
0	（オフサイド）	0
0	PK	0

【主審】笠原 寛貴【副審】大塚 晴弘、和角 敏之
【第4の審判員】鬼木 達【VAR/AVAR】先立 圭吾、西村 雄一、唐紙 学志

監督：鬼木 達
SUB：GK㉑上福元 直人、DF㉙高井 幸大

監督：岩政 大樹
SUB：GK❶沖 悠哉、MF名㉚名古 新太郎

2023明治安田生命J1リーグ 第34節

12月3日（水）14：03キックオフ 県立カシマサッカースタジアム
【入場者数】20,336人【天候】晴、弱風、気温13.2℃、湿度39.0%【ピッチ】全面良芝

鹿島アントラーズ	2	2-0 0-1	1	横浜FC

【得点者】
18分 鈴木 優磨
41分 松村 優太

18	シュート	12
9	GK	11
6	CK	5
11	直接FK	13
0	間接FK	2
0	（オフサイド）	1
0	PK	0

【得点者】
63分 カプリーニ

【主審】西村 雄一【副審】熊谷 幸剛、塚田 智宏
【第4の審判員】田中 玲匡【VAR/AVAR】吉田 哲朗、榎本 一慶

監督：四方田 修平
SUB：GK❶クォン ス ンテ、MF⑮藤井 智也

KASHIMA ANTLERS
2023 SEASON Review

J.LEAGUE

序盤の4連敗から5連勝と挽回するも
優勝争いに加わることはできず5位で終幕

前年夏より指揮を執る岩政大樹監督のもとで迎えた2023シーズンは、山あり谷ありのシーズンとなった。京都との開幕戦に勝利するも、ホームでの第2節川崎F戦では逆転負け。その後、第5節横浜FM戦から4連敗と不調に陥った。それでも第9節新潟戦で息を吹き返し、破竹の5連勝。上位へと浮上していくが、最終的に優勝争いには加われず5位でシーズンを終えた。

RESULT▶
THE 5TH PLACE

WIN▶ **14**　LOSE▶ **10**　DRAW▶ **10**

第9節 4/23
2-0

鳥栖から復帰し、リーグ戦で初めて先発に抜てきされた垣田が今季初ゴール。4連敗中という悪い流れを断ち切り、反撃ののろしを上げる1勝をつかんだ。

第27節 9/16
1-0

25分にディエゴ ピトゥカが退場となり、前半から数的不利の状況に陥った。それでもチーム一丸となって相手の攻撃をしのぎ切り、勝ち点3を手に入れた。

第1節 2/18
2-0

アウェイの地でディエゴ ピトゥカと知念がゴール。2022シーズンに続き開幕戦での白星発進となった。

第2節 2/25
1-2

知念が古巣相手に開幕2試合連続ゴールを挙げた。しかし、終盤に2失点を喫して逆転負けとなった。

第8節 4/15
1-5

雨の中、カシマサッカースタジアムで屈辱の5失点。リーグ戦4連敗となったが、鈴木は巻き返しを誓った。

第13節 5/14
2-0

国立競技場での「Jリーグ30周年記念スペシャルマッチ」。鈴木と知念のゴールで勝利し、深紅のスタンドが沸いた。

第28節 9/24
1-2

優勝争いへの生き残りをかけた、前年王者との大一番。鈴木のゴールで先制したが、痛恨の逆転負けを喫した。

第34節 12/3
2-1

大卒新人の師岡が初めて先発出場し、2得点に絡む大活躍。新たなシーズンに向けて若い力が躍動した最終戦となった。

KASHIMA ANTLERS
2023 SEASON Review

2023 J.LEAGUE YBC LEVAIN CUP

延長戦の末に惜しくも敗退

柏、新潟、福岡と同組のDグループは接戦となったが、ホームで確実に勝利を重ね、2位でプライムステージ進出を果たした。名古屋とのプライムステージ準々決勝は180分間で決着がつかず、延長戦の末に一歩及ばず敗れ、ベスト8に終わった。

RESULT ▶
PRIME STAGE QUARTER-FINALS

プライムステージ準々決勝第1戦
9/6

1-1

アウェイでの第1戦で松村が幸先よく先制ゴールを挙げる。
だが、リードを守り切ることができずに引き分けに終わった。

プライムステージ準々決勝第2戦
9/10

1-2

前半に失点するも、後半から投入した柴崎を起点に反撃に出る。
仲間のゴールで追いついたが、延長戦で2失点目を喫して敗れた。

THE 103RD EMPEROR'S CUP

PK戦の末、またも甲府に苦杯

Honda FCとの2回戦が今大会の初陣となり、キム ミンテ、アルトゥール カイキ、染野がゴールを決めて3-0と快勝スタートを切った。3回戦の甲府戦では前年の準決勝で敗れたリベンジを果たしたいところだったが、120分を終えて決着をつけられず。その後のPK戦で敗れ、またも苦杯をなめさせられた。

RESULT ▶
THE 3RD ROUND

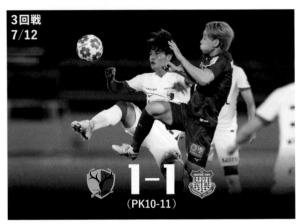

3回戦
7/12

1-1
（PK10-11）

2年連続の顔合わせとなり、後半に先制点を許す展開に。
その後、垣田が同点ゴールを奪うも、PK戦の末に敗れた。

2023 CLUB AWARDS

本山雅志アカデミースカウト、岩政大樹氏、青木剛氏に功労賞

アントラーズ功労賞は、クラブの発展に寄与した人物をたたえるため2008年に制定され、2023年は、現役時代において長年にわたりクラブに貢献した本山雅志アカデミースカウト、岩政大樹氏、青木剛氏へのアントラーズ功労賞が認定された。9月16日の明治安田J1第27節C大阪戦の試合前にカシマスタジアムのピッチ上で記念イベントを開催。同賞には今回の3名を含め、これまでに計24名が認定されている。

アントラーズガイド 2024年度版

ANTLERS GUIDE

> カシマサッカー
> スタジアムは
> サッカー専用!
> 迫力満点の
> 観戦どころ!

カシマサッカースタジアムに
試合を観に行こう!

1993年に完成した屋根つきのサッカー専用スタジアム!
2001年に現在の40,728人収容規模に増改築! 2002年FIFA日韓ワールドカップ開催地!
2021年東京五輪開催地! 2階席最前列にはLEDリボンビジョンが輝き、
ピッチと観客席の距離が近くて迫力満点!

Antlers Wi-Fi

スタジアム無料Wi-Fiをご
利用いただけます! 最新鋭
のWi-Fiアクセスポイント設
置しその数、450カ所以上!

FREE
ANTLERS
Wi-Fi

「聖地」と呼ばれるゆえん

屋根つきサッカー専用スタジアムが造れるか否か。ア
ントラーズの初年度Jリーグ入りは、この一点にかか
っていた。「住友金属のJリーグ入りは99.9999%な
い」。当時Jリーグ設立準備室長だった川淵三郎氏の

言葉だ。その0.0001%の可能性にかけてすべてが動
き出し、不可能と思われた日本初の屋根つきサッカー
専用スタジアムを完成させた。それは、アントラーズ
がJリーグのチームとして誕生した瞬間でもあった

2024シーズンも
イベント盛りだくさん！

試合ごとのテーマのもと、
さまざまなイベントで
場内外を盛り上げます！

明治安田J1リーグのホームゲームでは、ご来場の皆様にお楽しみいただけるよう、様々なマッチデーイベントを展開しています。
各試合、趣向を凝らしたスペシャルイベントやコンテンツをお届けしていきますので、
お誘い合わせのうえ、ぜひアントラーズホームゲームに足をお運びください！

2024 ホームゲームイベントインフォメーション

OPENING SERIES

「かける」シーズンの幕開け。スタジアム場内外のコンセプトデザインも2024バージョンに生まれ変わり、背番号12の皆様をお待ちしております。スタートダッシュを決めるため、カシマスタジアムに集結してください！

対象試合

第2節 3月2日（土）15:00キックオフ セレッソ大阪戦
第4節 3月17日（日）15:00キックオフ 川崎フロンターレ戦

CLÁSSICO 3

数々の名勝負を演じてきた宿敵との対決が、再び。磐田と東京Vをカシマスタジアムで迎え撃つ2試合では、激闘の軌跡を振り返るヒストリー企画を実施する予定です。そして国立競技場での「オリジナル10」対決となる横浜FM戦でも、特別企画をお届けします！

対象試合

第5節 3月30日（土）15:00キックオフ ジュビロ磐田戦
第13節 5月12日（日）13:05キックオフ 東京ヴェルディ戦
第17節 6月1日（土）15:00キックオフ 横浜F・マリノス戦（国立競技場開催）

Kids Day

新学期、そしてGWはファミリーでカシマへ！2024シーズンから小学生以下のお子様は一部席種のチケットが無料となりますので、お得に観戦いただけます。スタジアム場外のプレイゾーン「キッズエリア」をはじめ、お子様と一緒に楽しめる企画が盛りだくさんです！

対象試合

第8節 4月13日（土）15:00キックオフ 京都サンガF.C.戦
第11節 5月3日（金・祝）15:00キックオフ 湘南ベルマーレ戦

カシマグルメフェス

カシマは、国内有数の〝グルメスタジアム〟！「もつ煮」や「ハラミメシ」など定番メニューが勢ぞろいの場内売店はもちろん、バリエーション豊かなラインナップがそろう場外エリアで、自慢のグルメをぜひご堪能ください。定番企画「肉SHOCK!!」もお楽しみに！

対象試合

第15節 5月19日（日）15:00キックオフ ヴィッセル神戸戦
第18節 6月16日（日）18:00キックオフ アルビレックス新潟戦
第22節 7月6日（土）18:00キックオフ 北海道コンサドーレ札幌戦

鹿夏夜祭

夏休みが始まる土曜日は、カシマに集合！毎年大好評の夏祭り企画を今年も開催します。射的をはじめ、縁日の雰囲気を楽しめるイベントを多数ご用意してお待ちしております。アントラーズサマーナイトフィーバーで盛り上がりましょう！

対象試合

第24節 7月20日（土）18:00キックオフ FC東京戦

ANTLERS CARNIVAL

食欲の秋、芸術の秋、スポーツの秋、アントラーズの秋！シーズン終盤の4試合も、スタジアム内外でさまざまなイベントを開催予定です。老若男女問わず、アントラーズファミリーの皆さんにお楽しみいただけるよう、鋭意企画中！お楽しみに！

対象試合

第30節 9月14日（土）or 15日（日）サンフレッチェ広島戦
第31節 9月21日（土）or22日（日・祝）柏レイソル戦
第34節 10月19日（土）or20日（日）アビスパ福岡戦
第36節 11月9日（土）名古屋グランパス戦

さまざまなキービジュアル、グッズ、YouTubeやSNS展開、試合当日イベントなど
盛りだくさん！

昨年好評のマッチデーイベントが今年も！

昨年の大好評イベント、今年はいかに!?
今後の発表にご期待ください！

※各試合のイベント詳細は、オフィシャルサイトや「観戦ガイド」、クラブ公式SNSでお知らせいたします。

パートナー冠試合

アントラーズのパートナーの企業各社様とともに、ご来場の皆様にお楽しみいただけるイベントを企画した試合が「パートナー冠試合」です。
各社とアントラーズとのオリジナルコラボイベントをお届けしています。
ともに戦うパートナーの皆様の魅力を、ぜひカシマスタジアムで体感してください！

> パートナー×アントラーズ
> さまざまなイベントを
> マッチデーに開催！

> 応援シートを読んで
> 掲げて
> 選手を後押し！

アントラーズを支える
パートナーの
皆様と
ともに場内外を盛り上げます！

> ともに考えよう！
> 環境問題への
> 取り組み！

> 選手等身大パネル登場！
> フォトスポットで
> ハイ、チーズ！

※写真は2023年イベント時のものです。

ANTLERS BUSINESS CLUB 献血応援企画

2023年はホームゲーム全試合でANTLERS BUSINESS CLUB 献血応援企画を開催いたしました。ANTLERS BUSINESS CLUB 加盟企業の皆様と取り組む、理念協賛活動（※）の一環として開催され、今後もANTLERS BUSINESS CLUBでは、地域貢献・社会貢献を目的とした活動を実施してまいります。

（※）理念協賛活動とはANTLERS BUSINESS CLUB では、会員費の一部を「理念協賛金」として、地域貢献・社会貢献を目的とした活動へ協賛いただきます。

今年も開催！
試合当日プレゼント企画！

鹿BIG
シカビッグ

毎試合の
イベント情報は
観戦ガイドから！

ホームタウンデイズ（HTD）・フレンドリータウンデイズ（FTD）

**ホームタウン5市、フレンドリータウン12市町村
在住・在勤・在学の皆様をご招待・ご優待！**（抽選制）

| 無料ご招待 | 特別価格でご優待 |

対象の市町村に在住・在勤・在学の方
イーストゾーン（バックスタンド上層エリア）
※各試合抽選制となります。
　申込期間など、詳細はオフィシャルサイトでご確認ください

ホームタウン5市（鹿嶋市・潮来市・神栖市・行方市・鉾田市）、
フレンドリータウン12市町村（日立市・土浦市・牛久市・つくば市・稲敷市・
かすみがうら市・美浦村・阿見町・銚子市・成田市・香取市・東庄町）に在住・在勤・在学の皆様を、
抽選制により招待・優待いたします。詳細はオフィシャルサイトでご確認ください。

4/13（土）15:00KICKOFF vs京都　潮来の日
5/3（金祝）15:00KICKOFF vs湘南　香取市の日
5/12（日）13:05KICKOFF vs東京V　成田の日
5/19（日）15:00KICKOFF vs神戸　稲敷市の日／美浦の日
6/16（日）18:00KICKOFF vs新潟　鉾田の日

7/6（土）18:00KICKOFF vs札幌　阿見の日／牛久の日
7/20（土）18:00KICKOFF vsFC東京　神栖の日
8/7（水）19:00KICKOFF vs鳥栖　つくばの日
8/17（土）18:00KICKOFF vs浦和　土浦の日
9/14（土）or**15**（日）KICKOFF未定 vs広島　行方の日／銚子の日

9/21（土）or**22**（日祝）KICKOFF未定 vs柏　日立市の日／かすみがうらの日
11/9（土）KICKOFF未定 vs名古屋　鹿嶋の日／東庄の日

フレンドリータウン「つくば市」は、無料招待とPRイベント企画を別日に実施します。
無料招待企画「つくば市民招待デー」 5/19（日）vs神戸
PRイベント「フレンドリータウンデイズ」 8/7（水）vs鳥栖

イベントは
スタジアム内だけじゃない！

場外でもイベント盛りだくさん！

場外イベント・場外グルメ

試合日のカシマスタジアムでは、入場後の場内だけでなく、スタジアム外でもキッズエリアはじめパートナーイベントを実施。各種グルメブースを出店しています。ぜひ試合日をお楽しみください！
※イベント開催位置は試合により異なります。

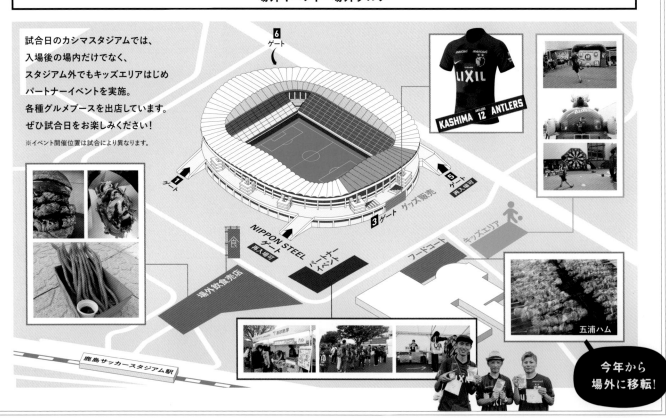

今年から場外に移転！

大人気 グルメ を堪能しよう！

飲食売店が盛りだくさん！

2階

⑥ゲート

⑰⑱⑲

⑳㉑㉒

⑪

㉓

㉔

㉛

㉜

㉕

㉖

㉝

⑤ゲート

⑨⑧⑦

⑤④③②

①ゲート

③ゲート

NIPPON STEEL ゲート

= オフィシャルショップ

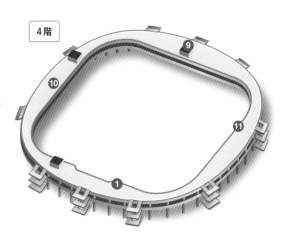

4階

⑨

⑩

⑪

①

2階 メイン

②仲町商店会
しらす丼 600円

③KRC
ハヤシライス 700円

④らぼっぽファーム
やきいもいばらきゴールド 500円

⑤居酒屋ドリーム
ハラミメシ（ミニ）600円／（並）800円

⑦まるだい
神栖メンチ 300円

⑧鹿島食肉事業協同組合 鹿島ミート
もつ煮込み 600円

⑨味処いがらし
はまぐりカレー 900円

2階 ゴール裏（ホーム側）

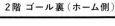
㉓和風レストラン やまびこ
ステーキ丼 1,100円

㉔満寿屋
冷やし中華 650円

㉕ヤタガワ売てん
手づくり牛玉カレー 600円

鹿島アントラーズ エリアライセンス商品
㉖鹿島製菓株 幸鹿堂
究極のメロンパン 300円

㉛なめがたファーマーズヴィレッジ
チキンオーバーライス 800円

㉜Drink&Bar Shion
甘熟王濃厚バナナジュース 400円

㉝エミール
カツカレー 900円

4階 コンコース

①KRC NO.4
ロールベーコン 500円

⑨五右エ門
特選仙台味噌使用 みそラーメン 800円

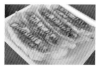
⑩かちどき商店
かしまし豚のホルモン焼き 650円

⑪鹿島食肉事業協同組合 鹿島ミート
ぎょうざ 400円

いばらき物産展も大好評開催中！

スタジアム場内はもちろんのこと、スタジアム場外のメルカリロードでもおいしいグルメをたくさん味わうことができます。特に『いばらき物産展』では、地元茨城県のおいしい品々が並んでいます。開催日をアントラーズのオフィシャルサイトなどでチェックし、楽しみましょう！

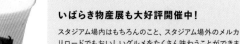

2階 バック

⑰サムジィ〜
鹿嶋一長いフランクフルト 400円

⑱たぐち酒店
もつ焼き 600円

⑲よってげ家
もつ煮 大600円／小400円

⑳ゆがふ
特製トマトモツ煮 大700円／小500円

㉑タカノ
牛丼温泉卵のせ 600円

㉒KRCの「おいしい生活。」
ガパオ 800円

2階 ゴール裏（ビジター側）

⑪三櫻
オムカレー 600円

おいしそうなグルメばかりで迷っちゃう！

"大人気"
行列に並んででも食べたい逸品が勢ぞろい！

※取扱商品および価格は変更となる場合があります。価格は税込です。

カシマサッカースタジアム
アクセスマップ

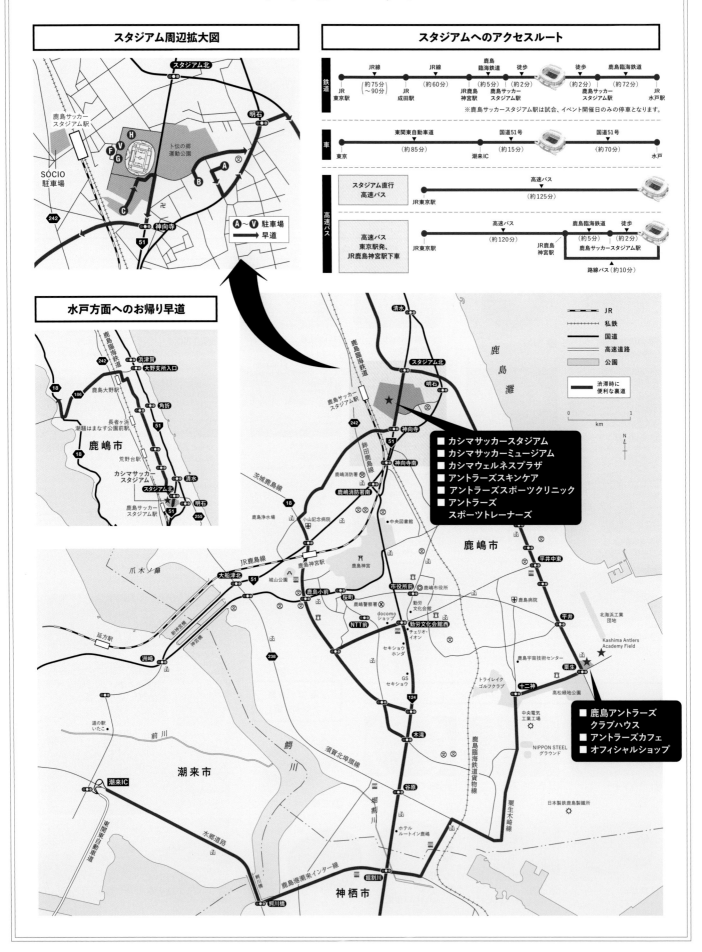

スタジアム周辺拡大図

水戸方面へのお帰り早道

スタジアムへのアクセスルート

試合日には 直行バス が便利!

> ホームゲーム開催日は便利な予約制の直行バスを利用しよう!

Q 直行バスはどこから出ているの?

A アントラーズのホームゲーム開催時にはさまざまな地域から直行バスが出ています。バスに乗るだけで、着いたら目の前にスタジアム! 予約もできるので、ぜひ一度ご利用ください!

| 京成成田駅 | → |

| 往路 | 京成成田駅東口
→カシマサッカースタジアム A駐車場 | 復路 | カシマサッカースタジアム A駐車場(試合終了30分後出発)
→京成成田駅 |

料金
大人(中学生以上)
往復 **3,000**円
子供(小学生)
往復 **2,500**円

申込み方法
事前予約制となります。
ご予約受付:**関鉄観光(株)フリーダイヤル 0120-22-3725**
※料金はバス乗車時に関鉄観光係員へお支払いください(支払方法は現金のみとなります)。

案内事項
※最少催行人員20名(定員に満たない場合は催行中止となる場合があります)。
　催行中止の場合は、試合前日までに関鉄観光より連絡をさせていただきます。
※当該ツアー料金には観戦チケット代は含まれません。
※当日の道路状況により、到着時間は前後する場合があります。
※出発時刻を過ぎるとバスに乗車できない場合がありますので、各乗り場の出発時刻を必ずご確認ください。

| つくば駅・土浦駅 | → |

| 往路 | つくば駅(臨時9番乗り場)→土浦駅東口
→カシマサッカースタジアム A駐車場 | 復路 | カシマサッカースタジアム A駐車場(試合終了30分後出発)
→土浦駅→つくば駅 |

料金
大人(中学生以上)
往復 **3,500**円
子供(小学生)
往復 **3,000**円
片道のみ利用の場合も同額

申込み方法
事前予約制となります。
ご予約受付:**関鉄観光(株)フリーダイヤル 0120-22-3725**
※料金はバス乗車時に関鉄観光係員へお支払いください(支払方法は現金のみとなります)。

案内事項
※最少催行人員20名(定員に満たない場合は催行中止となる場合があります)。
　催行中止の場合は、試合前日までに関鉄観光より連絡をさせていただきます。
※当該ツアー料金には観戦チケット代は含まれません。
※当日の道路状況により、到着時間は前後する場合があります。
※出発時刻を過ぎるとバスに乗車できない場合がありますので、各乗り場の出発時刻を必ずご確認ください。

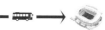

| 勝田駅・水戸駅 | → |

| 往路 | 勝田駅西口(ロータリー付近)→水戸駅南口(バスロータリー)
→カシマサッカースタジアム A駐車場 | 復路 | カシマサッカースタジアム A駐車場(試合終了30分後出発)
→水戸駅南口→勝田駅 |

料金
大人(中学生以上)
往復 **3,500**円　片道 **1,750**円
子供(小学生)
往復 **3,000**円　片道 **1,500**円

申込み方法
事前予約制となります。
ご予約受付:**関鉄観光(株)フリーダイヤル 0120-22-3725**
※料金はバス乗車時に関鉄観光係員へお支払いください(支払方法は現金のみとなります)。

案内事項
※最少催行人員20名(定員に満たない場合は催行中止となる場合があります)。
　催行中止の場合は、試合前日までに関鉄観光より連絡をさせていただきます。
※当該ツアー料金には観戦チケット代は含まれません。
※当日の道路状況により、到着時間は前後する場合があります。
※出発時刻を過ぎるとバスに乗車できない場合がありますので、各乗り場の出発時刻を必ずご確認ください。

掲載している運賃、時刻表は2024年1月31日現在のものです。変更が生じる可能性がありますので、詳しくはホームページにてご確認いただくか、直接お問い合わせいただくようお願いいたします。

Q 東京駅から高速バスで行く場合は?

A 試合開催日には、試合6時間前から2時間前までに東京駅を出発する鹿島神宮駅行きのバスがスタジアム行きになります。臨時バスもご利用ください!

| 東京駅 | 高速バス | 座席定員制 |

東京駅発スタジアム行きバス乗り場
八重洲南口1番乗り場

 約125分 →

停車駅 東京駅→(約1時間23分)→水郷潮来→鹿島セントラルホテル→鹿島製鉄所→クラブハウス(鹿島宇宙センター)→鹿嶋市役所→鹿島神宮→鹿島神宮駅→カシマサッカースタジアム
(試合日には6時間前から2時間前までのバスが、カシマサッカースタジアムへ延長して運行されます)　※当日の道路状況により、到着時間は前後する場合があります。

料金
大人(中学生以上)
片道・現金 **2,100**円　IC **1,950**円
子供(小学生以下)
片道・現金 **1,050**円　IC **980**円

問い合わせ
JRバス関東(株)高速バスコールセンター　0570-048-905(10:00〜18:00)　京成バス(株)奥戸営業所　03-3691-0935(7:00〜19:00)
関東鉄道(株)潮来営業所　0299-80-0031(8:00〜18:00)　JRバス関東鹿嶋支店　0299-84-1105(9:00〜17:00)

予約制 **直行高速バス好評運行中!!**
アントラーズホームゲーム開催日に運行! **座席指定制**

※詳細の発車時刻は「高速バスネット」にてご確認ください。
※臨時便の設定においてはトイレつきでない車両で運行する場合がございますので、予めご了承ください。

東京駅発···試合開始時刻の6時間前から3時間前前の間に発車　カシマ発···試合開始時刻の2時間後から2時間30分後の間に発車
乗車日の1カ月1日前から高速バスネットにて販売します
ご予約後、購入期限までにWEB上にて決済いただくか、コンビニエンスストアまたはJRバス(東京駅·新宿駅)窓口にてお買い求めください。
PC: https://www.kousokubus.net/　携帯: https://www.kousokubus.net/k

料金 普通片道
大人 **2,700**円
子供 **1,350**円

問い合わせ JRバス関東(株)高速バスコールセンター
0570-048-905(10:00〜18:00)
関東鉄道(株)自動車部
029-822-3724(平日 8:30〜17:30)

アントラーズ グッズ を楽しもう!

試合を盛り上げる観戦グッズから、日常でアントラーズを感じられる日用品まで、さまざまなグッズをご用意しています。

24NIKE PLAYERS MODEL

24NIKE アカデミー プロアンセムジャケット
14,850円（税込）

24NIKE フーディフルジップ
11,550円（税込）

24NIKE スウォッシュクラブT
6,820円（税込）

24NIKE ヴィクトリーポロ
8,250円（税込）

24NIKE H86キャップ
3,850円（税込）

ORIGINAL APPAREL ANTLERS

Wジップアウター フーディー
14,300円（税込）

JAPAN Tシャツ （レンチキュラー）
5,940円（税込）

ドライジャージ カーディガン
9,900円（税込）

パフォーマンス スウェット
9,240円（税込）

KASHIMA ANTLERS OFFICIAL SHOP INFORMATION

ANTLERS OFFICIAL STORE CLUBHOUSE（クラブハウス）
ANTLERS OFFICIAL STORE STADIUM
（マッチデースタジアムグッズ売店）：場外1カ所、場内3カ所
・場外当日券販売所付近：FLAGSHIP
・2階バックスタンドコンコース：ANNEX
・2階南ゴール裏コンコース：FAMILY
・2枚メインスタンドコンコース：PREMIUM

クラブハウス店 リニューアル オープン!

KASHIMA ANTLERS ONLINE STORE

アントラーズの ホームタウン

アントラーズを熱くサポートしてくれているホームタウンは鹿嶋市、潮来市、神栖市、行方市、鉾田市の5市です。
自然が豊かでおいしい食べものがたくさんある、魅力いっぱいの地域！
スタジアムやクラブハウスを訪れたら、ぜひホームタウンの魅力にもふれてみよう！

※アクセスの目安は、スタジアムから各市役所まで車での所要時間となります。

鹿嶋市 (かしま)　約10分

カシマサッカースタジアム、クラブハウスがあるホームタウンの中心地。常陸国一之宮の鹿島神宮もあり、夏には海水浴場や花火大会でにぎわいます。

夏は多くの海水浴客でにぎわいます

鹿島だこやはまぐりなど海の幸が自慢

潮来市 (いたこ)　国道51号経由で佐原方面へ約20分

情緒あふれる水郷地域。水郷潮来あやめ園で開催される「水郷潮来あやめまつり」には約500種100万株のあやめが咲き誇ります。あやめ園では季節ごとにイベントを開催しています。

道の駅いたこの潮来産米粉を使った美味しい「フォー」

一番の見頃は例年6月上旬

神栖市 (かみす)　国道124号経由で銚子方面へ約30分

1年を通して温暖な気候と、豊かな自然や農水産物に恵まれた神栖市。ホテルや飲食店も多く、サッカー観戦にも何かと便利です。サーフィンのスポットやサッカー合宿地としても全国的に知られています。

美しい日の出が見られる海岸
ピーマンの生産量は日本一

行方市 (なめがた)　国道355号経由で水戸方面へ約30分

80品目を超える野菜や果物が生産される農業王国。さつまいもや水菜、最近はれんこんやパクチーも人気です。霞ヶ浦の湖畔を気持ちよくサイクリングすることができます。

首都圏全域においしい農作物を出荷しています
観光帆引き船が霞ヶ浦の湖上に姿を見せます

鉾田市 (ほこた)　国道51号経由で水戸方面へ約20分

北は涸沼、南は北浦、東に鹿島灘。豊かな自然に囲まれ、肥沃な土壌ではおいしい農作物が育ちます。鉾田といえば、メロン！ 糖度にこだわり全国でも人気があります。

400年以上の歴史を誇る鉾田の夏祭り
太平洋からの潮風が甘くてジューシーなメロンを育ててくれます

フレンドリータウンにもご注目！

茨城県

 日立市　海を望む日立駅
 土浦市　土浦全国花火競技大会
 牛久市　高さ120mを誇る世界最大の青銅製立像「牛久大仏」
 つくば市　まつりつくば

 稲敷市　江戸崎かぼちゃ
 かすみがうら市　雄大な霞ヶ浦を航行する帆引き船
 美浦村　JRA美浦トレーニング・センター
 阿見町　予科練平和記念とサクラ

千葉県

 銚子市　今年150周年の「犬吠埼灯台」
 成田市　うなぎの街
 香取市　江戸の風情が残る「佐原の町並み」
 東庄町　甘くておいしいいちご

アントラーズホームタウンDMO

Antlers Hometown DMO

アントラーズは2007年にホームタウン5市とともにホームタウン協議会を立ち上げ、行政との関係を密にしてきました。この協力関係を基盤として、2018年4月に「一般社団法人アントラーズホームタウンDMO」を設立。Jリーグクラブが設立する全国初の事例となりました。アントラーズはこのDMOに積極的にかかわり、地域経済の活性化に貢献していきます。

事業の全体イメージ → 国内観光客　インバウンド（訪日観光客）

その他収益事業　地域商社事業　新規事業

地域観光事業	スポーツツーリズム（スポーツ）	グリーンツーリズム（農業・食育）	エコツーリズム（歴史文化・自然）	ヘルスツーリズム（美容・健康）
	●アントラーズ試合観戦 ●インバウンドスポーツ団体合宿 ●国内スポーツ団体合宿 ●ゴルフトーナメント観戦 ●インバウンドゴルフツアー	●なめがたファーマーズヴィレッジ農業体験 ●海外ホームステイ受け入れ（民泊） ●豊富な地元食材によるグルメ	●鹿島神宮・東国三社巡り ●鹿島灘・北浦・霞ヶ浦・涸沼 ●自然と親しむサイクリング・ランニング	●カシマウェルネスプラザ・温浴施設 ●アントラーズスポーツクリニック ●カシマサッカースタジアム活用

地域の強み、資源を組み合わせて商品造成

 アントラーズ
 スポーツ施設
 ゴルフ場
 農業体験
 海産物・農産物
 自然
 歴史文化施設

鹿行地域の資源・強み

2024シーズン チケット情報

カシマサッカースタジアム座席図&価格表

明治安田J1リーグ

バックスタンド
6ゲート
5ゲート
イーストゾーン(自由席)
サポーターズシート
ホーム(指定席)
ソファシート
SUITE BOX
ソファシート
上層エリア
(4階)
カテゴリー6
(指定席)
カテゴリー2
(指定席)
カテゴリー4
(指定席)
下層エリア
(2階)
7ゲート
VIEW BOX
ゆったりシート
ビジター
専用シート
(自由席)
※券売状況によって
区切りは移動します
サポーターズシート
ホーム(自由席)
南スタンド
北スタンド
サポーターズシート
ホーム(自由席)
サポーターズシート
ホーム(指定席)
エグゼクティブ
3ゲート
カテゴリー5
(指定席)
カテゴリー1(指定席)
カテゴリー3
(指定席)
ウエストゾーン(自由席)
ウエストゾーン(自由席)
サポーターズシート
ホーム(指定席)
1ゲート
メインスタンド
NIPPON STEELゲート
(2ゲート)

席種名		SÓCIOファンクラブ会員前売	一般前売	当日
SUITE BOX		200,000円		—
VIEW BOX	2人BOX	12,000円	13,000円	13,000円
	4人BOX	22,000円	24,000円	24,000円
	5人BOX	27,500円	30,000円	30,000円
エグゼクティブ		8,500円	9,000円	9,500円
ゆったりシート4人席	土日祝	38,000円	40,000円	40,000円
	平日	32,000円	35,000円	35,000円
ソファシート4人席	土日祝	33,000円	35,000円	35,000円
	平日	30,000円	32,000円	32,000円
ソファシート2人席	土日祝	18,000円	20,000円	20,000円
	平日	14,000円	16,000円	16,000円
カテゴリー1		5,500円	6,300円	6,700円
カテゴリー2		4,500円	5,300円	5,700円
カテゴリー3		4,000円	4,800円	5,100円
カテゴリー4		3,800円	4,600円	4,900円
カテゴリー5		3,800円	4,600円	4,900円
カテゴリー6		3,500円	4,300円	4,600円
ウエストゾーン(自由席)	大人	2,600円	3,100円	3,400円
	U18(小学生以下無料)	1,000円	1,400円	1,400円
イーストゾーン(自由席)	大人	2,600円	3,100円	3,400円
	U18(小学生以下無料)	1,000円	1,400円	1,400円
サポーターズシートホーム(指定席)	大人	2,900円	3,500円	3,800円
	U18	1,000円	1,400円	1,400円
サポーターズシートホーム(自由席)	大人	2,600円	3,100円	3,400円
	U18	1,000円	1,400円	1,400円
ビジター専用シート(自由席)	大人	2,600円	3,100円	3,400円
	U18	1,000円	1,400円	1,400円
車椅子席	大人	2,600円	3,100円	3,400円
	U18(小学生以下無料)	1,000円	1,400円	1,400円

B駐車券(※1)	1,000円

※1:B駐車券は普通乗用車サイズの駐車場1台分をご利用いただける券です。
　　事前に「鹿チケ」でのご購入が必要です。
※ビジター専用シートはビジターチームを応援する方のエリアとなりますのでご注意ください。
※ SUITE BOXのご購入についてはオフィシャルサイトで詳細をご確認ください。

※YBCルヴァンカップは販売席種が一部に限定となります。

□「U18」について
生年月日が2006年1月1日以降(18歳以下)の方が対象です(2023シーズンまで「小中高」と記載していました)。

□そのほかの注意事項、ご案内
・ウエストゾーン、イーストゾーン、サポーターズシートホーム(自由席)上層エリアは、試合により指定席として販売する場合があります。
・サポーターズシートホーム(自由席)下層エリアは、試合により、自由席と指定席の配分比率を変更する場合があります。
・試合によって、各席種・B駐車券について、「ダイナミックプライシング」(試合や座席の需要に応じてチケット価格を変動させる仕組み)を導入する可能性があります。

「ソファシート」「ゆったりシート」試合観戦をゆったりラグジュアリーな空間で

バックスタンド下層最上部から
ピッチ全体を見下ろしながら、
ゆったり観戦できる人気企画シートです。
お子様やお連れ様と、
周りを気にせずくつろぎながら観戦できます。

		SÓCIOファンクラブ会員前売	一般前売	当日
ゆったりシート4人席	土日祝	38,000円	40,000円	40,000円
	平日	32,000円	35,000円	35,000円
ソファシート4人席	土日祝	33,000円	35,000円	35,000円
	平日	30,000円	32,000円	32,000円
ソファシート2人席	土日祝	18,000円	20,000円	20,000円
	平日	14,000円	16,000円	16,000円

「企画チケット」試合ごとに発売される特別チケットを販売

2024シーズンは
「旬のいちご付き
チケット!」
からスタート!

ホーム開幕戦 3.2
旬のいちご付き
ペアチケット!

3/17 ホーム開幕シリーズ
上層エリア 特別優待!
1,000円チケット!!

家族でお得!
鹿族シート
ございます!
最大で6,450円お得!
4/15 16:00キックオフ vs

アントラーズでは、試合ごとに企画チケットを販売します。
季節のフルーツつきチケット、家族やお友だちと観戦するとお得になるチケットをはじめ、
アントラーズレジェンドとふれあえるチケットなどラインナップ豊富!
各試合のチケット発売にご注目ください!

再入場サービス、実施中!

入場後にスタジアム外へ出て、再度入場することが可能です!

さらに便利になった電子チケットをぜひ活用ください!

場所	2ゲート(NIPPON STEELゲート)、5ゲート
対象	QRチケット、バーコード認証紙チケット、年間チケット会員(ICカード/アプリ会員証/法人紙チケット)
注意事項	ビジター専用シートの再入場対応はできません。

※座席内容・価格設定は変更する場合があります。予めご了承ください。

2024シーズンは全国の小学生対象!

2024シーズンは
より多くの子どもたちに
スタジアムでの試合観戦の
機会をご提供すべく、対象を拡大!
居住地域を問わず、
小学生以下のお子様が、
カシマスタジアムで開催される
すべてのホームゲーム※の
一部席種において、
無料で観戦いただけます!

※詳細は左記「対象試合」を参照

カシマスタジアムで開催される以下の試合

2024明治安田J1リーグ ホームゲーム全試合
2024 JリーグYBCルヴァンカップ ホームゲーム全試合 (決勝を除く)

※会場がカシマスタジアム以外の場合は対象外です。
※天皇杯、プレシーズンマッチは対象外です。
※社会情勢などにより、変更になる場合がございます。

無料観戦方法

1 試合ごとに「鹿チケ」で対象席種の
無料チケットを取得し、QRチケットを発券

2 試合当日は、QRチケットを
入場ゲートの専用端末にかざして入場

[注意事項]
※無料チケット対象のお子様とご一緒に観戦される中学生以上の方は、同席種のチケットをご購入ください。
※チケットの取得にはJリーグIDが必要です。
※チケットの不正取得が認められた場合、該当のチケットは無効となります。
※本無料チケットの転売は固く禁じられております。転売が確認された場合、対象チケットは無効といたします。

詳細はこちら
https://www.antlers.co.jp/ticket/invitation_kids.html

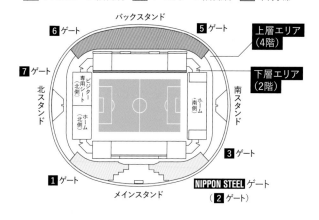

□ ウエストゾーン(自由席)　■ イーストゾーン(自由席)　■ 車椅子席

対象席種

ウエストゾーン(メインスタンド上層エリア・自由席)
イーストゾーン(バックスタンド上層エリア・自由席)
車椅子席

※各試合、対象席種の座席数には限りがございます。
　定員に達した場合は、該当の席種ではご観戦いただけません。
※試合により、対象席種が変更になる場合がございます。

カシマスタジアムには子ども向けアクティビティも満載!

試合観戦に加えて、
楽しい充実の1日を
体感ください!

ファンクラブ会員 募集中!

鹿島アントラーズファンクラブ

FREAKS

チケットをお得に買えたり、会員限定コンテンツで
チームの "今" をより深く知れる、ファンクラブ "フリークス"

2024シーズン入会受付中

フリークス
フリークスU-18
年会費
5,000円
（税込）

特典1 選べる3つの特典!
3つの特典から1つ選べるファンクラブ特典を新たにご用意!

A. 会員限定ミニポーチ
※本特典はカシマスタジアムでの引換となります。

B. チケットクーポン1,000円分
※対象試合は以下となります。
● 2024明治安田J1リーグホームゲーム全試合
● 2024JリーグYBCルヴァンカップ
　ホームゲーム全試合（決勝を除く）

C. オンラインストアクーポン 1,000円分
※一部対象外の商品がございます。予めご了承ください。

※各種クーポン利用の条件はオフィシャルサイトにてご確認ください。

特典2 チケット先行販売/ファンクラブ価格
一般販売の3日前に、お得なファンクラブ価格で
チケットをご購入いただけます!

その他特典も充実!
□ ファンクラブ会員限定イベント
　※一部イベントは抽選制となります。
□ バースデーメール
□ ファンクラブ会員向けメールマガジン

フリークス
詳細はこちら

特典3 月刊「FREAKS」の配信
クラブ公式WEBマガジン「FREAKS」を月1回配信します。

月刊「FREAKS」デジタル版がより読みやすく!
これまでPDF閲覧としてお届けしていた月刊「FREAKS」デジタル版を、より読みやすい形でお届けいたします。
※PDF版については、今後もこれまで同様に公式アプリでご覧いただくことが可能となります。

FREAKS MOVIEが新設!選手インタビュー動画「FOCUS」
選手やクラブの "今" をお届けする、新動画コンテンツ「FOCUS」をお届けいたします。
→ FREAKS MOVIE サンプル動画はこちら

取材動画を毎月更新!
「FREAKS」取材の様子から選手の素顔をお届けする「取材動画」も毎月新たに配信します!

会員限定のイベントも充実!
オンライントークショーや試合日イベントもお楽しみいただけます。

オプション
2024シーズン 1stレプリカユニフォーム
（ネーム&ナンバーつき）：18,000円（税込）
※一般販売よりお安くご購入いただけます

月刊「FREAKS」冊子版：4,900円（税込）
※ご入会時期に関わらず、ご入金日以降に発行される冊子のみお届けいたします。

ICカード会員証：2,000円（税込）
※通常プラン内ではデジタル会員証をご利用いただけます。
※カード型会員証ご希望の場合、本オプションの契約が必要となります。

オプションはいずれも入会・更新時のみご購入いただけます。

18歳以下のアントラーズファン必見! フリークスU18が登場!
フリークスU18対象者は通常特典に加えてU18特典も追加でプレゼント!!

フリークスU18特典	オリジナルナップサック ※本特典はカシマスタジアムでのお渡しとなります。
会員有効期間	2024年1月1日（月・祝）～12月31日（火）
お申込み受付期間	～2024年9月中旬頃予定
お申込み方法・決済方法	オンライン受付 https://ka.fan-engagement.com

お申込みはこちら

特典 1 エスコートキッズへの抽選参加

キックオフ前、選手とピッチに入場できる「エスコートキッズ」の抽選にご参加いただけます。

※対象試合は以下となります。
- 2024明治安田J1リーグ ホームゲーム全試合
- 2024Jリーグ YBCルヴァンカップ ホームゲーム全試合（決勝を除く）

※カシマスタジアム以外での開催の場合は対象外となる場合がございます。

特典 2 ジュニア特典グッズをご用意！

観戦だけでなく、毎日使えるナップサックをプレゼント！

※本特典はカシマスタジアムでの引換となります。

特典 3 キッズスタンプラリーへ参加！

ジュニア会員が参加できるスタンプラリーを開催！ スタジアム来場スタンプをためて、プレゼントをゲットしよう！

特典 4 キッズエリア無料参加！

キッズエリアの一部アクティビティーを、1試合につき最大3つ無料でお楽しみいただけます！

※無料イベントの詳細は「FREAKS+」などで別途お知らせいたします。

その他にも

バースデーメール

誕生月に選手からのスペシャルメッセージ動画などをメールでお届けします！

ファンクラブ会員向けメールマガジン

チケット発売情報やファンクラブ情報、その他ファンクラブ限定の情報をメールでお届けします！

ジュニア会員 詳細はこちら

ジュニア年会費：
2,000円（税込）

※ICカードが必要な場合は別途2,000円が必要です。

ジュニア対象：
未就学児〜小学6年生
（2024年4月2日時点で小学生以下の方）

会員有効期間	2024年1月1日（月・祝）〜12月31日（火）
お申込み受付期間	2023年10月26日（木）〜2024年9月中旬頃予定

お申込方法・決済方法

オンライン受付［推奨］ お申込みURL：https://ka.fan-engagement.com（クレジット・コンビニ決済）

試合会場での受付 受付場所：場外キッズエリア（現金のみ）

ゴール裏で お得に熱く応援!! シーズンチケット

申込受付は 3月31日（日）まで!

ともに戦う、勝利の原動力として

対象シート **サポーターズシートホーム**（自由席）

※サポーターズシートホーム指定席はシーズンチケットの対象外となります。

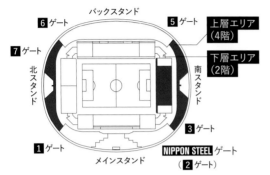

バックスタンド

6 ゲート / 5 ゲート / 上層エリア（4階）

7 ゲート / 下層エリア（2階）

北スタンド / 南スタンド

1 ゲート / 3 ゲート

メインスタンド / NIPPON STEEL ゲート（2 ゲート）

［年会費］

大人	26,500円（税込）
U18（18歳以下）	14,500円（税込）

※U18の対象は2006年1月1日以降にお誕生日を迎える方となります。
※試合によって、上層エリアサポーターズシート（自由席）を設けない可能性がございます。予めご了承ください。

イーストゾーンの販売は2023シーズンをもって終了することになりました。

2023シーズンまでシーズンチケットイーストゾーンをご購入いただいた皆様におかれましては、クラブ一同、心より感謝申し上げます。また、2024シーズンのご購入をご検討いただいていた皆様にはご迷惑をおかけいたしますが、ご理解のほど、よろしくお願いいたします。

特典 1 **観戦が約50%お得!**
J1リーグのホームゲーム19試合を全て観戦する場合、チケット代は約50%お得になります。

約50%OFF

特典 2 会員証で楽々入場！ **事前取得不要!**
毎試合、ICカードまたは電子会員証でご入場いただけます。

特典 3 **先行入場権を付与!**
一般チケットのお客様よりも早く入場できる先行入場が可能です。

特典 4 **ICカードホルダー進呈!**
限定のオリジナルICカードホルダーをお届けします。
※画像は2023年のものです。

※ オフィシャルショップ割引適用の特典は2023シーズンをもって終了しました。

シーズンチケットの詳細はこちら

オプション

2024シーズン 1stレプリカユニフォーム（ネーム&ナンバーつき）
18,000円（税込）
※一般販売よりお安くご購入いただけます。
※オプション購入は3月31日（日）までとなります。

月刊「FREAKS」冊子版
4,900円（税込）
※ご入会時期にかかわらず、ご入金日以降に発行される冊子のみお届けいたします。
※オプションはいずれも入会・更新時のみご購入いただけます。

会員有効期間 2024年1月1日（月・祝）〜12月31日（火）

対象試合 明治安田J1リーグ全ホームゲーム（19試合）
YBCルヴァンカップホームゲーム（決勝を除く）

※対象試合はシーズンチケット有効期間内（2024年1月1日〜12月31日）に開催される試合となります。
※ホームゲーム開催会場がカシマスタジアム以外に変更となった場合、保有いただいている座席と同カテゴリ程度の観戦席をご提供します。
※天皇杯、プレシーズンマッチは対象外となります。
※大会方式の変更等により、対象試合が変更となる場合がございます。予めご了承ください。

お申込方法 **オンライン受付**

お申込みURL：
https://www.antlers.co.jp/fanclub/

会場受付： 2024シーズンJ1リーグホームゲーム
3/2（土）vsC大阪、3/17（日）vs川崎F、3/30（土）vs磐田のカシマスタジアム当日券売場で受付実施

入場はICカードまたはアプリ会員証でワンタッチ! チケットレス入場!

ICカード（会員証）

ファンクラブ会員証＋年間チケットが1枚のICカードに。
ファンクラブカテゴリーおよび、年間チケット情報が印字された「情報シール」が発行され、カード裏面に貼付してご利用いただけます。

会員カテゴリー 座席情報などが印字されています!

情報シール

ICカード裏面に貼り付け!

or

鹿島アントラーズ公式アプリ

鹿島アントラーズ公式アプリのマイページにて事前にファンクラブ会員番号（ワンタッチパスID）を紐づけ設定すると、スマホがアプリ会員証、年間チケットとしてご利用可能に！ ご来場と同時に来場ポイントも付与されます！

アントラーズ公式アプリ
App Store からダウンロード / Google Play で手に入れよう

マイページのご利用

マイページで利用可能な機能
□会員情報確認、変更 □来場履歴確認
□ポイント確認 □年間チケット情報確認、譲渡機能

年間チケット譲渡

マイページおよびJリーグ公式アプリ「Club J.League」からチケットの譲渡（無償）が可能！ 観戦できない試合を選んで、譲渡先にメール等で送るだけ！

鹿島アントラーズ公式アプリのダウンロードはこちら!
https://www.antlers.co.jp/fan/app/

自分だけの専用席を持って
クラブとともに歩んでいく SÓCIO

最高の環境で試合観戦を

最高級のホスピタリティーをご用意

SÓCIO ロイヤル 〈キャンセル待ち〉

メインスタンド中央2名様
1,100,000円（税込）
● 2名様分のクッション付きのお席をご用意
● SÓCIOロイヤル専用ラウンジのご利用
● 2名様までゲスト利用が可能
※別途料金10,000円（税込）／1名をいただきます。

ピッチ全体を見渡せる

SÓCIO プレミアム 〈キャンセル待ち〉

メインスタンド2名様
410,000円（税込）
● メインスタンド上段エリアに2名様分のお席をご用意
● 便利なサイドテーブル、ドリンクホルダー付きのペアシート

キャンセル待ち 現在満席となっております。ご希望の方はウェイティングリストに登録しますので、コールセンターまでご連絡ください。お席が空き次第、ご案内いたします。

試合の魅力を存分に味わえる

SÓCIO ゴールド

メインスタンド中央［カテゴリー1］
1名様 185,000円（税込）
● メインスタンド中央のお席をご用意
● スタジアム場内外のイベント・交通に最適なアクセス

ベンチと向き合い試合の緊張感を実感

SÓCIO シルバー

バックスタンド中央［カテゴリー2］
1名様 135,000円（税込）
● バックスタンド中央のお席をご用意
● リーズナブルでありながら変わらぬSÓCIO特典を付与

※オンライン入会受付は終了しました。
　ご入会希望の方は、鹿島アントラーズコールセンターまでお問い合わせください。
　（https://support.antlers.co.jp/hc/ja）

（スタジアム図）
バックスタンド
6ゲート　5ゲート
7ゲート
北スタンド
SÓCIOシルバー
南スタンド
SÓCIOゴールド
3ゲート
1ゲート
NIPPON STEEL ゲート（2ゲート）
SÓCIOプレミアム
メインスタンド
SÓCIOプレミアム
SÓCIOロイヤル

□ **年間指定席の保有権**
プランに応じて、年間を通じて対象試合にご利用いただける指定席をご用意しています。

対象試合 明治安田J1リーグ全ホームゲーム（19試合）
YBCルヴァンカップホームゲーム（決勝を除く）

□ **指定席のリセール・譲渡**
ご自身で観戦ができない試合は、お持ちの席をリセール・譲渡が可能になります。

□ **年間20枚分のサポーターズシートホーム（自由席）を進呈**
試合枚数を自由に指定してご利用可能なサポーターズシートのチケットを年間20枚分発券できます。

観戦を快適にする権利・特典

□ **SÓCIO限定「ラウンジ90（ナインティ）」ご利用権**
SÓCIOのみご利用いただけるラウンジ90をご用意しています。※天皇杯を除く。
ご来場いただいた皆様には無料のドリンクを提供、
有料でアルコールドリンクも販売しております。
場所：カシマスポーツセンター内（カシマスタジアム隣接）
ご利用時間：開場1時間前〜キックオフまで

KASHIMA ANTLERS
SÓCIO 2024
SÓCIO スタジアムクーポン

□ **SÓCIOスタジアムクーポン10,000円分**
ラウンジ90やスタジアム内のグッズ売店、
飲食売店でご利用いただけるクーポンを進呈しています。

□ **年間駐車証**
プラン別に指定の駐車場をご利用いただけます。
□ ロイヤル：G駐車場・F駐車場を各1台分
□ プレミアム／ゴールド／シルバー：SÓCIO駐車場1台分
※18歳未満の方（2006年1月1日以降にお生まれの方）には
　自動的にSÓCIOスタジアムクーポンへ振り替えさせていただきます。

□ **SÓCIO専用入口からの入場**

□ **試合メンバー表の配信**

SÓCIOだけの特別な権利

お好きな選手の背番号つきレプリカユニフォーム進呈

SÓCIO限定クラブイベント参加権利

SÓCIOの皆様を対象にイベントを開催します。

植田直

■ 新体制発表会の現地参加権　　■ SÓCIOファンサービスイベント

応援をサポートする特典

月刊「FREAKS」冊子版の送付
冊子版「FREAKS」を毎月お届けします。
※月刊「FREAKS」デジタル版も
鹿島アントラーズ公式アプリで
皆様にご閲覧いただけます。
冊子が不要な場合は送付停止が可能です。

SÓCIO入会特典グッズ
・カード型会員証
　（初年度のみ、2年目以降は裏面情報シールのみ送付）
・選手サイン入り色紙　・ICカードホルダー
・2024シーズンイヤーブック
・2025年アントラーズ卓上カレンダー

詳細は
オフィシャル
サイトで
ご確認ください。

🔍 アントラーズ ソシオ

アントラーズを フォロー しよう！

アントラーズ公式アプリ

アントラーズファン必見！ 情報盛りだくさんの 公式アプリ！

アントラーズ公式アプリ 5つのポイント

ポイント 1
試合当日の観戦ガイドがすぐに見られる！
グルメやグッズ情報をチェック！

ポイント 2
試合日のプレゼント企画
「鹿BIG」「どこでも鹿BIG」に
アプリから応募できる！

ポイント 3
購入済みチケットをすぐに確認できる！
来場時のチケット提示がスムーズに！

ポイント 4
アプリでファンクラブ会員証が表示できる！
来場ポイント獲得をアプリで行うことも！

ポイント 5
会報誌『FREAKS』をアプリで読める！
出先でもお持ちのスマホで閲覧可能！

推奨環境
鹿島アントラーズ公式アプリは、以下の環境でご利用いただくことを推奨しております。
□インストール可能OSバージョン ・iOS:14.0 以上 ・Android:8.0以上
□推奨OSバージョン ・iOS:14.0 以上 ・Android:8.0以上
※推奨外の環境でのご利用は正常に動作ができない可能性がございます。ご了承ください。
※推奨環境でのご利用において、予測し得ない事由において不具合が無いことを保証するものではありません。
※今後各メーカーから発売される新製品については推奨環境の条件に合致していたとしても動作を保証するものではありません。
※スマートフォン向けサービスです。スマートフォンをお持ちでない方は、ご利用になれません。

こちらのQRコードから 今すぐダウンロード！

https://www.antlers.co.jp/fan/app/

公式SNSも充実！ それぞれの形でアントラーズを日常から楽しもう！

 X（旧Twitter）
最新ニュースは
こちらでチェック！
写真も動画も
連日配信！

アクセスはこちらから

https://twitter.com/
atlrs_official

 YouTube
ショート動画が新登場！
試合ハイライトは
もちろん、楽しい企画が
盛りだくさん！

アクセスはこちらから

https://www.youtube.com/user/
kashimaantlers12fd

 Instagram
オフィシャルならではの
厳選フォトが満載！
ストーリーズも
要チェックです！
アクセスはこちらから

https://www.instagram.com/
kashima.antlers/

 TikTok
ショートムービー、
音楽に乗せて配信中！
アクセスはこちらから

https://www.tiktok.com/
@kashima.antlers

 **note**
クラブの取り組み、
施策の裏側…
スタッフの想いを
お届けします。
アクセスはこちらから

https://note.com/
antlers_official

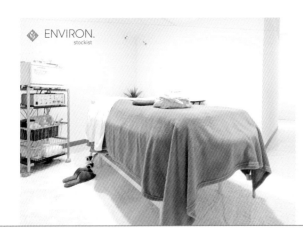

KASHIMA ANTLERS YEAR BOOK 2024

SPECIAL PRESENT

1
1名様

お好きな選手の
**サイン入り
レプリカ
ユニフォーム**
ご希望の選手名を
お書きください

2
1名様

**主力選手サイン入り
公式試合球**

3
1名様

**スパイクなど
選手の愛用品**
どの選手のグッズが当たるかはお楽しみ！

4
2名様

**主力選手サイン入り
ビッグフラッグ**
※フラッグのデザインは変更となる場合があります。

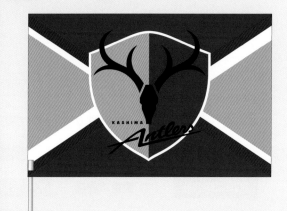

5
3名様

柴崎岳選手
サイン入り色紙

6
3名様

鈴木優磨選手
サイン入り色紙

7
3名様

植田直通選手
サイン入り色紙

8
3名様

佐野海舟選手&
樋口雄太選手&
早川友基選手
サイン入り色紙

応募方法
郵便はがきに応募券を貼り、
住所（郵便番号）、氏名、年齢、
電話番号、希望の賞品名、
「YEAR BOOK 2024」の感想や
今後アントラーズに望むことなどを
お書き添えのうえ、
右記までご応募ください。

宛先
〒314-0021 茨城県鹿嶋市粟生東山2887番地
鹿島アントラーズ イヤーブックプレゼント係

締切
2024年7月31日 水 （当日の消印有効）

発表
2024年9月26日発行号の
『月刊フリークス』誌上にて

WEBでも
応募可能に！

YEAR BOOK
2024
応募券

オフィシャルパートナー

  SUNTORY  docomo
 常総開発工業   mercari

クラブパートナー

大和証券   NURO Asobica
明治安田   OMRON ぴあ
KAKUICHI KASUMI
NEC 住友電設株式会社 松山鋼材 yappli 茨城新聞社
みなと運送株式会社 RAIZNEXT e-BISTRADE SIEMENS Healthineers JAグループ茨城 沼尻産業
株式会社ジオナ 商船三井 SONY 西鉄旅行 アイフルホーム 十和運送
千代田グラビヤ NiX ヤマトプロテック 新日本電工 Fanatics 日鉄テックスエンジ
日鉄スラグ製品株式会社 MIZUHO みずほ証券 こどもサークル

サプライヤー

NEWYORKER PROTEA 京葉ガスリキッド 伊藤超短波 FOUNDATION BHFITNESS
intensa Jstream Sumifru NTTBP セキネネオン READYFOR

WE SUPPORT KASHIMA ANTLERS

136 KASHIMA ANTLERS

アイデックス　明日香電設　アステルサポート株式会社　adish+　AVIX　アントラーズ スポーツクリニック ANTLERS SPORTS CLINIC

ÆON　株式会社 泉ハウジング　イセデリカ i&Partners　五浦ハム　VAMOS イナバ　茨城県薬剤師会検査センター

いばらきコープ　Toyoret since1956　AGC株式会社　MECT エムイーシーテクノ　エール・クリエート　All Assist 株式会社オール・アシスト

鹿島旭自動車ボデー株式会社　鹿島共同火力　鹿島コムカイ　KASHIMA CENTRAL HOTEL　Next Stage 東条ネクストステージ　勝田環境

かみす消化器内視鏡クリニック　ガラスリソーシング　河野銅鉄店　関包スチール　GROUND AREA SERVICE　幸田商店

Konoike　小山記念病院　小和瀬鐵工所　斉丸不動産　サン・トックス　SUNLIFE CORPORATION

GMO PAYMENT GATEWAY　常陽銀行　SHIRASAKA ELECTRIC CONSTRUCTION　信輝インターナショナル S.G.C Shinki Group Co　株式会社 鈴 和　スミエイ

スリーライク　SEIBIDOU make surprise and excitement　関彰商事 SEKISHO SEKISHO GROUP　大海工業株式会社　TAISHO　DAISHIN

大成ロテック　太平洋電力　大和ハウジング株式会社　妙中鉱業　東栄機工　チェリオ

筑波胃腸病院　TCP テクノポリマー　TERRA　東栄機工　東海ケミー　東京互光

SARAYA いのちをつなぐ　OGAWA　東洋計測株式会社　東洋合成　トノハテクノ　行方運送 株式会社

フォーマーズ ヴィレッジ　NRK 株式会社ナリコー　錦織会計事務所　NiX 三喜株式会社 sanki　NS Solutions　NSB 東日本

日鉄物産システム建築　日鉄物流　Hayama Labor Uno　Hikoshin　神栖横丁　HEISEI 平成建設

平成物産　毎日薬局　萬道総業　三島光産　MS&AD 三井住友海上　ヤマイチ

YAMAZAKI INDUSTRIAL　YWR 谷原建設株式会社　横河ブリッジホールディングス　鹿行 A.R.O.C.　YB-Techno

筑波大学　　茨城大学　　流通経済大学　　鹿島学園高等学校　　茨城県立鹿島高等学校

ホームサポーターズシートゲート

かける。

KASHIMA ANTLERS YEAR BOOK 2024

Press Office　松本隆吾 / 後藤亜希子 / 富田 誠

Editor　池田博一 / 小林康幸 / 坂谷洋一　**Proofreader**　串田由美　**Writer**　前田 恵 / 原田大輔 / 多賀祐輔 / 松本宣昭 / 二宮寿朗

Art Director　加藤浩之（Phantom G.）　**Designer**　Phantom G.

Adviser　小泉文明 / 吉岡宗重 / 春日洋平 / 中田浩二 / 内藤悠史 / 横溝由佳 / 菊池彩花 / 根本謙司 / 境橋未央 / 亀井裕太 / 國分悠伸
伊藤佳代 / 田中知行 / 山本直恵 / 佐藤沙希 / 武政泰史 / 矢橋伸一 / 浅野智久 / 神長由樹 / 深川伸孝 / 島袋隼人 / 鈴木雄大 / 朝倉 晶 / 番矢大輝
芦川雅隆 / 箕輪萌香 / 明石まゆみ / 永躰三恵 / 萩原智行 / 中村孝聡 / 武藤弘晃 / 柴 正江 / 大畠規奥 / 岡本文幸 / 橋本理恵子 / 城 祐万 / 小沼貴大
雨宮久美子 / 長山有花 / 額賀規江 / 関口喜也 / 寺嶋博信 / 嘉納友樹 / 海老澤緑 / 鈴木修人 / 増茂慎介 / 中野洋司 / 笹目学 / 櫻井由美 / 松原 裕

Special Thanks　ジーコ・サッカーセンター

Photo　©KASHIMA ANTLERS　オフィス・プリマベーラ　平岩 享

発行　2024年3月2日　第1版第1刷発行　**発行所**　株式会社鹿島アントラーズ エフ・シー ©KASHIMA ANTLERS

発売元　株式会社ベースボール・マガジン社　〒103-8482 東京都中央区日本橋浜町2-61-9　TEL.03-5643-3880　FAX.03-5643-3881